产业质量研究

INDUSTRIAL QUALITY RESEARCH

第 1 卷　第 1 辑　2019 年 6 月

马中东　主编

中国财经出版传媒集团
经济科学出版社
Economic Science Press

图书在版编目（CIP）数据

产业质量研究/马中东主编．—北京：经济科学出版社，2019.6

ISBN 978 -7 -5218 -0629 -8

Ⅰ.①产…　Ⅱ.①马…　Ⅲ.①产业经济 - 中国 - 文集　Ⅳ.①F269.2 -53

中国版本图书馆 CIP 数据核字（2019）第 119657 号

责任编辑：申先菊　赵　悦
责任校对：郑淑艳
版式设计：齐　杰
责任印制：邱　天

产业质量研究
马中东　主编
经济科学出版社出版、发行　新华书店经销
社址：北京市海淀区阜成路甲 28 号　邮编：100142
总编部电话：010 -88191217　发行部电话：010 -88191522
网址：www.esp.com.cn
电子邮件：esp@esp.com.cn
天猫网店：经济科学出版社旗舰店
网址：http://jjkxcbs.tmall.com
北京季蜂印刷有限公司印装
710×1000　16 开　14.25 印张　250000 字
2019 年 6 月第 1 版　2019 年 6 月第 1 次印刷
ISBN 978 -7 -5218 -0629 -8　定价：78.00 元
（图书出现印装问题，本社负责调换。电话：010 -88191510）

编　委　会

序　言

在聊城大学和社会各界的大力支持下，学术文集《产业质量研究》于2019年3月正式组稿完成。《产业质量研究》是经济管理类的综合性学术文集，着眼区域产业、立足中观视角、聚焦质量研究，主要出版产业经济与质量发展领域的原创性论文。

在改革开放40年和中华人民共和国成立70年之际推出我们的学术文集，我们感受到的是光荣的历史感和沉甸甸的责任感。中国共产党第十九次全国代表大会提出，我国经济已由高速增长阶段转向高质量发展阶段，正处在转变发展方式、优化经济结构、转换增长动力的攻关期，建设现代化经济体系是跨越关口的迫切要求和我国发展的战略目标。产业质量变革是推动我国经济高质量发展的重要支撑和动力源泉，如何促进区域产业特别是制造业的高质量发展，已经成为当前学术界关注的热点问题。

当前全球经济的竞争就是工业化的竞争，谁拥有完善的产业体系和雄厚的制造业实力，谁就能在全球竞争中处于领先地位。据国家统计局工业司统计，改革开放40年来，我国的制造业总量连续多年居世界第一，建成了门类齐全、独立完整的产业体系，有力地推动了我国的工业化和现代化进程。然而，与世界先进水平相比，我国的制造业仍然大而不强，在自主创新能力、资源利用效率、产业结构水平、信息化程度及质量效益等方面差距明显，转型升级和跨越发展的任务紧迫而艰巨。我国对于产业质量领域的学术研究已经滞后于我国产业转型升级与供给侧结构性改革对于理论指导的要求，我们不仅应当看到中国制造业与发达国家制造业的差距，找出问题、补齐短板；更应该坚持道路自信、理论自信和制度自信，积极探索具有中国特色的工业现代化进程中的宝贵经验，为制造业强国战略献计献策。

《产业质量研究》诞生在这样的历史环境中是幸运的，因为当前的中国经济实践为产业质量的学术研究提供了肥壮的沃土。其中，既包括一般性的产业经济问题，也包括有关中国经济高质量发展领域的问题；既可以是理论性文章，也可以是经验实证性文章。像许多优秀学术文集一样，我们始终坚持“顶天立地”的学术理念——既要有理论高度又要与中国的经济实践紧密结合。“路漫漫其修远兮，吾将上下而求索。”，我们将努力在产业质量研究领域做出更大的贡献。

马中东

2019 年 3 月 20 日

目　录

创新投入结构对产业高发展质量的影响研究

罗连发[*]　储梦洁　刘俊俊

摘　要：本文基于我国创新投入产出效率不高的问题，研究创新投入结构对于产业发展质量的异质性影响效应。通过对全国省级创新投入产业发展质量连续8年的面板数据进行实证分析，得出的主要结论是：创新的投入总量和强度指标，主要为研发强度和专利数量，对于劳动生产率、利润率等产业发展质量指标的效应并不显著，甚至有负效应。企业研发支出占比、高新技术产业占比、研发人员占比等结构性指标对于产业发展质量具有显著的正效应。这反映了我国的创新驱动战略不仅仅要关注研发投入的总量和强度，更要关注激发企业创新的内生动力，提升创新产业化能力，提升区域创新人力资本形成等方面。

关键词：创新投入；研发投入结构；产业发展质量

一、问题的提出

我国经济要从高速度增长转向高质量发展，一个重要的方面，就是要实现创新驱动。我国的创新投入持续增加，规模以上企业的研发强度从2008年的1.4%，增长到了2016年的2.1%，我国的专利数已达101万件，居全球第一①。然而，我国的创新产出总体而言效率不高，对于产业高质量的发展仍有待提升。突出表现为，我国的产业结构中仍有相当比重的加工贸易型出口，专利的市场转化程度不够，特别是我国在世界上的知名品牌数量还有较大差距，在一些关键性技术领域仍然处于落后的地位。因而，如何提高我国创新的质量成为一个亟待解决的重大问题。

---

* 作者简介：罗连发（1984～　），男，武汉大学质量发展战略研究院、宏观质量管理湖北省协同创新中心研究员，经济学博士，研究方向为经济增长质量。

① 资料来源：根据国家统计局发布数据整理。

所谓创新的质量，就是创新的投入产出效率问题。现有文献多集中于研究创新行为的影响因素，以及创新驱动对于企业发展的影响机制。更进一步的问题是，如何对我国创新投入要素进行更加细分的考察，来研究其对于产业高质量发展的作用，有效地区分出，哪些创新投入要素对于高质量发展的边际产出较高，哪些创新投入要素对于高质量发展的边际产出较低。进而识别我国创新要素投入中的资源错配问题，为优化我国创新驱动的结构、促进产业的更高质量发展提出政策建议。

二、文献回顾

创新投入如何提高产业发展的质量？现有文献主要从以下四个方面对其影响机制进行了研究。

（一）内生增长理论

内生增长理论认为技术具有规模报酬递增的属性，创新对于产出增长的贡献率取决于企业在创新中所处的阶段，随着企业经验的积累，创新的边际效应越高。特别是由于创新具有较高的不确定性，早期的创新投入可能产出水平并不高，只有在关键性技术得到突破、产业的应用比较成熟时，创新的产出才有可能提升。随着新增长理论的发展，阿格赫恩和豪伊特（Aghion & Howitt，1992）在内生增长理论的框架下开创了产品持续创新的研究，他们将产业组织理论中的专利竞赛范式引入到一个动态一般均衡环境中，其中产品的创新不是一蹴而就的，而是持续不断演进的，从而构建了内生化技术进步的长期经济增长模型。基于此，王伟光（2015）认为创新驱动发展的本质是高技术产业创新向中低技术产业的转移和扩散，带动中低技术产业全要素生产率的提升和资源配置优化的过程。中国经济已经进入嵌入驱动阶段，驱动效果显著，高技术与中低技术产业间呈现“收敛式”发展态势。其中，知识溢出、研发、干中学和知识产权保护是实现创新驱动发展的关键要素，外商直接投资（foreign direct investment，FDI）和企业规模对创新驱动发展具有明显的“替代效应”和“规模效应”。创新驱动发展需要高技术和中低技术产业协同创新与发展，也需要在创新驱动和FDI、企业规模之间达到一种平衡关系。卢卡·贝尔基奇（Luca Berchicci，2013）探究了研发配置对创新绩效的影响，他认为在一定程度上，依赖于外部研发活动的公司会有更好的创新表现，从而提高企业发展质量，但是过多的外部研发则会降低创新绩效。沙鲁克·阿卡迪（Trachuk Arkady，2018）认为创新投入提高了工业企业的绩效，创新投入对绩效的影响强度与研发投入强度呈正相关关系。并且创新投入对绩效增长的关系本质上是非线性的，只有在达到了创新投资的临界规模后，才会产生强烈的正向关系。周叔莲（2001）认为产业的技术创新活动越活跃，其对创新成果的吸收和融合能力就越强，进而其创造能力、适应市场需求的能力都会显著增强，有利于扩大产业规模与影响力。科技创新的行业差异会导致一定时空条件下的主导产业变更，从而使产业结构处于不断的调整或变革过程中。在其他条件不变的情况下，这是一种科技创新推动型的产业结构变革。科技创新促进了劳动分工并改变了劳动力的就业结构，使得不同行业的劳动率出现差异。另外，科技创新通过影响需求结构来改变产业结构，在催生新产业的同时也削减了一些旧产业，从而促进传统产业改造，并使产业出现融合趋势。

（二）创新阶梯理论

格鲁斯曼和赫尔普曼（Grossman & Helpman，1991）将基于水平创新的产品周期理论与基于垂直创新的产品质量阶梯理论结合起来，构建了一个将创新活动和模仿活动内生化的产品周期与产品质量阶梯模型。其中，发达国家的企业家不断推出新一代的技术密集型产品，不断提高产品的质量，这一过程需要投入大量的资源，并面临着成功的不确定性；欠发达国家的企业家投资资源多以模仿和学习发达国家的先进生产技术为主。由于产品创新所带来的产品质量的提升，发达国家的创新者会获得暂时的垄断收益，当创新的产品和生产技术被欠发达国家所模仿后，由于欠发达国家在生产成本上的优势，发达国家的垄断收益将不复存在。因而，发达国家不得不进一步研发以推出新一代的产品，产品市场份额也因此在创新者和模仿者、在上一代产品与下一代产品之间转移。国家间的经济竞争表现为一种创新—模仿—再创新—再模仿的周期性过程，产品质量在这一过程中也不断提高。邹薇和代谦（2004）在此基础上，进一步考虑不同产业由于技术水平的不同对创新和模仿造成的差异。他们认为，不同技术水平的产业，其南方、北方国家贸易的模式不同。随着产业技术门槛的提高，创新和模仿的难度逐步提高，高技术产业的创新和生产完全被发达国家所垄断，而低技术产品的设计和制造完全由欠发达国家所承担，因而产品周期仅存在于技术水平居中的产业，高技术产业和低技术产业都不会出现产品周期。基于以上理论，何郁冰（2013）发现自主创新是产业提升国际竞争力的基础，但开放程度越高的产业，自主研发投入对竞争力的影响越明显，另外，开放式创新是产业提升国际竞争力的重要路径，但需要平衡开放的程度与自主的程度。相比单纯的自主创新或开放创新，基于开放与自主协同的开放式自主创新对中国产业提高国际竞争力有更大的贡献。

（三）创新制度理论

道格拉斯·诺思等（Douglass C. North，1973）认为在经济发展中起决定作用的是制度创新。创新投入对产业发展质量的影响差异主要是由于不同地区的制度差异造成的，这些制度包括：是掠夺性制度还是创新性制度，是专利保护制度还是公平竞争制度等。基于此，邱成利（2001）认为制度创新可以大幅度地降低交易成本对于促进贸易发生和分工网络具有重要作用，正确的政府引导和支持以及相应的有效政策对产业集聚将是一种有力的推动。制度创新包括干预主义和自由主义，由于创新可能会产生外溢效应，如果创新者不能有效地阻止“搭便车者”从中受益，创新主体会对预期收益信心不足，创新的社会供给必定小于社会需求。而政府在制度创新过程中担当的角色和发挥的作用是非常重要的，要么通过干预主义方式的补贴来弥补创新所带来的正外部性，要么按照自由主义模式加强产权保护，只有能为个人带来财产的增长和支出的降低，才会使个人及企业到某一地区形成产业集聚。基于此，贝克尔·贝蒂娜（Becker Bettina，2015）通过对文献的梳理发现该领域的研究经历了“政府创新补贴挤出市场研发投入”到“政府创新补贴刺激市场研发投入”的转变。此外，一个地区能否出现产业集聚，实质上与这个地区的非正式制度因素关系很大，当地的文化起着重要的作用。诺思等（1973）认为，从人格化交易向非人格化交易的转变是现代经济产生的必由之路，胡必亮（Biliang Hu，2007）的调查进一步表明，家族关系、同乡关系、同事关系、朋友关系等在企业资源组织过程中具有重要作用。而利用各种关系配置资源实际上是一种极为普遍的经济行为，作为非正式制度的关系规则同中国的产业集聚有着不可分割的关系。非正式制度具有内在的传统根性和历史积淀，它的变迁往往是一个长期演化的过程。普伦泽尔·保拉（Prenzel Paula，2018）发现，创新的区域环境提高了欧洲高科技产业将研发投资转化为生产力的能力，并且这是一种良性循环。

（四）创新互补性要素理论

沙维尔·塞雷拉和威廉·马洛尼（Xavier Cirera & William F. Maloney，2017）认为从创新投入到创新产出不是一个孤立的过程，创新可以被认为是知识资本的积累，而知识资本的积累是一个包括物质、人力和管理资本的生产函数，所以创新的效率同那些与创新互补的要素息息相关，包括企业家精神、管理效率和生产能力等。因此要实现从创新投入到产业高质量发展，还要增加对创新互补要素的投入。付宏等（2013）认为创新对于产业结构高级化进程的影响机理主要体现在三个方面：一是产业结构高级化过程通过产业结构自身的扬弃过程，从而实现前期产业结构对后期产业结构的动态影响；二是创新通过投入研发经费和研发人员来影响产业结构的高级化产出，但创新投入的影响没有动态连续特征，要素投入只在部分地区有静态显著影响，并且具有地区差异；三是创新效率通过产业生产是否达到生产可能性边界来影响产业结构高级化进程，这是通过技术效率和规模效率的实现来达到生产的潜力边界。李培楠等（2014）发现在技术开发阶段，内部资金、外部技术以及人力资本中研发人员比重对产业创新绩效具有正向影响，人力资本中研发人员数量和政府支持对产业创新绩效具有负向影响；在成果转化阶段，人力资本对产业创新绩效具有正向影响，外部技术对产业创新绩效具有负向影响；内部资金对产业创新绩效具有“倒U形”关系，政府支持对产业创新绩效具有“正U形”关系。

本文基于现有文献的一个边际贡献在于，分析了在制度环境相似的条件下，特别是中国大规模鼓励创新的阶段，为什么有的区域创新产出高有的区域创新产出低。我们希望进一步的探讨，假设宏观制度条件不变的前提下，能否通过创新投入结构的调整来提高创新对于宏观经济发展的贡献，并进而促进产业质量的提升。特别是，我们探讨了区域间不同的创新投入结构对于产业高质量发展的影响，这些结构性指标中我们关注的是企业研发投入在整体研发投入中的占比、高新技术产业占比、研发人员占比等。

三、数据来源与指标选择

为研究创新驱动与企业高质量发展间的实证关系，本文选取《中国统计年鉴》《中国科技统计年鉴》以及各省份统计年鉴的数据进行整理。其中，选取中国30个省份地区（不包含港澳台地区及西藏自治区）2008~2016年的多项指标作为主要研究的经济变量。之所以从2008年开始，主要是考虑我国在2008年开始有高新技术产业这一指标的统计，且近10年以来，也是我国创新投入增长最快的一时段。

对于被解释变量的选取，即产业发展质量，我们主要考虑两个指标：一是劳动生产率，即人均增加值。这一指标反映的是劳动力的投入产出效率水平，也是我国当前从劳动力数量驱动向人力资本驱动转变的一个重要代理变量；二是区域内规模以上工业企业的平均利润率，利润率反映的是企业盈利能力，而单位企业的盈利能力加总，在宏观上也就代表了资本的投入产出效率。我们分别对劳动生产率和利润率进行回归。

对于解释变量的选取，大部分学者的研究以创新的投入与创新的产出作为衡量创新的指标，所以本文在选取创新驱动指标时，将企业研发投入占比作为创新投入的指标，专利数量作为衡量创新产出的指标。同时，借鉴程虹等（2016）的做法，考虑到企业规模对于企业研发投入的影响，将企业的研发强度作为重要的度量指标，规模化企业规模与研发资金的影响。同时，各省份的高新技术企业的发展情况也是当地创新的重要体现，故选取高新技术企业产值占比作为一个重要指标，如表1所示。

表1　变量选择数据来源

变量	指标含义	计算方式	数据来源
ln_gdp_per	高质量发展指标	ln（人均生产总值）	《中国统计年鉴》
ln_profit_rate	高质量发展指标	ln（规模以上工业企业销售利润/规模以上工业企业主营业务收入）	《中国统计年鉴》
ln_rd_intensity	创新驱动指标	ln（研发强度）	《中国科技统计年鉴》
ln_patent	创新驱动指标	ln（专利数）	《中国科技统计年鉴》
ln_output_value_proportion	创新驱动指标	ln（高新技术企业产值/地区 GDP）	《中国科技统计年鉴》《中国统计年鉴》
ln_researcher	创新驱动指标	ln（研究开发人员/总人口比重）	《中国科技统计年鉴》《中国统计年鉴》
ln_fixed_per	控制变量	ln（固定资产投资/第二产业从业人数）	《中国统计年鉴》

四、特征性事实

（一）创新要素投入与产业发展质量均呈增长趋势（见图1、图2）

图1显示，我国整体的创新研发投入强度从2006年的1.39%，提升至2016年的2.11%，这一数据是根据《中国科技统计年鉴》历年数据统计的，为规模以上企业数据，因为没有考虑中小企业的情况，因此有可能高估我国总体的创新投入。但不可否认的是，我国的研发投入强度确实在快速增长，10

年内，提高了近70%。与此同时，在产业发展质量上，劳动生产率从2006年的16 000元，提升至2016年的54 000元，增长了2倍多。规模以上工业企业的利润总额也是呈总体增长的态势，尤其是在2009～2012年有一个峰值，近年来增长速度趋缓。

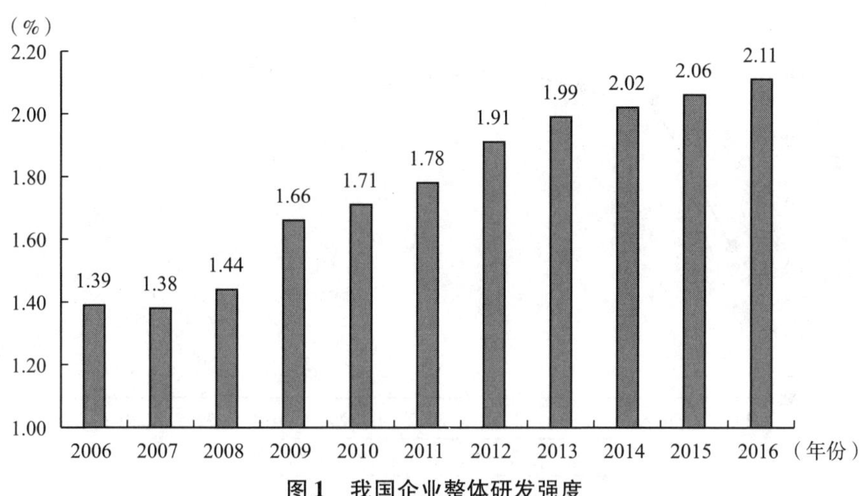

图1　我国企业整体研发强度

资料来源：《中国科技统计年鉴》，为规模以上企业数据。

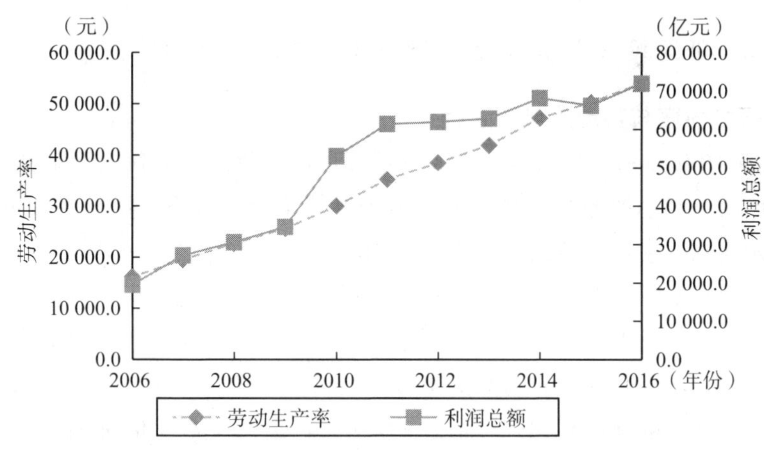

图2　我国整体劳动生产率与规模以上企业利润总额

资料来源：《中国科技统计年鉴》，为规模以上企业数据。

图3显示，各区域内企业的研发投入占比总体较为稳定，只有2008～2009年有较大增长，而在2010年之后整体较为稳定，全国的平均水平为72%。从

区域结构来看，东部与中部地区的企业研发占比总体高于西部地区，而东部与中部的产业发展质量也明显高于西部。这说明企业研发投入的比重对于产业发展质量可能具有正相关的关系。

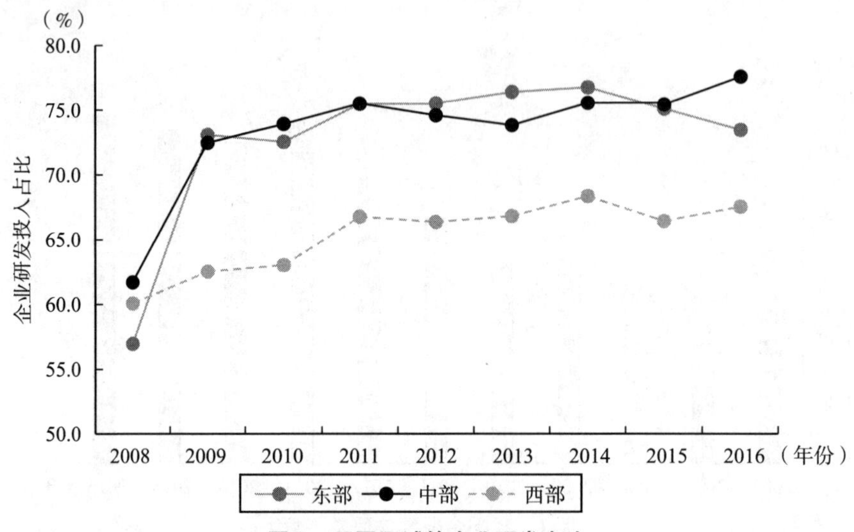

图 3　不同区域的企业研发占比

资料来源：《中国科技统计年鉴》，为规模以上企业数据。

（二）研发投入与劳动生产率整体呈正相关关系

1. 研发强度与劳动生产率正相关

图 4～图 6 显示，2008 年、2011 年和 2016 年我国各省份的企业研发强度与人均地区生产总值的分布情况呈现出明显的正相关关系，即研发强度越高，对地区人均地区生产总值的正向带动作用越强。也就是说，作为创新驱动投入要素之一的研发强度对于产业高质量发展指标中的人均地区生产总值的边际产出较高，随着年份的增加，拟合线斜率逐渐增加，表明这种正向带动作用正逐年变得更加明显。具体各省份数据来看，北京、上海、天津、江苏等东部沿海地区与中西部内陆地区相比①，研发强度和人均地区生产总值都相对较高，整体分布集中在散点图的右上部分。

① 本文中省级单位范围均指不包含港澳台地区及西藏自治区的 30 个省份，下同。

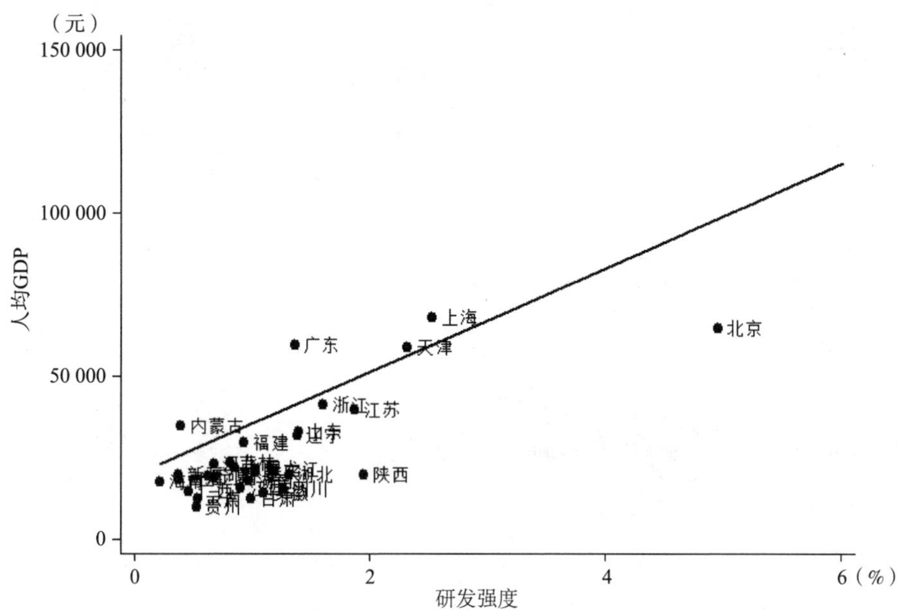

图 4　2008 年研发强度与劳动生产率相关性

资料来源：《中国统计年鉴》以及《中国科技统计年鉴》，为规模以上企业数据。

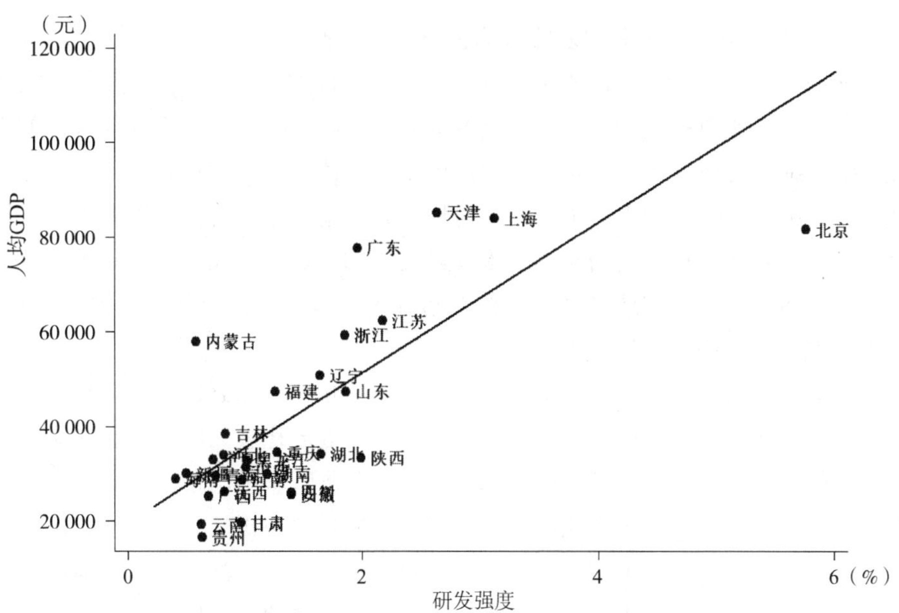

图 5　2011 年研发强度与劳动生产率相关性

资料来源：《中国统计年鉴》以及《中国科技统计年鉴》，为规模以上企业数据。

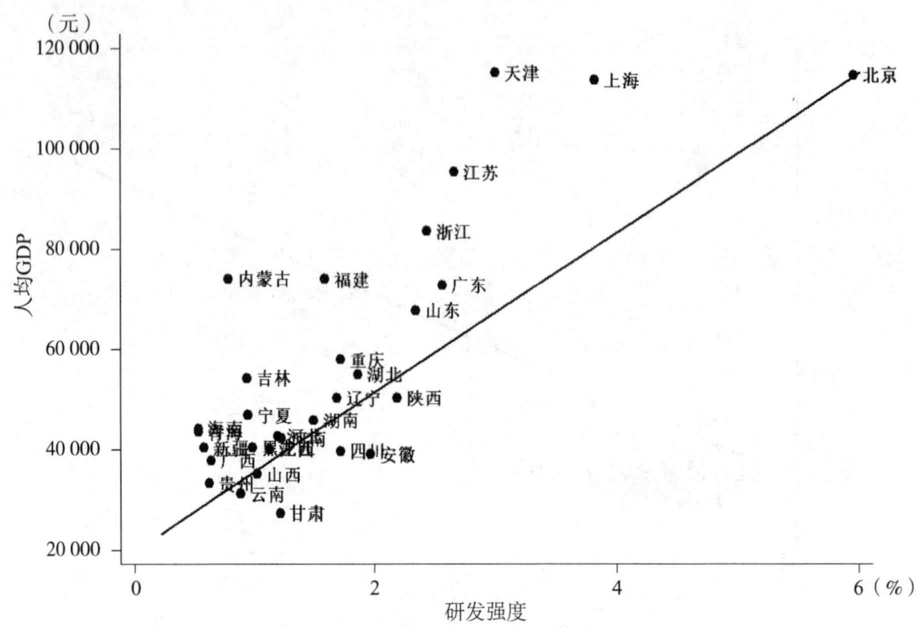

图 6　2016 年研发强度与劳动生产率的相关性

资料来源：《中国统计年鉴》以及《中国科技统计年鉴》，为规模以上企业数据。

2. 企业研发投入占总研发投入比重与劳动生产率

如图 7 ~ 图 9 所示，根据 2008 年、2011 年和 2016 年各省份企业研发投入占总研发投入比重与人均地区生产总值的分布情况，整体来看全国各省份的企业研发投入占总研发投入比重与人均地区生产总值呈显著的正相关关系，即企业研发投入占总研发投入比重越高，对地区人均地区生产总值的正向带动作用越强。换而言之，作为创新驱动投入要素之一的企业研发投入占比对于产业高质量发展指标中的人均地区生产总值的边际产出较高，拟合线斜率趋于平缓，这种正向带动作用正逐年变小。

从图 10 ~ 图 12 的分组情况统计来看，在 2008 年、2011 年、2016 年，整体而言企业研发占比高的地区人均地区生产总值处于比较高的水平。同时，值得注意的是，在 2008 年、2011 年、2016 年，企业研发占比较低地区的人均地区生产总值大于企业研发占比中等的地区，这同样反映出，一个地区的研发投入，对于地区经济增长可能存在时滞性。另外，研发投入处于中等的地区，不需要进一步增加研发投入，以求促进地区经济更好更快的发展。

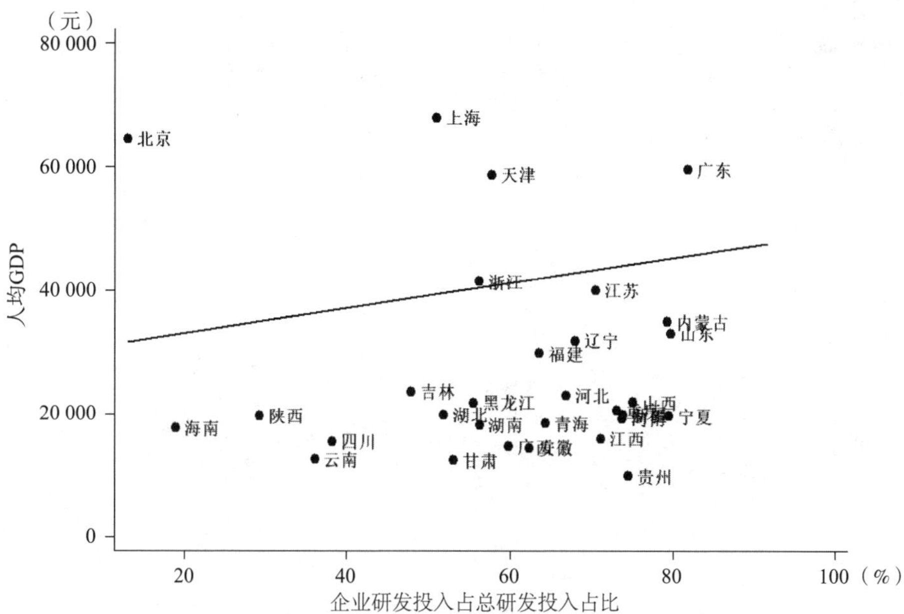

图 7　2008 年企业研发投入占总研发投入比重与劳动生产率相关性

资料来源：《中国统计年鉴》以及《中国科技统计年鉴》，为规模以上企业数据。

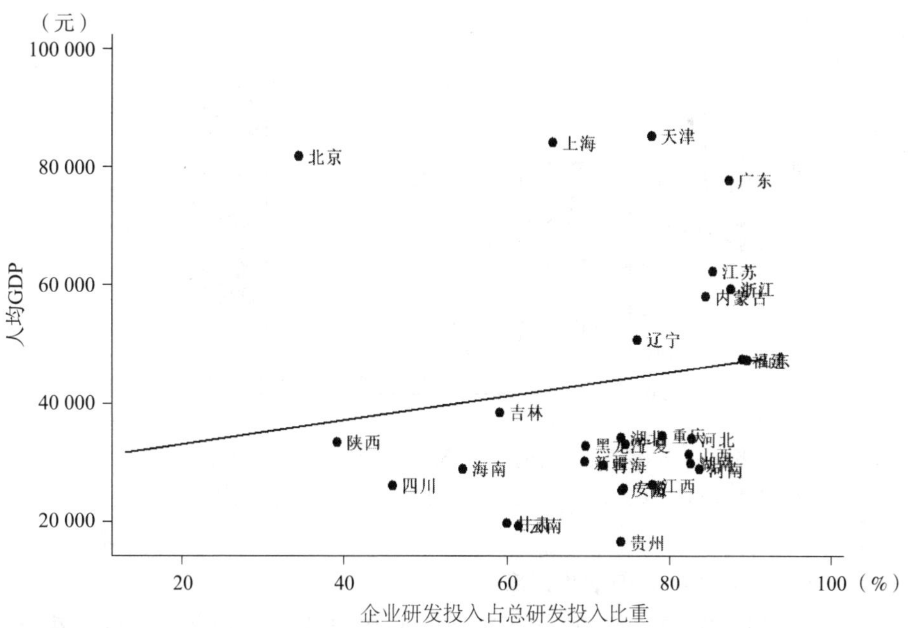

图 8　2011 年企业研发投入占总研发投入比重与劳动生产率相关性

资料来源：《中国统计年鉴》以及《中国科技统计年鉴》，为规模以上企业数据。

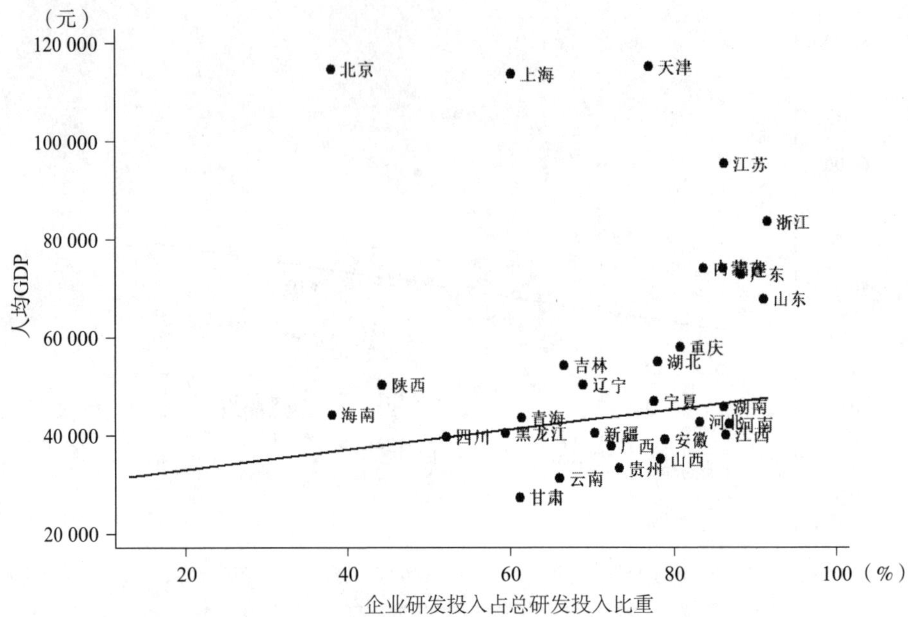

图 9　2016 年企业研发投入占总研发投入比重与劳动生产率相关性

资料来源：《中国统计年鉴》以及《中国科技统计年鉴》，为规模以上企业数据。

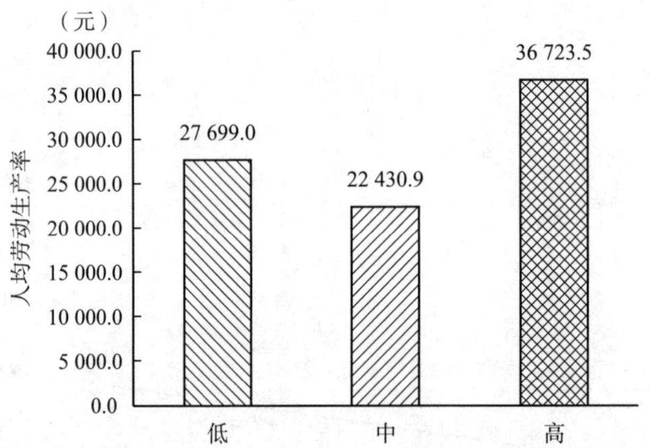

图 10　2008 年按企业研发投入占比分组的平均劳动生产率

资料来源：《中国统计年鉴》以及《中国科技统计年鉴》，为规模以上企业数据。

3. 企业专利对数与劳动生产率

根据图 13 ~ 图 15 中 2008 年、2011 年和 2016 年的散点图，整体来看全国各省份的企业专利与人均地区生产总值呈显著的正向相关性，即企业专利对数越高，对地区生产总值的正向带动作用越强。作为创新驱动投入要素之一的专利数，对于产业高质量发展指标中的人均地区生产总值的边际产出较高。随着年份的变化，拟合线斜率的降低，显示出这种正向带动作用正逐年变小。具体来看，各省份企业专利数与人均地区生产总值的分布散点图显示出北京、上海、广东、江苏、浙江等地区一直表现出较高水平的企业专利和人均地区生产总值分布，青海、宁夏回族自治区和海南相对偏低。

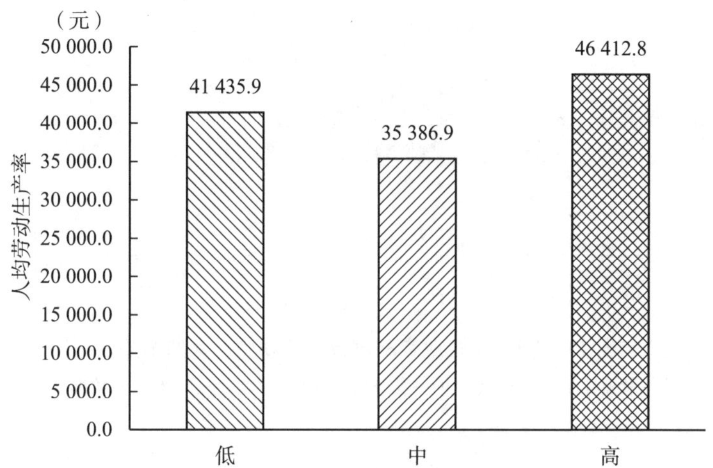

图 11　2011 年按企业研发投入占比分组的平均劳动生产率

资料来源：《中国统计年鉴》以及《中国科技统计年鉴》，为规模以上企业数据。

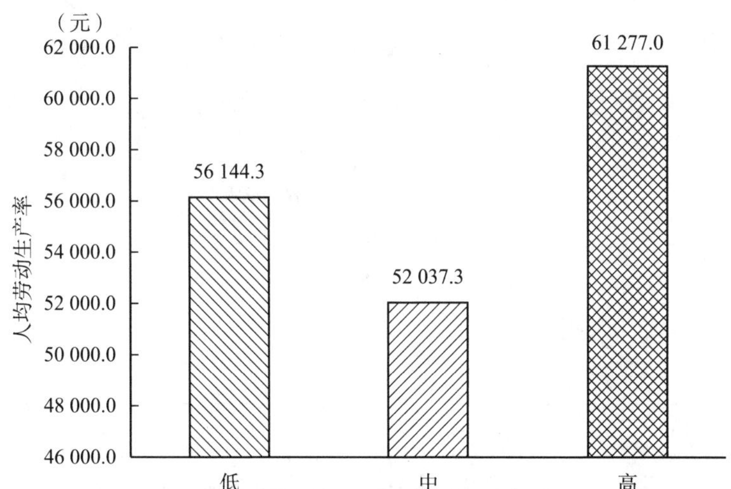

图 12　2016 年按企业研发投入占比分组的平均劳动生产率

资料来源：《中国统计年鉴》以及《中国科技统计年鉴》，为规模以上企业数据。

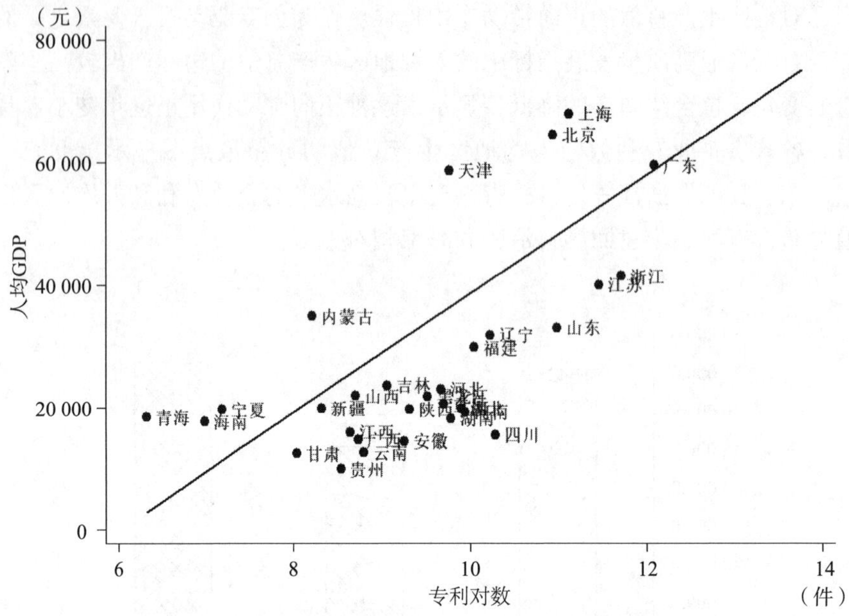

图 13　2008 年企业专利对数与劳动生产率的相关性

资料来源：《中国统计年鉴》以及《中国科技统计年鉴》，为规模以上企业数据。

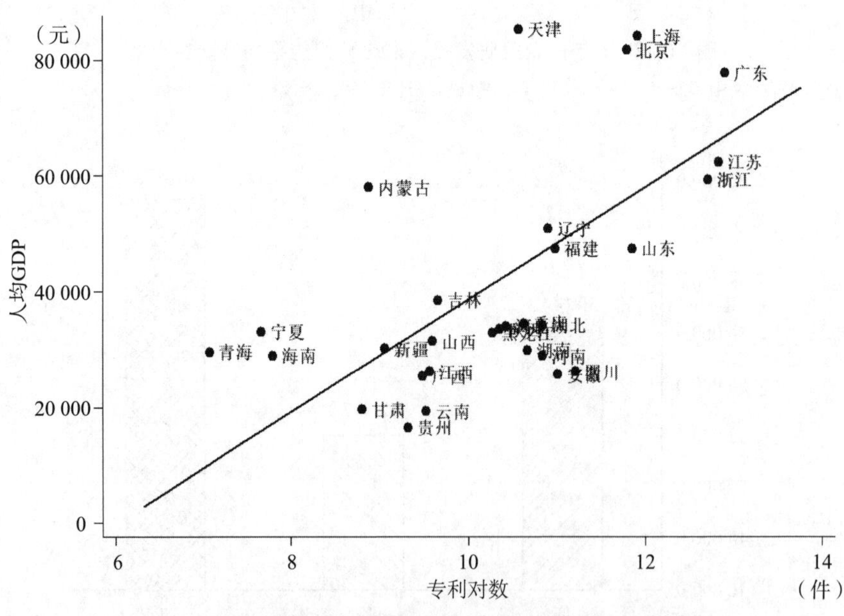

图 14　2011 年企业专利对数与劳动生产率的相关性

资料来源：《中国统计年鉴》以及《中国科技统计年鉴》，为规模以上企业数据。

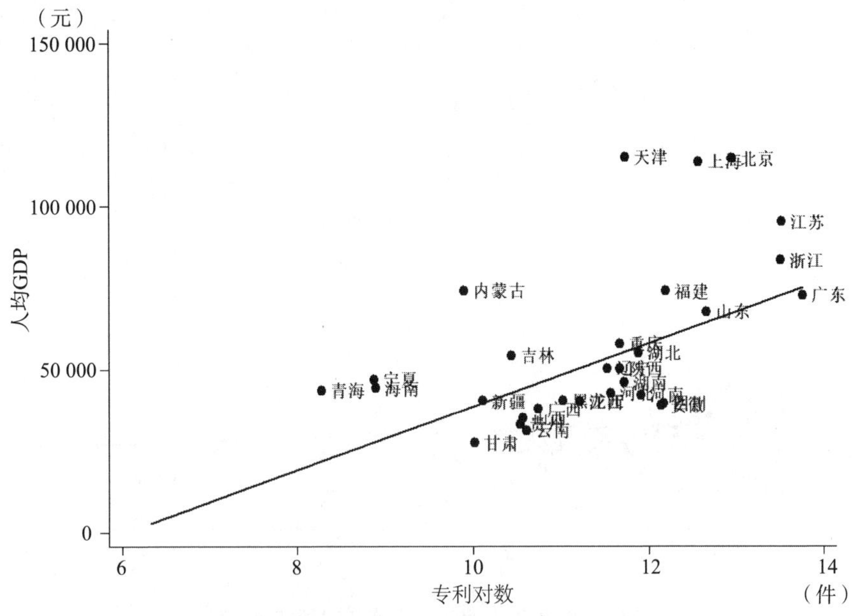

图 15　2016 年企业专利对数与劳动生产率的相关性

资料来源：《中国统计年鉴》以及《中国科技统计年鉴》，为规模以上企业数据。

（三）创新投入指标与利润率相关性较弱

1. 研发强度与利润率相关性不强

根据图 16 ~ 图 18 中 2008 年、2011 年和 2016 年各省份企业研发强度与利润率的整体分布情况，全国各省份企业研发强度与利润率呈显著的负相关关系，即研发强度越高，工业企业的利润率越低。创新驱动投入要素之一的研发强度对于产业高质量发展指标中的利润率边际产出较低。

2. 专利数量与企业利润率呈负相关关系

根据图 19 ~ 图 21 中 2008 年、2011 年和 2016 年各省份企业专利对数与利润率的整体分布情况，全国各省份企业专利对数与利润率呈显著的负相关关系，即专利对数越高，工业企业利润率越低。也就是说，作为创新驱动投入要素之一的专利对数对于产业高质量发展指标中的利润率边际产出较低。2016 年，在专利对数分布趋于稳定的情况下，虽然全国工业企业利润率整体分布有所提高，但企业专利数与利润率依然呈负相关关系。

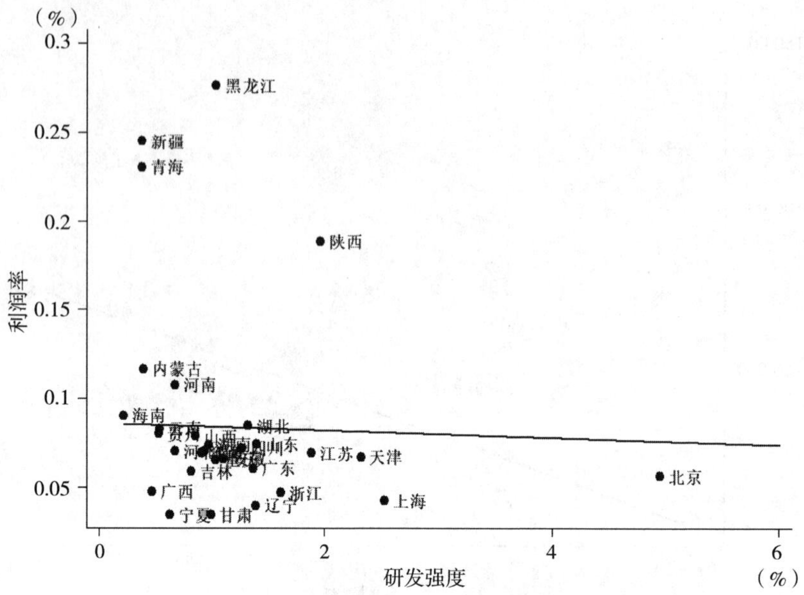

图 16　2008 年企业研发强度与利润率相关性

资料来源：《中国统计年鉴》以及《中国科技统计年鉴》，为规模以上企业数据。

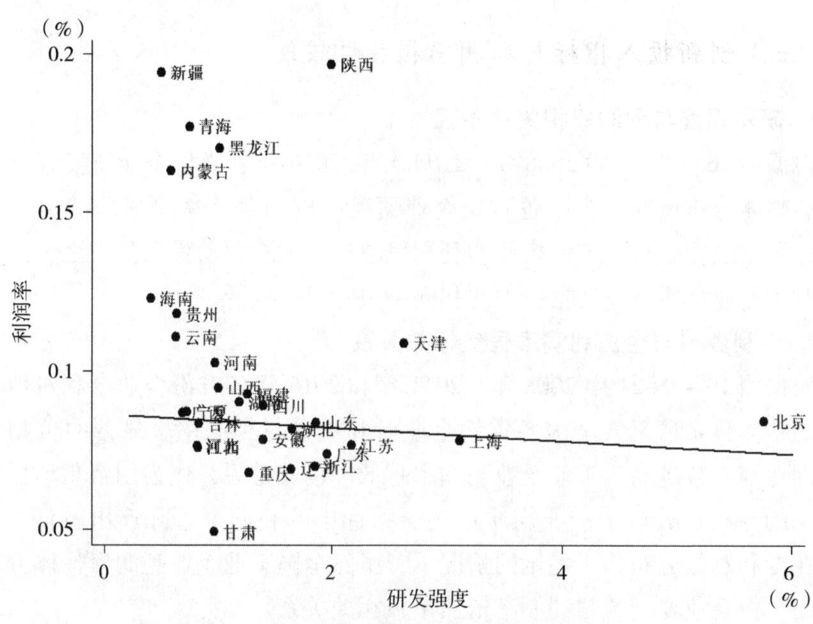

图 17　2011 年企业研发强度与利润率相关性

资料来源：《中国统计年鉴》以及《中国科技统计年鉴》，为规模以上企业数据。

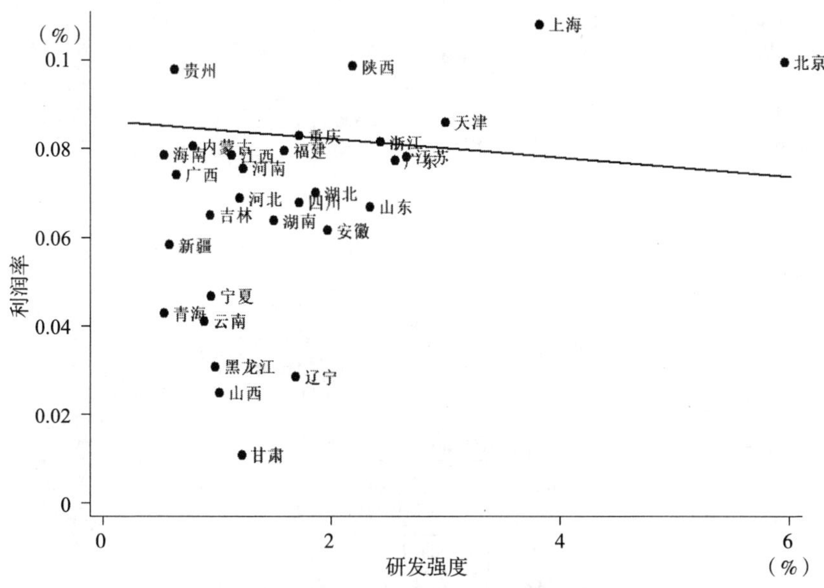

图 18　2016 年研发强度与利润率相关性

资料来源：《中国统计年鉴》以及《中国科技统计年鉴》，为规模以上企业数据。

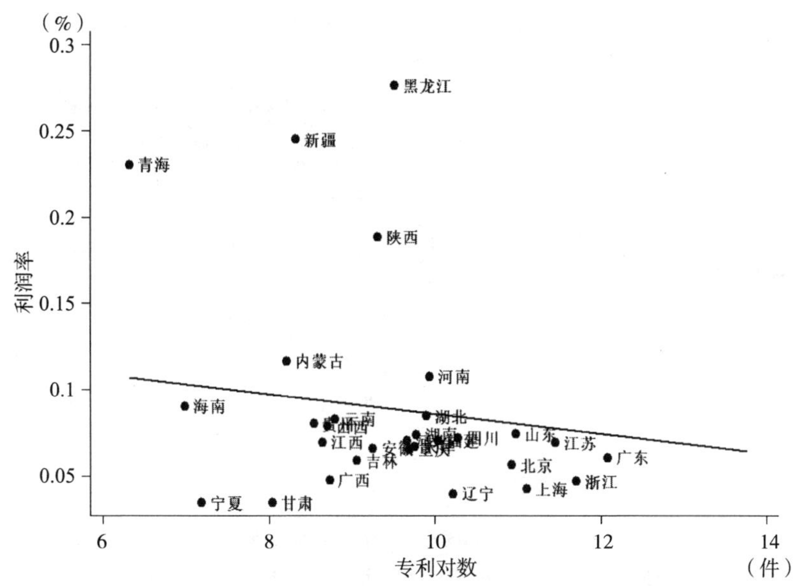

图 19　2008 年专利对数与利润率相关性

资料来源：《中国统计年鉴》以及《中国科技统计年鉴》，为规模以上企业数据。

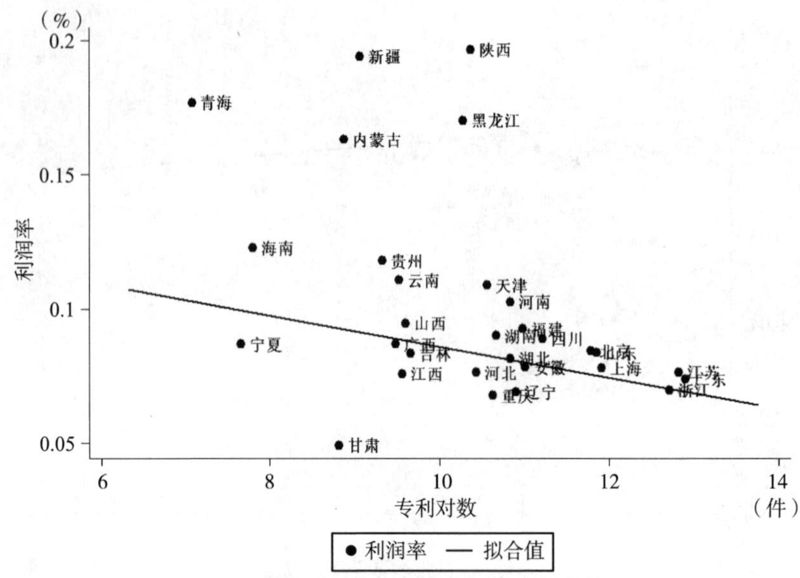

图 20　2011 年专利对数与利润率相关性

资料来源：《中国统计年鉴》以及《中国科技统计年鉴》，为规模以上企业数据。

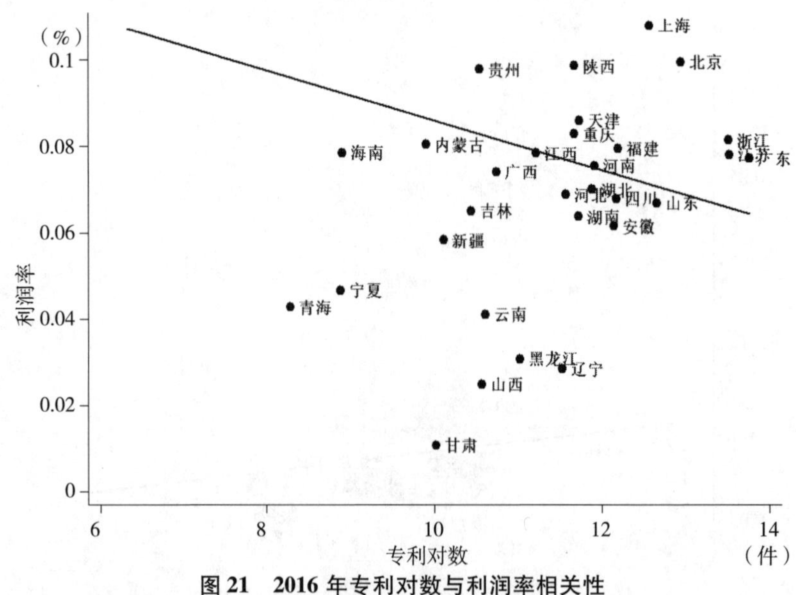

图 21　2016 年专利对数与利润率相关性

资料来源：《中国统计年鉴》以及《中国科技统计年鉴》，为规模以上企业数据。

3. 企业研发投入占比与利润率呈负相关关系

根据图 22 ~ 图 24 中 2008 年、2011 年和 2016 年各省份企业研发投入占总研发投入比重与利润率的整体分布情况来看，全国各省份企业研发投入占总研

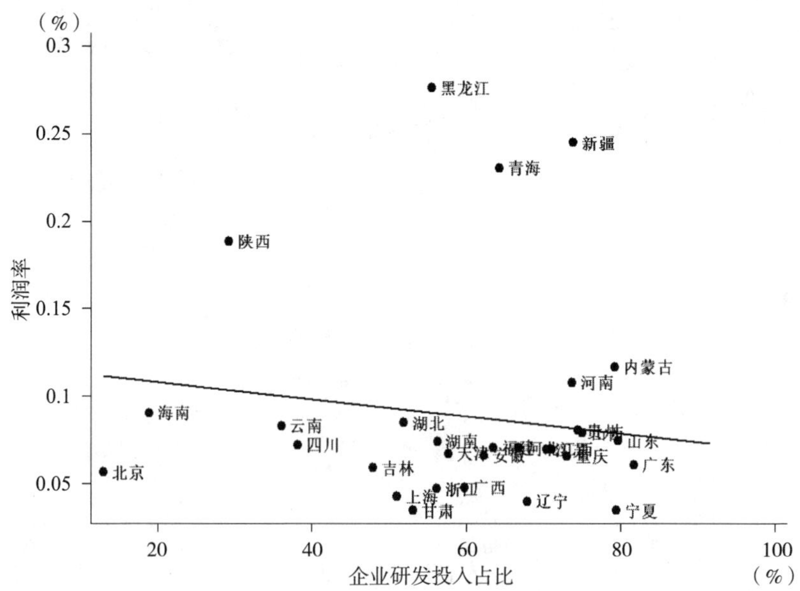

图 22　2008 年企业研发投入占比与利润率相关关系

资料来源：《中国统计年鉴》以及《中国科技统计年鉴》，为规模以上企业数据。

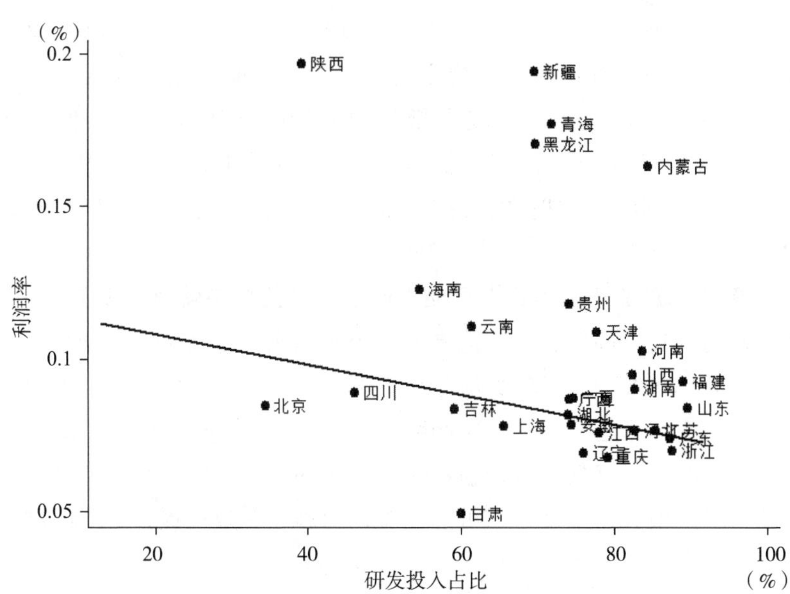

图 23　2011 年企业研发投入占比与利润率相关关系

资料来源：《中国统计年鉴》以及《中国科技统计年鉴》，为规模以上企业数据。

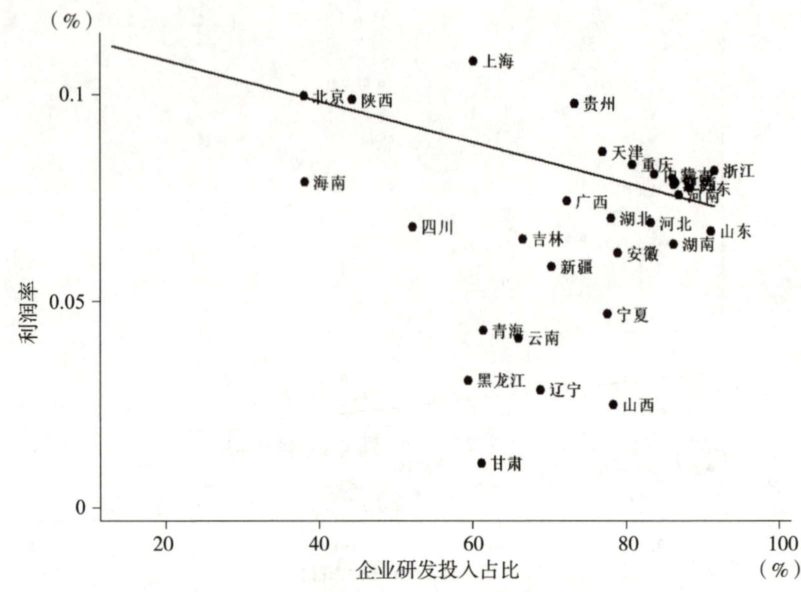

图 24　2016 年企业研发投入占比与利润率相关关系

资料来源：《中国统计年鉴》以及《中国科技统计年鉴》，为规模以上企业数据。

发投入比重与利润率呈显著的负向相关，即企业研发投入占总研发投入的比重越高，工业企业利润率越低。换言之，作为创新驱动投入要素之一的企业研发投入比重对于产业高质量发展指标中的利润率边际产出较低。具体来看，随着时间的变化，天津、河北、山东等地的企业研发投入比重的增加，并没有促进企业利润率的提高，说明企业的研发创新投入可能存在资源错配的现象。

4. 高新技术产业产值占比对产业发展质量从负相关转为正相关

随着时间变化，高新技术产值占比与企业利润率之间呈现先减少、后增加的变化趋势。如图 25 ~ 图 26 所示，在 2011 年，高新技术产值占比越高的地区，企业利润率水平越低。在 2016 年，高新技术产值占比高地区的企业利润率处于最高的水平，高新技术产值占比低地区的企业利润率水平最低。这反映出，高新技术产值开始增加时，可能在短期内难以有效地提升企业的利润率水平，但企业利润率会随着高新技术产值持续增加。

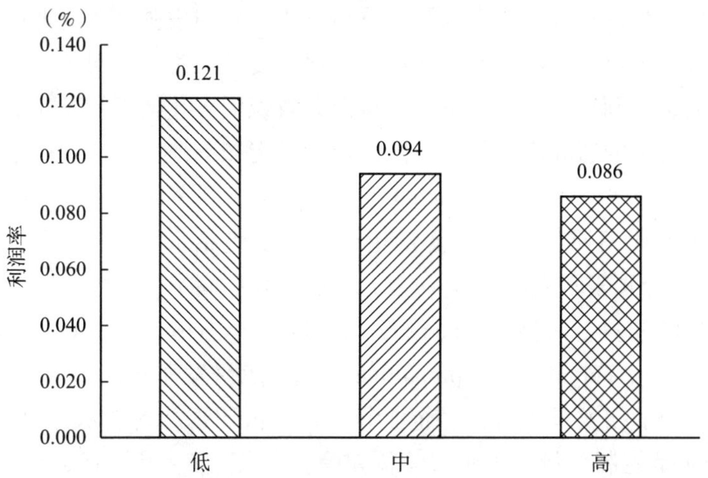

图 25　2011 年高新技术产业占比与利润率

资料来源：《中国统计年鉴》以及《中国科技统计年鉴》，为规模以上企业数据。

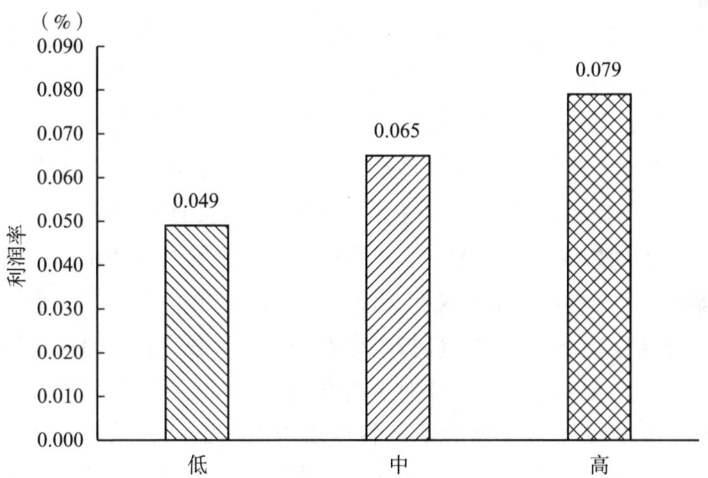

图 26　2016 年高新技术产业占比与利润率

资料来源：《中国统计年鉴》以及《中国科技统计年鉴》，为规模以上企业数据。

五、实证分析

（一）回归模型

在对于创新投入要素与产业高质量发展的回归分析中，我们控制人均固定资产变量，考察创新投入要素（研发强度、上一年研发强度、企业研发投入占比、研发人员占比、高新技术企业产值占比）与劳动生产率对数、工业企业利润率、工业企业利润率对数的关系，从而有效识别出我国创新投入中的哪些要素对高质量发展的边际产出较高。回归模型设定如下：

$$Y_{it} = \beta_0 + \beta_1 lncapital\_per_{it} + \beta_2 X_{it} + D_i + D_t + \varepsilon_{it} \tag{1}$$

其中，Y_{it}是产业高质量发展的衡量指标，主要包括 ln_gdp_per、profit_rate、ln_profit_rate 分别表示人均 GDP 对数、利润率和利润率的对数；X_{it}为创新驱动的衡量指标的向量，包括 rd_intensity、rd_intensity_last、ln_patent、rd_proportion、researcher、output_value_proportion 分别表示研发强度、上一年研发强度、专利对数、企业研发投入占比、企业研发人员占比、高新技术企业产值占比；ln_fixed_per 是控制变量，表示人均固定资产投资，ε_{it}为随机误差项。在这里我们关注的是创新驱动的参数估计值 β_2。

（二）基准回归结果

表 2 给出了省（区、市）劳动生产率的 OLS 基准回归结果，模型中控制了人均固定资本存量，并控制了省份、年份的固定效应。回归结果显示，未控制其他创新投入变量时，研发强度对于劳动生产率具有显著负效应，研发强度每提高 1 个百分点，劳动生产率下降 0.2%，这说明了研发的资本投入目前还没有真正地发挥产出效应。当然，研发投入对于产出会有一定的时滞，而我们看到，上一年度的研发支出对于劳动生产率的效应也是显著为负的（在 1% 的显著性水平下显著），这更进一步地说明了研发投入的产出效率不高。专利的系数显著为正。企业研发支出占比和高新技术产业占比的系数为正，但企业研发支出占比不显著。这一结果启示我们，相对于研发的投入强度而言，研发投入的结构可能对于产出的影响更大。将所有的解释变量放在一起之后最后一列（7）的结果，我们发现当年研发强度、上一年研发强度的系数仍然为负，而企业研发支出占比和高新技术产业占比仍然为正，且企业研发支出占比从不显著变为显著。

表 2　　　　劳动生产率对数回归（OLS）

被解释变量	劳动生产率对数（即 lngdp_per）						
	（1）	（2）	（3）	（4）	（5）	（6）	（7）
人均固定资本	0.054 （1.62）	0.025 （0.692）	0.079 ** （2.223）	0.102 *** （2.856）	0.0247 （0.630）	0.0359 （0.918）	-0.0048 （-0.129）

续表

被解释变量	劳动生产率对数（即 lngdp_per）						
	(1)	(2)	(3)	(4)	(5)	(6)	(7)
当年研发强度	-0.22*** (-5.08)	—	—	—	—	—	-0.143 (-1.330)
上一年研发强度	—	-0.186*** (-4.00)	—	—	—	—	-0.177* (-1.935)
专利对数	—	—	0.124** (2.34)	—	—	—	0.0852 (1.523)
企业研发支出占比	—	—	—	0.000849 (0.475)	—	—	0.004* (1.848)
高新技术产业占比	—	—	—	—	0.00452* (1.782)	—	0.00089 (0.344)
研发人员占比	—	—	—	—	—	-0.162 (-1.293)	0.47** (2.503)
省份固定效应	控制	控制	控制	控制	控制	控制	控制
年份固定效应	控制	控制	控制	控制	控制	控制	控制
截距项	12.14*** (49.356)	11.98*** (46.984)	9.59*** (16.5)	10.89*** (172.2)	10.89*** (154.684)	11.2*** (61.405)	10.9*** (15.358)
观测量	184	166	184	184	166	166	166
R^2	0.982	0.982	0.980	0.979	0.981	0.980	0.984

注：括号内为 t 统计量，***、**、*分别代表 1%、5%、10%的显著性水平下显著。
资料来源：《中国统计年鉴》以及《中国科技统计年鉴》，为规模以上企业数据。

表 3 给出的是利润率的 OLS 回归结果。结果显示，在控制同样的变量以后，当年研发强度、上一年研发强度变成了显著为正的变量，不过整体的效应仅为 0.06~0.07 个百分点，即研发强度每提高 1 个百分点，利润率只提高 0.06~0.07 个百分点。这表明了研发对于一个地区的整体盈利能力具有正效应。专利对数变得不显著。而企业研发占比、高新技术产业占比与研发人员占比三个结构性变量都是显著为正的效应。在表 3 中最后一列（7）中我们控制了所有的创新投入以及创新结构性变量，发现原来显著的当年研发强度，企业研发支出占比不显著，专利数仍不显著，而高新技术产业占比、研发人员占比

继续保持显著。这说明了，当年研发投入实际带来更高利润率的可能性不大，而有可能是其他变量的效应。同时，高新技术产业和研发人员两个结构变量对于区域的产业发展质量具有显著正效应，尤其是研发人员占比每提高 1 个百分点，对于利润率有 0.15 个百分点的贡献。

表 3　　利润率回归（OLS）

被解释变量	利润率						
	(1)	(2)	(3)	(4)	(5)	(6)	(7)
人均固定资本	-0.010 (-0.961)	-0.002 (-0.234)	-0.0261 ** (-2.263)	-0.0222 ** (-1.991)	-0.00830 (-0.750)	-0.00767 (-0.783)	-0.0115 (-1.170)
当年研发强度	0.069 *** (4.981)	—	—	—	—	—	-0.00336 (-0.122)
上一年研发强度	—	0.06 *** (5.247)	—	—	—	—	0.0396 * (1.679)
专利对数	—	—	0.0109 (0.640)	—	—	—	0.00674 (0.468)
企业研发支出占比	—	—	—	0.001 * (1.753)	—	—	0.0005 (0.886)
高新技术产业占比	—	—	—	—	0.001 ** (2.047)	—	0.002 *** (3.467)
研发人员占比	—	—	—	—	—	0.196 *** (6.247)	0.153 *** (3.159)
省份固定效应	固定	固定	固定	固定	固定	固定	固定
年份固定效应	固定	固定	固定	固定	固定	固定	固定
截距项	-0.293 *** (-3.763)	-0.28 *** (-4.081)	-0.0295 (-0.159)	0.0653 *** (3.306)	0.0461 ** (2.321)	-0.199 *** (-4.370)	-0.472 ** (-2.562)
观测量	184	166	184	184	166	166	166
R^2	0.675	0.722	0.622	0.628	0.675	0.741	0.775

注：括号内为 t 统计量，***、**、* 分别代表 1%、5%、10% 的显著性水平下显著。
资料来源：《中国统计年鉴》以及《中国科技统计年鉴》，为规模以上企业数据。

作为一个稳健性检验结果，表 4 给出了利润率对数的 OLS 回归结果。这一结果与利润水平值的 OLS 结果大致相似，差别在于上一年研发强度不再显著，而高新技术产业占比和研发人员占比仍然是显著的。

表 4 利润率对数回归（OLS）

被解释变量	利润率对数（ln_profit_rate）						
	(1)	(2)	(3)	(4)	(5)	(6)	(7)
人均固定资本	-0.0367 (0.304)	0.0287 (0.222)	-0.206 (-1.575)	-0.177 (-1.400)	-0.0418 (-0.300)	-0.0358 (-0.295)	-0.105 (-0.858)
当年研发强度	0.81 *** (5.161)	—	—	—	—	—	-0.231 (-0.658)
上一年研发强度	—	0.761 *** (4.715)	—	—	—	—	0.394 (1.309)
专利对数	—	—	0.037 (0.193)	—	—	—	0.0836 (0.464)
企业研发支出占比	—	—	—	0.0107 * (1.687)	—	—	0.0086 (1.070)
高新技术产业占比	—	—	—	—	0.0177 * (1.973)	—	0.03 *** (3.349)
研发人员占比	—	—	—	—	—	2.55 *** (6.547)	2.54 *** (4.193)
省份固定效应	固定	固定	固定	固定	固定	固定	固定
年份固定效应	固定	固定	固定	固定	固定	固定	固定
截距项	-7.05 ** (-8.02)	-6.7 *** (-7.585)	-2.988 (-1.419)	-2.841 *** (-12.674)	-2.962 *** (-11.877)	-6.194 *** (-10.899)	-8.7 *** (-3.781)
观测量	182	164	182	182	164	164	164
R^2	0.664	0.691	0.604	0.611	0.648	0.728	0.759

注：括号内为 t 统计量，***、**、* 分别代表 1%、5%、10% 的显著性水平下显著。
资料来源：《中国统计年鉴》以及《中国科技统计年鉴》，为规模以上企业数据。

（三）稳健性检验

为了消除各省份个体效应对于回归结果的影响，进一步地使用面板数据中的固定效应模型进行回归分析。

回归结果显示，使用固定效应模型之后，劳动生产率回归中，人均固定资产从显著为负转变为显著为正，这表明在控制省级固定效应以后，资本积累的边际递减效应消失了，也就是说越发达的地区，资本对于劳动生产率的贡献越大。研发强度包括上一年研发强度，仍然是不显著的。而企业研发支出占比、研发人员占比两个指标仍然是显著为正的，企业研发支出占比提升 1 个百分点，劳动生产率大约能够提高 0.5%，研发人员占比每提高 1 个百分点劳动生产率大约能够提高 0.8%，也就是说如果研发人员占比能够提高 5 个百分点，能使得劳动生产率提高 4%，这一效应较 OLS 回归结果几乎高了 1 倍，如表 5 所示。

表 5　劳动生产率对数回归（面板模型）

被解释变量	劳动生产率对数（ln_gdp_per）						
	(1)	(2)	(3)	(4)	(5)	(6)	(7)
人均固定资本	0.560*** (17.58)	0.51*** (13.81)	0.186*** (5.268)	0.585*** (16.551)	0.494*** (12.630)	0.442*** (12.278)	0.22*** (6.2)
当年研发强度	0.363*** (8.19)	—	—	—	—	—	-0.137 (-1.182)
上一年研发强度	—	0.37*** (7.761)	—	—	—	—	0.0419 (0.409)
专利对数	—	—	0.334*** (16.411)	—	—	—	0.22*** (8.535)
企业研发支出占比	—	—	—	0.0101*** (4.095)	—	—	0.0046* (1.845)
高新技术产业占比	—	—	—	—	0.0263*** (7.312)	—	0.00355 (1.139)
研发人员占比	—	—	—	—	—	1.339*** (11.111)	0.82*** (3.342)
截距项	8.920*** (84.563)	9.01*** (78.920)	6.697*** (37.377)	8.701*** (46.826)	9.276*** (88.643)	9.237*** (100.791)	7.28*** (27.963)
观测量	184	166	184	184	166	166	166

注：括号内为 z 统计量，*** 、* 分别代表 1%、10% 的显著性水平下显著。

资料来源：《中国统计年鉴》以及《中国科技统计年鉴》，为规模以上企业数据。

在利润率回归模型中，当年研发强度不显著，上一年研发强度显著为正，这与 OLS 回归的结果相似，研发强度每提高 1 个百分点使得利润提高 0.06%，这是一个非常小的效应。专利对于利润率是显著为负的效应，而在 OLS 回归中，专利的系数并不显著。研发支出占比仍然不显著，但高新技术产业产值占比显著为正，高新技术产业每提高 1 个百分点，约能够使得利润率提高 0.1 个百分点，研发人员占比也是显著为正的，但其效应较小，仅为 0.08%，如表 6 所示。

表 6　　　　利润率回归（面板模型）

被解释变量	利润率回归（即 profit_rate）						
	(1)	(2)	(3)	(4)	(5)	(6)	(7)
人均固定资本	-0.021*** (-4.077)	-0.0199*** (-3.672)	-0.0151*** (-2.776)	-0.0205*** (-3.708)	-0.019** (-3.723)	-0.019*** (-3.64)	-0.018*** (-2.949)
当年研发强度	-0.00447 (-0.903)	—	—	—	—	—	-0.073*** (-3.076)
上一年研发强度	—	-0.00429 (-0.959)	—	—	—	—	0.06*** (2.85)
专利对数	—	—	-0.009*** (-3.262)	—	—	—	-0.022*** (-5.14)
企业研发支出占比	—	—	—	-9.87e-06 (-0.033)	—	—	0.0001 (0.370)
高新技术产业占比	—	—	—	—	-0.0006* (-1.868)	—	0.001* (1.908)
研发人员占比	—	—	—	—	—	-0.0145 (-1.033)	0.080* (1.701)
截距项	0.134*** (9.165)	0.129*** (8.858)	0.209*** (7.445)	0.126*** (5.779)	0.131*** (10.105)	0.127*** (9.632)	0.326*** (6.898)
观测量	184	166	184	184	166	166	166

注：括号内为 z 统计量，***、**、* 分别代表 1%、5%、10% 的显著性水平下显著。
资料来源：《中国统计年鉴》以及《中国科技统计年鉴》，为规模以上企业数据。

在表 7 中，将被解释变量换为利润率的对数值，回归结果的显著性与表 6

大体相似，即高新技术产业占比与研发人员占比是显著为正的，其他变量不显著或显著为负。

表 7　　　　利润率对数回归（面板模型）

被解释变量	利润率对数回归（面板模型）						
	(1)	(2)	(3)	(4)	(5)	(6)	(7)
人均固定资本	-0.21 ** (-3.474)	-0.247 *** (-3.739)	0.0467 (0.551)	-0.212 *** (-3.412)	-0.244 *** (-3.773)	-0.0358 (-0.295)	-0.25 *** (-3.26)
当年研发强度	-0.022 (-0.415)	—	—	—	—	—	-0.90 *** (-3.04)
上一年研发强度	—	-0.0383 (-0.714)	—	—	—	—	0.638 ** (2.339)
专利对数	—	—	0.0119 (0.331)	—	—	—	-0.26 *** (-4.922)
企业研发支出占比	—	—	—	0.00145 (0.433)	—	—	0.0004 (0.075)
高新技术产业占比	—	—	—	—	-0.005 (-1.19)	—	0.0151 ** (2.202)
研发人员占比	—	—	—	—	—	2.556 *** (6.547)	1.356 ** (2.323)
截距项	-2.11 ** (-12.9)	-2.0 *** (-11.339)	-2.723 *** (-6.298)	-2.242 *** (-9.305)	-2.004 *** (-12.660)	-6.194 *** (-10.899)	0.480 (0.828)
观测量	182	164	182	182	164	164	164

注：括号内为 z 统计量，*** 、** 分别代表 1%、5% 的显著性水平下显著。
资料来源：《中国统计年鉴》以及《中国科技统计年鉴》，为规模以上企业数据。

为进一步验证研发投入各要素之间的相互影响，我们做了交互项回归，并将具有显著性的交互项呈现如表 8 所示。我们发现，企业研发支出占比与研发人员占比在利润率对数的回归模型中是显著为正的，也就是研发人员占比能够显著地提升企业研发支出占比的效应。换言之，企业研发支出在研发人员占比较高的区域，能够对利润率有更大的贡献。此外，我们还发现了专利对数与企业研发支出占比在利润率对数回归方程中是显著为正的，也就是说专利对于利润的效应，只有在企业研发支出占比较高的区域才能具有更大的贡献率。

表 8　　交互项分析（面板模型）

被解释变量	利润率对数	
	(1)	(2)
人均固定资本	-0.264*** (-3.551)	-0.249*** (-3.223)
当年研发强度	-0.682** (-2.448)	-0.870*** (-2.974)
上一年研发强度	0.509* (1.835)	0.634** (2.331)
专利对数	-0.210*** (-4.534)	-0.264*** (-4.986)
企业研发支出占比	0.00188 (0.371)	-0.00169 (-0.302)
研发人员占比	—	1.308** (2.251)
企业研发支出占比×研发人员占比	—	0.0001** (2.320)
专利对数×企业研发支出占比	0.0926** (2.344)	—
截距项	-0.0263 (-0.050)	0.619 (1.026)
观测量	164	164

注：括号内为 z 统计量，***、**、*分别代表 1%、5%、10% 的显著性水平下显著。
资料来源：《中国统计年鉴》以及《中国科技统计年鉴》，为规模以上企业数据。

六、结论与展望

（一）主要研究结论

本文研究了我国创新投入的强度以及创新投入的结构对于省级区域产业发

展质量的总体性影响。使用全国省级面板数据，实证结果表明：总体而言创新的投入数量，包括研发强度、专利数量等，对于区域整体的产业发展质量贡献不显著，这些变量与产业发展质量之间的正相关性，主要是由于创新投入的结构性变化带来的；创新投入结构中，企业研发支出占比、高新技术产业占比、研发人员占比等变量对于劳动生产率和利润率均有显著的正向效应，且能够得到稳健性检验的支持。

基于此，本文提出以下相关政策建议：

首先，要进一步提升企业研发支出的积极性。企业是研发创新的主体，创新能够为企业带来更好的效益是激励企业进行创新的根本动力。且我们的实证分析也验证了，企业的研发支出比例对于产业发展质量具有显著的正效应。为此，要减少对企业创新的各种事前补贴，将选择性的补贴政策转变为普惠性的激励政策，如采取普遍性的创新减税政策。以纠正补贴所带来的创新激励扭曲，即有一部分企业申请政府的补贴并不是真正为了创新，而是为了获得优惠政策，这对于真正想创新的企业导致了不公平的情况出现。

其次，要夯实创新的人力资本基础。创新产出关键还在于人，实证研究也表明，研发人员占比对于产业发展质量具有显著的正效应，也就是说研发人员相对于研发的资金投入而言，具有更显著的效应。政府可以将部分创新公共资源更多地用于引导企业提高研发人员的比重，如对研发人员进行个人所得税减免，鼓励高校和科研机构的研发人员进行科研成果转化，允许科研人员在创业转化中以知识和人力资本入股等。通过激发研发人员的内在动力来进一步提升产业的发展质量。

最后，加大高新技术产业的投入。创新的投入具有集聚效应和规模效应，因此只有将创新资源形成产业才能够更好地提升整体的产出效率。鼓励各省（区、市）根据自身的资源要素禀赋发展附加值高的高新技术产业。调整现有的高新技术产业政策，建立高新技术企业动态评价的机制，引入社会第三方对高新技术企业的评价，提升高新技术企业评价的准确性。加大高新技术产业基金的投入，引导各类资源更多地配置到高新技术产业。

（二）研究展望

本文通过简单的 OLS 回归和面板数据模型，初步验证了创新投入数量与创新投入结构对于产业发展质量的影响，但仍有几个关键总量值得进一步研究。一方面，是对于模型的因果效应还缺乏深入的研究，尤其是其中可能还遗漏了一些关键性变量，既可能影响创新结构也影响产业发展质量，将导致内生性问题，如各地的创新政策，限于数据的可获得性，本文目前还没有对此问题进行讨论；另一方面，是对于创新结构的衡量，主要是企业的研发投入占比、高新技术产业占比、研发人员占比等，并不能够完全地代表一个地区的创新性结构，特别是企业家的要素也限于数据可获得性而没有讨论。因此，未来对于此问题的研究，还需要在模型的因果性、数据的准确性等方面进一步的深入。

参考文献

[1] 付宏，毛蕴诗，宋来胜．创新对产业结构高级化影响的实证研究——基于2000~2011年的省际面板数据 [J]. 中国工业经济，2013 (9)：56-68.

[2] 何郁冰，曾益．开放式自主创新对产业国际竞争力的影响——基于中国制造业2000~2010年面板数据 [J]. 科学学与科学技术管理，2013，34 (3)：13-22.

[3] 李培楠，赵兰香，万劲波．创新要素对产业创新绩效的影响——基于中国制造业和高技术产业数据的实证分析 [J]. 科学学研究，2014，32 (4)：604-612.

[4] 王伟光，马胜利，姜博．高技术产业创新驱动中低技术产业增长的影响因素研究 [J]. 中国工业经济，2015 (3)：70-82.

[5] 周叔莲，王伟光．科技创新与产业结构优化升级 [J]. 管理世界，2001 (5)：70-78，89-216.

[6] 邹薇，代谦．产品周期与南北贸易 [J]. 世界经济，2004 (10)：3-14，80.

[7] Aghion P., Howitt P. A Model of Growth Through Creative Destruction [J]. Econometrica, 1992, 60 (2): 323.

[8] Becker Bettina. Public R&D policies and private R&D investment: A survey of the empirical Evidence [J]. Journal of Economics Surveys, 2015, 29 (5): 917-942.

[9] Biliang Hu. Informal Institutions and Rural Development in China [M]. Routledge Studies on the Chinese Economy, 2007.

[10] Douglass C. North, Robert Paul Thomas. The rise of the Western World: A New Economic History [M]. New York: Cambridge University Press, 1973.

[11] Gene M. Grossman, Elhanan Helpman. Innovation and Growth in the Global Economy [J]. Mit Press Books, 1991, 1 (2): 323-324.

[12] Luca Berchicci. Towards an open R&D system: Internal R&D invest-

ment, external knowledge acquisition and innovative performance [J]. Research Policy, 2013, 42 (1): 117 – 127.

[13] Prenzel Paula, Ortega – Argiles Raquel, Cozza Claudio, Piva Mariacristina. Interplay between regional and industrial aspects in the R&D – productivity link: evidence from Europe [J]. Regional Studies, 2018, 52 (5): 659 – 672.

[14] Trachuk Arkady, Linder Natalia. Innovation and Performance: An Empirical Study of Russian Industrial Companies [J]. International Journal of Innovation and Technology, 2018, 15 (3).

[15] Xavier Cirera, William F. Maloney. The innovation paradox: Developing-country capabilities and the unrealized promise of technological catch-up [M]. The World Bank, 2017 (10).

地区人口集聚与经济高质量发展

——基于绿色全要素生产率的分析

杨晓章　王兴安*

摘　要： 本文基于2003～2016年230个地级市的面板数据，采用非径向模型（slack based measure，SBM），来研究人口集聚对经济发展质量的影响。鉴于绿色全要素生产率（total factor productivity，TFP）之间可能存在的外溢效应，本文加入空间因素来对基本回归结果进行稳健性检验和异质性分析。研究发现，人口集聚可以有效提升经济增长质量。非农就业人口的集聚对绿色TFP有显著正向影响，而总人口的集聚对绿色TFP的影响不显著。从空间来看，相邻地区人口集聚程度的提高对本地区绿色TFP产生负向的影响。地理和经济距离空间矩阵的结果均显示人口集聚通过影响技术进步来提高绿色TFP。

关键词： 人口集聚；绿色TFP；外溢效应；技术进步

一、引言

改革开放以来，中国经济快速发展、城镇化进程推进加快，大量的人口向城市集中。在人口向城市集聚的过程中，人口集聚带来了规模效应和产业集聚，技术得以进步，促进地区经济发展，加快了城市发展的步伐。伴随着人口的集聚，城市规模不断扩大，土地、能源等资源要素的稀缺性和交通拥挤等社会问题愈加凸显，人口的过度集聚又会带来拥挤效应，从而阻碍经济发展质量的提高。随着城市经济学和新经济地理学日渐兴起，集聚效应对劳动生产率的影响日益受到关注。集聚效应是一种常见的经济现象，是区域经济学的三大基石之一，但对于其来源和性质却有着两个完全不同的路径。传统城市经济理论

* 作者简介：杨晓章（1990～　），男，上海财经大学博士研究生，研究方向为区域经济理论与政策。王兴安，男，硕士研究生，研究方向为土地财政。

强调外在于企业、内在于产业或区域的溢出效应和外部规模经济，并在此基础上进一步区分了本地化经济和城市化经济，也称为马歇尔外部性。对于外部经济的来源，马歇尔提出三种类型的外部经济：中间投入品的规模效益、劳动力的共享、信息交换和技术扩散。与外部规模经济理论不同，以克鲁格曼（美）为代表的新经济地理理论在肯定马歇尔（美）的外部性思想的基础上，强调由于运输成本降低所带来的企业内部的规模经济，认为供应方面的外部性来源于三个效应，包括劳动力市场的"蓄水池"效应、中间投入品效应、技术的"外溢"效应。

关于集聚所带来的效应，国内外众多学者对此进行了大量的论述和检验。一些学者认为产业集聚可以推动城市化进程，促进经济增长（Rosen，1980；Edquist，1997；Scott，2006；朱昊，2013；贾兴梅，2015）。迪朗东和普加（Duranton & Puga，2004）指出中间投入的规模经济推动了城市化的进程；韩峰等（2014）通过对中国284个地级市的生产性服务业的数据研究发现，生产性服务业的空间集聚通过市场外部性作用于城市化，对城市化具有显著的溢出效应。西科尼（Ciccone，2002）通过分析欧洲5国的就业密度（用以反映经济集聚）对劳动生产率的影响，发现集聚有利于区域经济增长。伍德（Wood，2006）的研究显示，生产性服务业集聚提高了技术扩散效率，并引导企业采用新技术，提高生产率，从而提高经济增长潜力。阿斯莱森和伊萨克森（Aslesen & Isaksen，2007）通过分析产业集聚与经济增长的互动关系，发现产业集聚有利于高新技术的发展，进而促进城市化和经济增长。克罗泽和柯尼希（Crozet & Koenig，2008）利用1980～2000年欧盟服务业的数据研究空间集聚对经济增长的影响，发现生产活动空间分布越不均匀，则地区经济的增速越快。

现有研究多是从产业集聚的视角出发，来研究对劳动生产率的影响。大部分学者认为，产业集聚能够促进劳动生产率的提高，西科尼和霍尔（Ciccone & Hall，1996）通过对美国各州的研究发现，集聚是各州劳动生产率差异的关键因素，地区就业密度提高1倍，劳动生产率就会相应提高6%。刘修岩（2009）利用2003～2006年中国城市面板数据研究了集聚对城市非农产业劳动生产率的影响，实证结果表明，城市就业密度（用以反映集聚程度）相对专业化水平对其非农劳动生产率有显著的正向影响。范剑勇（2009）借鉴西科尼和霍尔（1996）的方法，利用地级市和副省级城市的数据，测算出城市非农劳动生产率对非农就业密度的弹性系数约为8.8%。

也有一些学者的研究发现，集聚只有在一定条件下才对劳动生产率有正向影响，对经济增长的促进作用有限。威廉姆森（Williamson，1965）认为在经济发展初期空间集聚对劳动生产率有显著正向影响，但当经济发展到一定水平后，空间集聚的正向溢出效应将减弱。亨德森（Henderson，2003）利用70个国家1960~1990年30年数据建立动态面板，实证结果显示集聚对经济增长的作用并不显著，而经济增长与集聚变量的交叉系数为负，经济水平发展越高的国家，集聚对经济增长的影响越小。布鲁哈特和斯贝加米（Brulhart & Sbergami，2009）利用1966~1996年数据的实证结果表明，集聚对经济增长具有门槛效应：经济发展水平未超过某一个门槛，聚集有正向影响；跨过此门槛后，集聚对于经济增长的效用递减。

需要进一步指出的是，集聚可以带来劳动生产率的提高、经济增长速度的加快，也可能会带来拥挤效应（李君华，2009）。集聚对劳动生产率的影响取决于集聚的正向溢出效应与其所带来的拥挤效应两者的权衡与比较。中国城市的发展过程中的集聚现象并非都是自发形成的，多半是在政府主导下发生的，这种集聚的特征是速度快但通常集聚效应并不显著，往往经过一段时间的发展后集聚所带来的拥挤效应要超过集聚的溢出效应（李小平，2015）。因此，有部分学者的研究显示集聚不利于劳动生产率的提高（Dixit，1973；Henderson，1974，2003；Arnott & Kraus，1998；Combes，2000；Sbergami，2002）。刘修岩（2012）利用地市层面数据对集聚与经济增长两者之间的关系进行了实证检验，发现集聚对人均GDP的增长有显著的正向促进作用，但是当地区经济发展到一定高度后，集聚的增长效应则转变为负面效应。李君华（2009）指出，集聚过程中的离心力和拥挤效应，往往会阻碍生产率的提高。周圣强（2013）利用1999~2007年中国60个城市的数据实证研究发现，集聚与全要素生产率两者之间存在着倒“U”形的关系，2003年是一个拐点，集聚所带来的规模效应开始向拥挤效应转变。

现有的文献对于集聚对劳动生产率、经济增长等产生的正向、反向作用做了较为翔实的研究，但也存在着一些不足：首先，对于集聚与全要素生产率的研究，现有研究大多是从产业集聚的角度出发，很少有学者从人口集聚的角度来研究其对劳动生产率的影响；其次，现有的关于人口集聚研究多聚焦在其对经济增长方面的影响，较少涉及对经济发展质量的影响。本文测算绿色全要素生产率时纳入了环境污染的因素，将其作为经济增长质量的代理指标，来研究人口集聚对经济发展质量的影响。

二、数据与变量

（一）数据来源

由于省级数据较易获得且样本缺失较少，因此以往关于人口集聚的研究多采取省级数据。但省级数据样本量较少，可能会得出不稳健的结果。另外，省份内部各个城市经济发展程度差距较大，以省份数据得出的实证结果可能会掩盖部分事实。目前国内县级层面的数据较难获得，因此本文的实证分析采用市级层面数据。由于部分城市行政区划调整，缺少连续一致的数据，因此本文剔除了部分城市样本，最终文章选择了230个城市样本，时间区间为2003～2016年。绿色全要素生产率数据由作者根据公式计算整理得出，详细计算过程见变量部分。其他数据主要来源于各省份统计年鉴、《城市统计年鉴》、公开网站及已有相关研究成果。

（二）变量描述

1. 因变量

已有关于绿色全要素生产率的研究，大多数采用数据包络分析法（data envelopment analysis，DEA）来进行测算。但由于传统径向、角度DEA模型在投入不变或产出不变的前提下，强调以最少投入获得尽可能多的产出，会出现两方面的问题。一方面，当投入或产出存在非零松弛时，径向和角度的DEA模型会出现忽视投入或者产出的某些方面以及对效率高估的情形；另一方面，现实世界生产过程中不仅有“好产出”，也会存在“坏产出”即非期望产出（undesirable output）。传统的DEA模型显然不能解决减少非期望产出的问题。非期望产出的处理方法主要有投入产出转置法、倒数转换法、正向属性转换法和方向距离函数法等，其中有部分研究非期望产出作为投入，或者取倒数作为产出纳入生产率评价模型中（胡晓珍，杨龙，2011）。因此多数研究开始使用非径向、非角度的基于松弛的模型（slack based model，SBM）解决了径向模型对无效率测度没有包括松弛变量及没有考虑非期望产出等效率评价缺陷。托恩（Tone）提出了基于松弛变量的非径向、非角度的SBM模型，通过对非期望产出进行非角度、非径向处理，较好地解决评价过程中的非期望产出问题和投入产出的松弛性问题。SBM模型是基于技术效率的概念、针对某一时间的生产技术而言的。但生产过程一般是长期的、连续的，在这个过程中，生产技术水平是不断变化的（通常是技术进步）。当被评价决策单元的数据是包括多个时间点的面板数据时，就能够分析生产率的变动情况及技术效率与技术进步分别对生产率的变动所起的作用，这就是 Malmquist 全要素生产率指数分析。Malmquist 生产率指数的概念是由曼奎斯特（Malmquist，1953）提出的，法勒等（Fare，1992）首次应用 DEA 模型测算 Malmquist 指数，并将其分解为技术效率变化（efficiency change，EC）和生产技术变化（technology change，TC）用来反映生产前沿的变动情况。钟等（Chung et al.，1997）将包括非期望产出的方向距离函数应用于 Malmquist 模型，并把得到的指数称为 Malmquist – Luenberger 生产率指数。有鉴于此，本文决定采用非径向的 SBM 模型来对城市绿色全要素生产率进行测度。

从时期 t 到时期 t + 1 的 Malmquist – Luenberger 指数可表示为：

$$ML(x^{t+1},\ y^{t+1},\ b^{t+1},\ x^{t},\ y^{t},\ b^{t}) = \sqrt{\frac{E_c^t(x^{t+1},\ y^{t+1},\ b^{t+1})}{E_c^t(x^t,\ y^t,\ b^t)} \times \frac{E_c^{t+1}(x^{t+1},\ y^{t+1},\ b^{t+1})}{E_c^{t+1}(x^t,\ y^t,\ b^t)}} \tag{1}$$

式（1）中 $E_c^t(x^{t+1},\ y^{t+1},\ b^{t+1})$ 和 $E_c^{t+1}(x^{t+1},\ y^{t+1},\ b^{t+1})$ 分别是 DMU 在相邻两个时期的技术效率值，则 t 到 t + 1 时期技术效率值的变化可以表示为：

$$EC = \frac{E_c^{t+1}(x^{t+1},\ y^{t+1},\ b^{t+1})}{E_c^t(x^{t+1},\ y^{t+1},\ b^{t+1})} \tag{2}$$

技术变化则可以表示为：

$$TC = \sqrt{\frac{E_c^t(x^t,\ y^t,\ b^t)}{E_c^{t+1}(x^t,\ y^t,\ b^t)} \times \frac{E_c^t(x^{t+1},\ y^{t+1},\ b^{t+1})}{E_c^{t+1}(x^{t+1},\ y^{t+1},\ b^{t+1})}} \tag{3}$$

由此可见，ML 指数可分解为 EC 和 TC，即效率变化和技术变化的乘积。

（1）投入指标。本文选取的投入指标为资本、劳动两大要素。投入指标中的劳动采用全社会从业人员数据。投入指标中的资本存量的计算方法采用了永续盘存法，具体公式如下所示：

$$K_t = I_t + (1 - \delta_t)K_{t-1} \tag{4}$$

在计算过程中主要涉及基期资本存量、价格指数和折旧率三个重要指标。根据数据的可得性，本文选择了 1991 年为基期，城市层面的资本存量各市占各省份的全社会固定资产投资的比重来确定，省际 1991 年资本存量采用了张军等（2004）的数据。固定资产投资采用了地级市所在省份的固定资产投资价格指数平减到 2000 年不变价。折旧率本文采用了张军等（2004）的 9.6% 的折旧率。

（2）产出指标。本文的产出指标包括期望产出与非期望产出。期望产出使用2003～2016年各地级市的地区生产总值（亿元）来表示，由于城市层面缺少地区生产总值平减指数，本文采用城市所在省份地区生产总值平减指数对230个城市地区生产总值按2000年不变价进行了平减处理。鉴于已有研究的做法，我们以环境污染（工业废水排放量/万吨、工业二氧化硫排放量/吨和工业烟尘排放量/吨）作为经济体的非理想产出，分别将其取倒数后纳入生产率评价模型。

2. 自变量

人口密度是衡量城市人口集聚程度的一个重要指标，人口密度越高说明城市人口集聚程度越高。但人口密度的计算是以总人口来测算，总人口中包含农业劳动人口，而现代城市人口集聚是以第二、第三产业人口在城市集聚为标志的。因此本文计算了非农业劳动人口密度，将其作为本文城市人口集聚程度的核心指标，并将总人口密度的实证结果作为参考。

3. 控制变量

为控制遗漏变量对实证结果的影响，参考以往的研究和经济运行中各种因素对于生产效率的影响，本文控制了产业结构、财政支出、外商直接投资、科研人员和人力资本等变量。产业结构越高级的城市会吸引更多的人口，进而会影响生产效率，因此在产业层面控制了产业结构对生产效率的影响。财政支出越高的地方政府对于经济的干预越强，可能激发企业创新的动力，也可能会滋生腐败和寻租，阻碍效率的提高，因此在政府层面控制了财政支出。外商投资越多的地区可以吸收更为先进的管理经验和技术，可能会加快推动地区的进步。研发人员和人力资本对于城市技术进步的提高也起到了重要的作用，通过控制人力资本和研发人员进而控制了人口质量对于绿色全要素生产率的影响。

为消除极端异常值对结果的干扰，本文对所有变量都进行了1%和99%的截尾处理（winsorize），下面的数据报告均为处理后的结果，变量的分类及具体定义如表1所示。

表1　　变量描述

变量类型	变量名	变量	变量描述
因变量	TFP	绿色全要素生产率	详见变量部分
	TC	技术效率	技术水平不变情况下生产效率的提高
	EC	技术进步	技术进步带来的绿色生产前沿的外移

续表

变量类型	变量名	变量	变量描述
自变量	density	非农人口密度	城镇私营和个体从业人员、第二产业和第三产业人员之和与土地面积之比（单位：人/平方千米），对数化处理
	density2	人口密度	年末户籍人口与行政区域土地面积之比（单位：人/平方千米），对数化处理
控制变量	service	产业结构	第三产业占 GDP 的比重（单位：%）
	fiscal	财政支出	财政支出占 GDP 的比重（单位：%）
	invest	外商直接投资	限额以上港澳台和外商投资工业企业工业总产值占限额以上工业企业工业总产值的比重（单位：%）
	perRD	研发人员	科研、技术服务和地质勘查业从业人员数（单位：人），对数化处理
	hucap	人力资本	高等学校在校学生数（单位：人），对数化处理

三、实证分析

（一）人口集聚对经济发展质量影响的实证结果分析

1. 模型设计

大量的研究认为提高经济增长质量需要首先需要提高生产过程中的全要素生产率（刘海英等，2004；张长征，2005；戴翔，2015）。詹新宇和崔培培（2016）利用 2000～2014 年各省份数据研究发现中国大部分省份的经济增长质量有较大提高，绿色发展是经济质量提高的重要因素。因此本文将被解释变量经济发展质量以绿色全要素生产率指标代理。全要素生产率是经济长期增长的决定因素，本文测算的绿色全要素生产率纳入了环境污染因素，可以更为全面地衡量经济的可持续发展，是经济增长质量较好的替代指标。具体模型如下所示：

$$TFP_{it} = \beta_1 density_{it-1} + \beta_2 TFP_{it-1} + \beta_3 control_{it} + \varepsilon_{it} \quad (5)$$

其中，TFP 是经济发展质量，以绿色全要素生产率代理，density 是人口集聚，以非农人口密度和人口密度代理，control 是控制变量，主要包括产业结构、财政支出、外商直接投资、研发人口和人力资本等，ε 是残差项。

2. 基本回归结果

基本回归中本文在比较了混合回归、固定效应和随机效应之后，发现固定效应模型更为合适，因此表2报告的是固定效应回归结果。第（1）~第（3）列是非农人口密度对绿色全要素生产率（TFP）的回归结果，第（4）~第（6）列是人口密度对绿色全要素生产率的回归结果。生产效率更高的地方有可能会吸引更多的人口流入，为了避免反向因果的影响，本文参考宣烨和余泳泽（2017）的做法使用滞后一期变量，滞后变量可以减轻内生性问题的影响。

从表2可以看出，非农人口集聚程度的提高对于绿色TFP有显著的正向影响，都通过了1%的显著性检验，人口集聚对绿色TFP的影响系数为0.088，加入滞后项和控制变量后回归系数下降到了0.06。也就是说人口密度增加1%，会使得绿色TFP提高0.06%。第（4）~第（6）列可以看出，人口密度对于绿色TFP的影响相对较小，虽然第（4）和第（5）列通过了5%的显著性检验，但在加入控制变量后系数大幅下降为0.001且不显著。控制变量中第三产业比重的提高显著提高了绿色TFP，财政支出的增加对于绿色TFP影响很小且不显著，外商直接投资的增加对于绿色TFP有显著为负的影响，研发人员的系数为正，人力资本则表现出了显著为负的影响。

表2　　人口集聚对于绿色全要素生产率的影响结果

变量	(1)	(2)	(3)	(4)	(5)	(6)
L. density	0.088*** (0.013)	0.077*** (0.012)	0.060*** (0.019)	—	—	—
L. density2	—	—	—	0.142** (0.059)	0.121** (0.057)	0.001 (0.056)
service	—	—	0.005*** (0.001)	—	—	0.005*** (0.001)
fiscal	—	—	-0.000 (0.001)	—	—	0.000 (0.001)
invest	—	—	-0.002*** (0.001)	—	—	-0.003*** (0.001)
perRD	—	—	0.006 (0.006)	—	—	0.009* (0.005)
hucap	—	—	-0.003*** (0.001)	—	—	-0.002** (0.001)

续表

变量	(1)	(2)	(3)	(4)	(5)	(6)
L. TFP	—	-0.146*** (0.027)	-0.151*** (0.026)	—	-0.178*** (0.026)	-0.168*** (0.026)
Constant	0.571*** (0.053)	0.747*** (0.062)	0.710*** (0.070)	0.090 (0.351)	0.374 (0.342)	0.915*** (0.326)
N	2 990	2 990	2 990	2 990	2 990	2 990
R^2	0.033	0.047	0.066	0.003	0.024	0.056
F	46.58	46.50	23.47	5.727	27.75	18.68

注：括号内为 t 值，*、**、*** 分别表示通过了 10%、5%、1% 的显著性检验。

以上结果可以得出以下结论，（1）人口集聚度的提高可以有效提升经济增长质量，人口集聚度提高 100 可能会使得绿色 TFP 上升 0.06%。首先，人口集聚的提高会带来地区经济产出的增加。其次，人口集聚的提高可以带来规模效应，降低企业成本。人口集聚也会带来产业的集聚，从而会降低企业搜寻适合员工和员工搜寻合适工作的成本。劳动人口集聚的提高也会推动地区技术进步和管理的改善，从而提升地区经济效率和经济活力。深圳大量年轻劳动力的涌入是其从一个小渔村成长为国家创新型城市和“创客之城”的重要基础。另外人口集聚的提高会带来单位污染排放强度的降低（陆铭，冯皓，2014），人口集聚对环境的改善从另一个方面提升了绿色 TFP。（2）控制变量中值得一提的是财政支出对于经济质量的提升没有显著的影响，可能的原因是财政支出可能主要用于基础设施建设等建设周期较长的项目和民生支出，短期难以看出成效。外商直接投资的增加对于绿色 TFP 的负效应看来难以理解，已有的研究一般认为外商投资的增加会带来当地技术水平的提高和管理效率的改善，负向影响可能是由于外商投资多是污染产业，对于环境的负向影响抵消了其对于效率改善的正向影响。

（二）稳健性分析

1. 模型设计

由于技术外溢效应的存在，绿色 TFP 之间可能也存在外溢效应，而忽视外溢效应的存在可能会得到有偏差的结果。因此本部分加入空间因素来验证得到的结果是否稳健和可靠。具体模型设计如下：

$$TFP_t = \tau TFP_{t-1} + \lambda WTFP_t + density_{t-1}\beta_1 + Wdensity_{t-1}\beta_2 + Z_t\beta_3 + \varepsilon_t$$
$$\varepsilon_t = \eta M\varepsilon_t + v_t \tag{6}$$

式中，W 为空间权重矩阵，Z 为控制变量，M 为扰动项空间权重矩阵。

2. 空间相关性检验

关于空间权重矩阵，本文使用了三种权重矩阵，包括临近空间权重矩阵、地理距离空间权重矩阵和经济距离空间权重矩阵。临近空间权重矩阵的设定为：相邻城市设为1，不相邻则设为0，即（0，1）矩阵。地理距离空间权重矩阵的设定为，以各个城市之间的直线欧式距离来表示（余泳泽，2013），公式为：

$$W_{ij}^{d} = e^{-\alpha d_{ij}};\ W'^{d}_{ij} = W_{ij}^{d} / \sum_{j} w_{ij}^{d}(i \neq j) \tag{7}$$

其中各城市内部距离 $d_{ii} = (3/2)\sqrt{area_i}$（Head & Mayer，2000；Crozet，2004），$area_i$ 为第 i 个城市的面积。α 为系数，用城市间的最短距离 d_{min} 的倒数表示。为了简化模型和便于理解，空间权重矩阵进行标准化处理，每行元素之和为1，标准化后的权重为 W'^{d}_{ij}。创新的空间外溢不仅受地理位置的影响，还会受到经济环境的影响。因为本文最后从经济基础的角度设立了空间权重矩阵，即经济距离空间权重矩阵。

经济距离空间权重矩阵公式为：

$$W_{ij}^{e} = W_{ij}^{d}\operatorname{diag}\left(\frac{\bar{Y}_1}{\bar{Y}}, \frac{\bar{Y}_2}{\bar{Y}}, \cdots, \frac{\bar{Y}_n}{\bar{Y}}\right);\ W'^{e}_{ij} = W_{ij}^{e} / \sum_{j} w_{ij}^{e},\ i \neq j \tag{8}$$

式中，W'^{e}_{ij} 为标准化后的空间权重矩阵。$\bar{Y}_i = 1/(t_i - t_0 + 1)\sum_{t_1}^{t_2} Y_{ij}$ 为观察期内第 i 个城市的 GDP 均值，$\bar{Y} = 1/n(t_1 - t_0 + 1)\sum_{t_1}^{t_0} Y_{ij}$ 为样本总观察期内 GDP 均值。

在考虑将空间因素加入模型中时，需要验证绿色 TFP 是否存在空间相关。参考以往的研究，本文的空间相关性检验采用莫兰指数（Moran I）方法。表3汇报了绿色 TFP 空间相关性检验的结果。从表中可以看出，在三种空间权重矩阵下，绿色 TFP 各年份都表现出了显著的空间正自相关，说明绿色 TFP 有较强的空间相关性，因此用空间计量模型估计效果更好。从三种权重矩阵来看，地理距离越近的地区空间自相关最强，临近地区的空间自相关也较为明显，经济距离相近的地区空间自相关稍弱。

表 3　　绿色 TFP 空间相关性检验

年份	临近空间权重矩阵	地理距离空间权重矩阵	经济距离空间权重矩阵
	绿色 TFP	绿色 TFP	绿色 TFP
2004	0. 412 *** (8. 867)	0. 461 *** (10. 505)	0. 215 *** (8. 080)
2005	0. 369 *** (7. 912)	0. 443 *** (10. 058)	0. 204 *** (7. 646)
2006	0. 353 *** (7. 565)	0. 406 *** (9. 222)	0. 167 *** (6. 286)
2007	0. 314 *** (6. 784)	0. 448 *** (10. 242)	0. 209 *** (7. 886)
2008	0. 247 *** (5. 516)	0. 439 *** (10. 345)	0. 149 *** (5. 837)
2009	0. 313 *** (6. 821)	0. 433 *** (10. 004)	0. 189 *** (7. 194)
2010	0. 320 *** (6. 931)	0. 432 *** (9. 891)	0. 172 *** (6. 528)
2011	0. 344 *** (7. 363)	0. 418 *** (9. 477)	0. 184 *** (6. 874)
2012	0. 315 *** (6. 920)	0. 498 *** (11. 573)	0. 255 *** (9. 725)
2013	0. 273 *** (5. 948)	0. 451 *** (10. 359)	0. 195 *** (7. 381)
2014	0. 199 *** (4. 361)	0. 483 *** (11. 089)	0. 211 *** (7. 996)
2015	0. 344 *** (7. 421)	0. 470 *** (10. 730)	0. 221 *** (8. 324)
2016	0. 389 *** (8. 242)	0. 487 *** (10. 926)	0. 225 *** (8. 319)

注：括号内为 t 值，*** 表示通过了 1% 的显著性检验。

3. 空间动态面板回归结果

表4报告了人口集聚对绿色TFP影响的空间动态面板的回归结果。从回归结果可以看出，三种空间权重矩阵下非农就业人口集聚程度的提高对于绿色TFP都具有显著的正影响，而总体人口密度的提高对于绿色TFP的影响不明显。从空间来看，相邻地区人口集聚程度的提高可能会对本地区绿色TFP产生负向的影响。这较容易理解，临近地区人口吸引力的提高会在一定程度上致使本地区人口的流出，人口集聚的下降最终传导至本地区绿色全要素生产率。另外从绿色TFP空间与时间滞后项来看，由于绿色TFP的波动性特征，上一年绿色TFP的影响显著为负，但相邻地区的空间溢出显著为正，绿色TFP正向的空间溢出效应可以弥补绿色TFP随时间波动的负效应。

表4　　人口集聚对于绿色全要素生产率的动态空间面板结果分析

变量	临近空间权重矩阵		地理距离空间权重矩阵		经济距离空间权重矩阵	
	(1)	(2)	(3)	(4)	(5)	(6)
density	0.062*** (2.957)	—	0.069*** (3.172)	—	0.064*** (3.041)	—
density2	—	0.036 (0.667)	—	0.013 (0.203)	—	0.008 (0.164)
service	0.003*** (3.895)	0.004*** (5.101)	0.002*** (2.855)	0.002*** (3.580)	0.002** (2.081)	0.002*** (2.725)
fiscal	-0.000 (-0.429)	0.001 (0.752)	-0.000 (-0.599)	0.000 (0.224)	-0.000 (-0.627)	-0.000 (-0.075)
invest	-0.002*** (-2.684)	-0.002*** (-3.506)	-0.001** (-2.187)	-0.001*** (-2.810)	-0.001* (-1.868)	-0.001** (-2.436)
RDper	0.005 (0.988)	0.008 (1.536)	0.005 (1.332)	0.007** (2.038)	0.006 (1.335)	0.008* (1.945)
hucap	-0.002** (-2.497)	-0.001 (-1.532)	-0.002** (-2.503)	-0.001* (-1.834)	-0.002** (-2.515)	-0.001** (-1.999)
L. TFP	-0.062*** (-2.627)	-0.078*** (-3.391)	-0.056*** (-2.947)	-0.070*** (-3.682)	-0.069*** (-3.162)	-0.083*** (-3.845)
W×density	-0.005 (-1.144)	—	-0.040 (-1.452)	—	-0.035 (-1.334)	—

续表

变量	临近空间权重矩阵		地理距离空间权重矩阵		经济距离空间权重矩阵	
	(1)	(2)	(3)	(4)	(5)	(6)
W × density2	—	-0.022 (-0.898)	—	-0.025 (-0.206)	—	-0.014 (-0.126)
λ	0.081*** (16.072)	0.083*** (16.329)	0.558*** (15.987)	0.559*** (16.366)	0.616*** (21.141)	0.618*** (21.681)
sigma2_e	0.016*** (16.150)	0.016*** (16.243)	0.010*** (11.952)	0.011*** (11.955)	0.014*** (15.574)	0.014*** (15.531)
N	2 990	2 990	2 990	2 990	2 990	2 990
R^2	0.011	0.000	0.012	0.021	0.013	0.025

注：括号内为t值，*、**、***分别表示通过了10%、5%、1%的显著性检验。

（三）异质性分析

表5为人口集聚对于绿色TFP的异质性影响结果，表中使用的非农就业人口集聚指标。从临近空间矩阵来看，人口集聚提高绿色TFP主要是通过改善技术效率来实现的。但地理和经济距离空间矩阵的结果却显示人口集聚的提高通过影响技术进步进而改善绿色TFP。由于临近空间矩阵以（0，1）表示，忽视了距离远近的影响，会低估空间溢出的影响。例如空间临近关系上，上海对无锡和兰州都不相邻，因此在临近权重矩阵中上海对无锡和兰州都是0，但现实中显然上海对无锡和兰州空间溢出明显不同，所以本文认为考虑了距离远近的地理距离和经济距离空间权重矩阵所报告的结果更为可靠，即认为人口集聚对于绿色TFP的正向影响时通过推动技术进步实现。

表5　　人口集聚对于绿色全要素生产率的异质性影响结果分析

变量	临近空间权重矩阵		地理距离空间权重矩阵		经济距离空间权重矩阵	
	TC	EC	TC	EC	TC	EC
density	0.036** (2.489)	-0.015 (-0.558)	-0.006 (-0.359)	0.075*** (2.720)	-0.007 (-0.540)	0.074** (2.540)
service	0.009*** (9.976)	-0.005*** (-5.116)	0.003*** (6.764)	-0.003*** (-3.294)	0.003*** (5.765)	-0.003*** (-2.888)

续表

变量	临近空间权重矩阵		地理距离空间权重矩阵		经济距离空间权重矩阵	
	TC	EC	TC	EC	TC	EC
fiscal	0.001 * (1.919)	-0.005 *** (-5.920)	0.000 (1.000)	-0.003 *** (-3.408)	0.001 (1.441)	-0.002 *** (-2.659)
invest	-0.001 (-1.453)	0.000 (0.365)	0.000 (0.124)	-0.000 (-0.290)	0.000 (0.308)	-0.001 (-0.631)
RDper	-0.009 ** (-1.970)	0.022 *** (2.842)	-0.006 ** (-2.156)	0.017 *** (3.662)	-0.007 ** (-2.237)	0.022 *** (3.773)
hucap	-0.001 (-1.121)	-0.002 (-1.142)	-0.001 ** (-2.086)	-0.001 (-0.684)	-0.001 * (-1.867)	-0.001 (-0.508)
L.	-0.350 *** (-26.051)	-0.336 *** (-23.119)	-0.175 *** (-15.303)	-0.221 *** (-14.744)	-0.180 *** (-13.481)	-0.233 *** (-15.271)
W × density	-0.018 *** (-3.606)	0.001 (0.194)	0.009 (0.432)	-0.105 *** (-2.990)	0.011 (0.539)	-0.116 *** (-3.182)
λ	0.116 *** (24.506)	0.093 *** (16.184)	0.771 *** (51.238)	0.621 *** (23.118)	0.800 *** (42.098)	0.654 *** (22.707)
sigma2_e	0.024 *** (25.819)	0.041 *** (19.553)	0.009 *** (17.759)	0.024 *** (14.617)	0.014 *** (22.424)	0.033 *** (18.723)
N	2 990	2 990	2 990	2 990	2 990	2 990
R^2	0.010	0.036	0.288	0.203	0.312	0.185

注：括号内为 t 值，*、**、*** 分别表示通过了 10%、5%、1% 的显著性检验。

四、结论与政策建议

本文利用 2003 ~ 2016 年 230 个地级市的面板数据，从理论和实证上验证了人口集聚对经济发展质量的影响，并考虑了绿色全要素生产率（TFP）的空间溢出效应，利用空间动态面板研究了相邻地区的人口聚集程度对本地区绿色 TFP 的影响，并分类影响路径。实证研究结果表明：首先，人口聚集程度可以有效提升经济增长质量。人口聚集会提高地区经济产出，带来规模效应、降低企业成本，也会带来产业集聚。劳动人口的集聚也会推动地区技术进步和管理的改善，从而提升地区经济效率和经济活力。其次，相邻地区人口集聚程度的提高对本地区绿色 TFP 会产生负向影响。此外，地理和经济距离空间矩阵的实证结果显示人口集聚通过影响技术进步进而改善绿色 TFP，提高经济发展质量。

上述研究结论具有以下两个方面的政策含义：（1）积极推进人力资本建设。知识和人力资本是经济增长的源泉，也是经济持续、健康、高质量发展的关键因素。人口集聚通过知识和人力资本来提高知识存量，促进经济高质量的增长。为此，城市在规划和政策制定时，需要积极推进引入高学历、高技术人才的引进工作。（2）人口集聚对绿色 TFP 的影响主要是通过推动技术进步来实现的，因而，地方政府在制定地区经济发展战略时应充分推动知识密集型产业的发展，出台更具吸引力的地方政府配套政策，加大对研究的投入力度，加快技术进步，促进地区经济更健康的发展。

本文的研究结果证实了人口集聚能够有效地提高经济发展的质量，但是随着城市用地的日趋紧张、城市扩张所带来的“城市病”，人口的集聚是否还能够促进经济高质量的发展？由于主题和篇幅所限，文章并未详细研究人口集聚到一定程度后所产生的“拥挤效应”，今后将进一步完善。

参考文献

［1］陈乐，李郇，姚兆，等．人口集聚对城市经济增长的影响分析［J］．地理学报，2018（6）：1107－1120.

［2］陈心颖．人口集聚对区域劳动生产率的异质性影响［J］．人口研究，2015（1）：86－94.

［3］崔宇明，代斌，王萍萍．城镇化、产业集聚与全要素生产率增长研究［J］．中国人口科学，2013（4）：54－63.

［4］杜旻，刘长全．集聚效应、人口流动与城市增长［J］．人口与经济，2014（6）：44－56.

［5］李君华．学习效应、拥挤性、地区的分工和集聚［J］．经济学（季刊），2009（3）：787－812.

［6］李晓萍，李平，吕大国，等．经济集聚、选择效应与全要素生产率［J］．管理世界，2015（4）：25－37，51.

［7］刘国斌，韩世博．人口集聚与城镇化协调发展研究［J］．人口学刊，2016（2）：40－48.

［8］刘修岩．集聚经济与劳动生产率：基于中国城市面板数据的实证研究［J］．数量经济技术经济研究，2009（7）：109－119.

[9] 刘修岩，邵军，薛玉立．集聚与地区经济增长：基于中国地级城市数据的再检验［J］．南开经济研究，2012（3）：52-64.

[10] 王智勇．人口集聚与区域经济增长——对威廉姆森假说的一个检验［J］．南京社会科学，2018（3）：60-69.

[11] 张宪昌．我国新能源产业发展政策研究［M］．北京：经济科学出版社，2018.

[12] 周圣强，朱卫平．产业集聚一定能带来经济效率吗：规模效应与拥挤效应［J］．产业经济研究，2013（3）：12-22.

[13] 周玉龙，孙久文．产业发展从人口集聚中受益了吗？——基于2005~2011年城市面板数据的经验研究［J］．中国经济问题，2015（2）：74-85.

[14] 朱昊，赖晓琼．集聚视角下的中国城市化与区域经济增长［J］．经济学动态，2013（12）：49-58.

[15] Arnott R.，Kraus M. When are Anonymous Congestion Charge Consistent with Marginal Cost Priceing［J］. Journal of Public Economics，1998（67）：45-64.

[16] Aslesrn H. W.，Isaken A. Newspaper perspectives on Knowledge-intensive Services and Innovation［J］. Geografiska Annaler：Series B.，Human Geography，2007（89）：45-58.

[17] Brulhart M.，Sbergami F. Agglomeration and growth：cross country evidence［J］. Journal of Urban Economics，2009（65）：48-63.

[18] Ciccone A. Agglomeration Effects in Europe［J］. European Economic Review，2002（46）：213-227.

[19] Ciccone A.，Hall R. Productivity and the density of economic activity［J］. American Economic Review，1996（86）：54-70.

[20] Combes P. P. Economic Structure and Local Growth：France，1984-1993［J］. Journal of Urban Economics，2000（47）：329-355.

[21] Crozet M.，Koenig P. The Cohesion vs. Growth Tradeoff［J］. Metalurgia International，2008（15）：76-79.

[22] Dixit A. The Optimum Factory Town［J］. Bell Journal of Economics，1973（4）：637-654.

[23] Duranton G.，Puga D. Micro-foundations of Urban Agglomeration Economies［J］. Handbook of Regional and Urban Economics，2004（4）：2063-2117.

[24] Henderson J. V. The Urbanization Process and Economic Growth：The

So-what Question [J]. Journal of Economic Growth, 2003 (8): 47 -71.

[25] Rosen K. T., Resnick M. The Size Distribution of Cities: An Explanation of the Pareto Law and Primacy [J]. Journal of Urban Economics, 1980 (8): 165 - 186.

[26] Sbergami F. Agglomeration and Economic Growth: Some Puzzles [Z]. HEI Working Paper No. 02, 2002.

[27] Scott A. J. Creative Cities: Conceptual Issues and Policy Questions [J]. Journal of Urban Affairs, 2006 (1): 1 - 17.

[28] Williamson G. J. Regional Inequality and the Process of National Development [J]. Economic Development and Cultural Change, 1965 (7): 3 -45.

公路网建设、人口层级与高技术产业集聚*

——基于京津冀人口流动的区位黏性分析

杨 峥**

摘 要：一体化是区域行政边界不断消减、彼此融合的过程，空间集聚活动越来越依赖当地产业的组织方式。地区的持续增长必然依靠产业的创新优势来维持，高技术产业的知识关联效应则是经济集聚力的主要来源。本文首先利用两阶段数据包络分析方法测算了京津冀公路网络效率，然后从区位黏性这一全新视角在理论上分析了要素流动内在机制，以城市分形理论为基础比较了京津冀与首尔都市圈城镇层级体系的特征。通过最小二乘虚拟变量法发现公路基础设施对于驱动京津冀高技术产业空间集聚的作用并不明显，亟须对京津冀城镇体系的产业空间布局进行优化，尽快使其交通区域一体化，在创新驱动的自组织演化过程中协同发展。

关键词：交通一体化；区位黏性；人口层级；产业集聚

一、引言

党的第十九次全国代表大会报告中肯定了京津冀协同发展取得的成绩，同时也再次强调疏解北京非首都功能是实施京津冀协同发展战略的“牛鼻子”。设立雄安新区是推动京津冀协同发展战略的重大举措，构建快捷、高效的交通

* 基金项目：天津市教委社科重大项目“天津市实现世界级制造业集群培育机制研究”；天津市科技发展战略研究计划项目“京津冀协同发展背景下加快推进天津市智能制造产业创新发展研究”（17ZLZXZF00080）；天津市哲学社会科学规划项目“京津冀协同创新视角的天津交通基础设施投融资策略研究”（TJYY16－011）；天津市哲学社会科学规划项目“经济新常态下天津市土地供给侧结构性改革与产业结构优化研究”（TJYY17－026）。

** 作者简介：杨峥（1981～ ），男，天津财经大学财税与公共管理学院，讲师，博士，研究方向：财政理论与政策。

网络体系将为聚集人口和高端产业提供良好条件。按照《京津冀人才一体化发展规划（2017～2030年）》设定的目标，至2030年，三地区域人才结构更加合理，那么交通一体化势必成为适配京津冀人才空间布局的重中之重。《“十三五”时期京津冀国民经济和社会发展规划》作为全国第一个跨行政区域的发展规划，明确解决北京“大城市病”，有序疏解非首都功能必须打破行政边界的藩篱，在中华人民共和国国民经济和社会发展第十三个五年规划纲要（简称“十三五”）末打通“断头路”、拓宽“瓶颈路”。

阿肖尔（Aschauer，1993）、博纳格利亚等（Bonaglia et al.，2000）和德穆尔吉尔（Démurger，2001）认为，交通基础设施建设力度不断增强极大地改善了民生福祉，而且对于区域经济增长的贡献也功不可没。鲍德温等（Baldwin et al.，2003）和霍尔（Holl，2004）同样认为交通改善对企业选址与产业布局的空间集聚平衡作用不可忽视。

国内学界同样也注意到交通基础设施的网络外溢性与区域经济增长的紧密联系（刘生龙，胡鞍钢，2010；张学良，2012），特有的“中介效应”在扩大市场规模、提高经营效率以及增强市场活力等方面都扮演着重要角色（张勋等，2018）。理论上，随着交通体系的日趋完善，区际的贸易成本逐渐消减。

藤田昌久等（Fujita et al.，1999）研究表明，较高层级的城市不仅拥有较大的人口规模，同时也包含更为完整的产业体系。巴蒂（Batty，2015）认为，规模各异的城镇能够共存于同一都市圈，这一有趣的现象可能是受自组织机制支配。因此，加大交通基础设施的公共支出究竟对人口空间分布、产业选址有哪些影响，答案却并非一目了然。单中心的空间结构能否会就此瓦解而让位于协同发展的模式，学界也没有进行深入的研究。

而有些计划和项目却偏离了整体的区域概念，各种实施路径常常莫衷一是（吴良镛，2013）。公路网作为一种地方性公共服务，其有效性或者财政资金效率的评价并不是单纯强调财政支出规模的横向比较，其核心是能否让辖区内的居民、产业都可以公平可及地享受公共服务所带来的福利。基于此，本文在已有研究基础上尝试解决以下几点问题，第一，运用两阶段数据包络分析方法对京津冀公路网建设与空间需求匹配度进行系统考量；第二，采用分形理论对京津冀城镇层级体系的帕累托效率进行事实观察，为进一步优化空间布局提供定量判据；第三，基于新经济地理理论揭示要素集聚的内生机理与深层次动因，较好地衔接了理论模型与实证分析，从区域创新和产业升级的视角，探讨加快提升京津冀科技创新集聚优势的空间实施路径。

二、京津冀公路网建设效率评价

与传统经济理论不同，受新经济地理集聚效应的吸引，交通基础设施的可达性为要素与商品低成本流动提供了便利。因而，当地的人力资本市场、产业价值链与公路网络的地理分布紧密相连，这有助于理解地方化经济的形成与各要素之间的内在联系。

（一）公路基础设施资金投入规模

提高交通公共服务供给的科学性，增进财政资金使用效率显得十分必要。《中国交通运输统计年鉴》统计了当年的公路建设投资完成额，只是时间上并不连续。财政部编制的《政府收支分类科目》公共财政预算支出科目中的交通运输支出不仅反映与公路相关的支出，还包括水路运输、港口建设等其他交通形式。地方财政一般预算中安排了公路运输支出，按照现行土地使用制度，土地出让支出中包括“七通一平”成本性支出，道路位列其中。此外，地方政府向市政公司、城投集团注入土地等资产，向银行申请土地抵押贷款是地方投融资平台最主要的融资方式，交通运输、市政建设等公益性项目是资金基本投向（杨峥，2012）。《中国国土资源统计年鉴》土地出让支出无法清晰划分投向道路的资金规模。地方政府负有间接偿还责任的隐性债务确实可以从弥补地方预算缺口的角度解释（徐家杰，2014），但基础设施项目投资规模大、建设期、回收期长，新增债务并非仅仅满足当期（甚至不是短期跨期）的预算平衡。

综合以上原因，将一般预算财政支出、土地出让支出、城投债“三项”支出资金简单加总估算得到的公路基础设施投入与当年达到可使用状态的路网基础设施并非一一对应的关系，这样一来势必会高估投入规模。为解决这一问题，本文以2010～2015年31个省份公路里程作为被解释变量的面板数据固定效应模型，得到因变量资金规模的弹性系数（约为1.2，p值=0.0000），用其倒数（83.36%）折算为当年公路基础设施的单位资金投入。

（二）变量定义和研究模型

本文以公路里程作为主要产出指标，是一定时期内达到相关技术标准，并经主管部门验收交付使用的等级公路里程数。包括公路里程和桥梁，可以避免长度重复计算问题。为了客观反映公路基础设施的有效需求，用旅客周转量、货物周转量作为综合性的产量指标，能够更加全面地显示物流、人流对资金流的带动作用。在研究模型选择上，为更加凸显我国地方政府财权、事权不匹配的条件下，公路建设是多种资金交叉融合的典型特征，通过建立资源投入共享型关联两阶段数据包络分析的效率评估模型，测算公路网建设资金使用的有效性与变化轨迹。将资金的使用过程分为前后相继两个阶段，也即资金投入——公路基础设施产出为第一阶段，公路基础设施产出——受益为第二阶段，如图1所示。

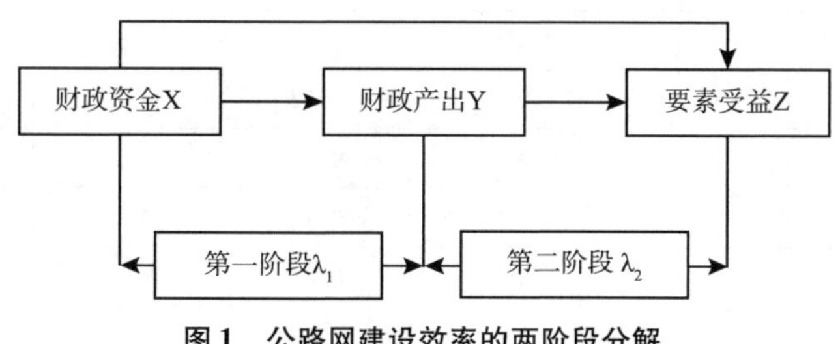

图1　公路网建设效率的两阶段分解

资料来源：作者绘制。

同黄薇（2009）以主观性赋权各为50%的做法不同，本文根据不同地区、不同时期评价对象自身提供有效信息的离散程度，以熵值法科学客观地计算综合得分的方式体现财政资金在产出和受益两个阶段的重要程度。在一个经济系统中，有n个地区m项指标，第j项指标的熵值为：

$$e_j = -\frac{\sum_{i=1}^{n}[p_{ij}\ln(p_{ij})]}{\ln(n)} \tag{1}$$

其中，$p_{ij} = \dfrac{x'_{ij}}{\sum_{i=1}^{n} x'_{ij}}$，$x'_{ij}$是采用不同算法对正向、逆向指标进行标准化处理后的数据。

第i个地区公共服务产出或受益的综合得分为：

$$s_i = \sum_{j=1}^{m}\left[\frac{p_{ij}(1-e_j)}{\sum_{j=1}^{m}(1-e_j)}\right] \tag{2}$$

据此即可分别计算出第一、第二阶段效率权重为：

$$\lambda_1 = \frac{S_{产出}}{S_{产出}+S_{受益}},\ \lambda_2 = \frac{S_{受益}}{S_{产出}+S_{受益}} \tag{3}$$

（三）京津冀公路网建设有效性实证结果

无论是地方财政投入，还是公共服务设施和人力资源这些物质产出，都仅是提供公共服务的手段，最终目标是如何转化为居民的惠及程度。基于 CCR 产出导向模型分别计算出研究期内京津冀公路网建设、受益阶段的子效率和财政资金运用综合效率的全过程的时空演变，如表 1 所示。

表 1　　　　公路建设两阶段综合效率

年份	北京	天津	河北	京津冀	全国平均
2010	0.86	0.99	0.52	0.79	0.63
2011	0.88	0.92	0.67	0.82	0.6
2012	0.87	0.84	0.75	0.82	0.59
2013	0.88	0.78	0.83	0.83	0.56
2014	0.87	0.82	0.79	0.83	0.54
2015	0.62	0.84	0.85	0.77	0.6

资料来源：公路里程、旅客周转量、货物周转量数据来源于国家统计局；基础设施投资来源于历年《中国城市建设统计年鉴》，作者基于 CCR 产出导向模型计算。

虽然整个京津冀路网建设的平均效率高于全国平均水平，河北省交通基础设施效率长期落后于北京市和天津市，而天津市的交通基础设施效率甚至超过了北京市，使得天津产业得以快速发展迎头赶上。

三、京津冀人口分布帕累托效率的事实观察

表面看来，由多个不同层级、各司其职的城市和乡镇在较长时间内都处于基本稳定的状态。面对交通成本日益降低以及知识溢出叠加而来的技术创新冲击，原有的城镇体系空间构型是否还会因为公路网的不断完善得以维持？巴蒂（Batty，2015）认为，分形维数（fractal dimension）为解释空间结构分布的合理性、联系是否紧密提供了可靠的标准。在一个城镇体系的层次结构中，城市数量与规模之间的竞争关系遵循逆幂律法则：

$$N_r = P_r^{-D} \tag{4}$$

其中，r 是某一城市在该城镇体系中的排位顺序（r = 1，2，3，…），N_r 代表处于第 r 个层级上的城市数量，P_r 是相互依存异质性城市 N_r 的人口规模，

D 为自相似层级的分析维数（fractal dimension）。用 Hausdorff 维数法确定一个空间分维，给定一个标度码尺（yardstick）r，大于 r 的地区个数 N(r) 与 r 满足：$N(r)\propto r^{-D}$，$-D=\frac{\log N}{\log r}$

人口流动受到集聚"拉力"与拥堵"推力"两种矛盾且本质上兼容的力量共同作用，因而考察人口分布的合理性时，必须在"混沌"不规则的空间形态中考虑其非平稳、不连续性特征，城镇体系可能并非是线性形态。基于巴蒂和朗利（Batty & Longley，1988）的做法，令 $f(D)=\frac{[c+d\sqrt{r}]}{2}$，估计方程变为非线性形式：

$$\ln N(r)=\ln\theta+\left(\frac{c}{2}\right)\ln r+\left(\frac{[c+d\sqrt{r}]}{2}\right)\ln r \tag{5}$$

待估参数：$d\to 0$，$c\to f(D)$。$\frac{(d\sqrt{r})}{2}$是分散因子，用于度量空间位序——规模的非线性特征，当 $c\to f(D)=1$ 时达到最优分布的自然状态。

在考察京津冀城市层级体系时，若仅关注"两市一省"如此宏观的视角，可能造成实证结果有偏差。若想获得京津冀城镇层级体系更加精确的现实证据，出于估计稳健性考虑，本文分别给出中华人民共和国国民经济和社会发展第十个五年规划纲要（简称"十五"），中华人民共和国国民经济和社会发展第十二个五年规划纲要（简称"十二五"），北京市、天津市与河北省地级市常住人口的检验结果，以及将北京市、天津市扩展至区县级口径的全域两种口径的分析结果。由于部分行政区划发生了变化，例如北京东城区和崇文区组成新东城区，北京西城区和宣武区合并成新西城区。为保持口径一致做了合并计算，这并不影响在整个城镇体系中的位序。

加巴克斯和易卜拉欣莫夫（Gabaix & Ibragimov，2011）、梁琦等（2013）等人采用 Zipf 维数法消除小样本情形下 OLS 线性估计的偏误。谈明洪、范存会（2004）证明，理论上 Zipf 维数与分形维数互为近似倒数关系，两者的乘积等于判定系数。基于此，本文将模型改进为 ln(r－0.5）做进一步估计，如表 2 所示。

一个有效率的人口分布是城镇体系良性发展的首要条件，城镇层级不应仅停留于人口规模，更应从经济、产业多方面考虑（梁琦等，2013）。为了从多角度判断京津冀城镇层级体系的优劣，本文沿用了人口规模的分形方法，对京津冀的地区生产总值位序—规模进一步检验，如表 3 所示。

表 2　　京津冀城镇体系人口规模位序—规模分形维数

传统模型 ln(r)

模型类型	系数	2015 年全域		2015 年省份		2005 年全域		2005 年省份	
线性	常数项	8.17	(49.84)***	7.842	(66.363)***	8.147	(50.177)***	7.531	(54.776)***
	f(D)	1.126	(-20.317)***	0.731	(-11.655)***	1.213	(-22.093)***	0.618	(-8.464)***
	R^2	0.91		0.92		0.92		0.86	
非线性	常数项	7.013	(65.927)***	7.587	(72.973)***	7.093	(50.721)***	7.23	(60.853)***
	c→f(D)	0.376	(1.960)*	0.317	(-1.013)	0.029	(-0.118)	0.112	-0.314
	d→0	1.171	(-14.113)***	0.8313	(-3.793)***	1.067	(-9.788)***	0.978	(-3.909)***
	R^2	0.98		0.96		0.98		0.94	

修正有偏模型 ln(r-0.5)

模型类型	系数	2015 年全域		2015 年省份		2005 年全域		2005 年省份	
线性	常数项	7.752	(44.399)***	7.514	(66.11)***	7.701	(43.877)***	7.248	(57.911)***
	f(D)	0.998	(-16.764)***	0.59	(-9.478)***	1.077	(-17.987)***	0.496	(-7.234)***
	R^2	0.87		0.88		0.89		0.81	
非线性	常数项	7.103	(96.854)***	7.519	(112.884)***	7.076	(76.730)***	7.254	(92.481)***
	c→f(D)	0.087	-0.669	0.467	(-2.773)**	0.143	(-0.872)	0.233	(-1.173)
	d→0	1.042	(-16.790)***	0.688	(-4.694)***	1.005	(-12.875)***	0.732	(-4.245)***
	R^2	0.98		0.96		0.98		0.93	

注：括号中的数字为系数的 t 统计量，$***p<0.001$、$**p<0.01$、$*p<0.05$。
全域 = 北京 17 个区 + 天津 16 个区 + 河北省 11 个地级市共 44 个样本
省份 = 北京 + 天津 + 河北省 11 个地级市共 13 个样本
资料来源：作者根据历年《北京统计年鉴》《天津统计年鉴》《河北经济年鉴》数据计算。

表 3　京津冀城镇体系地区生产总值位序—规模分形维数

传统模型 ln(r)

模型类型	系数	2015 年全域		2015 年省份		2005 年全域		2005 年省份	
线性	常数项	9.909	(57.326)***	10	(37.812)***	9.208	(39.158)***	8.962	(114.513)***
	f(D)	1.115	(−19.072)***	1.15	(−8.196)***	1.318	(39.158)***	1.164	(−28.033)***
	R^2	0.9		0.85		0.87		0.98	
非线性	常数项	8.213	(29.245)***	10.1	(28.047)***	7.408	(85.556)***	8.858	(93.475)***
	c→f(D)	1.338	(2.859)***	2.749	(−2.534779)**	1.413	(9.126)***	1.862	(−6.523)***
	d→0	1.546	(−8.379)***	0.326	−0.429	1.789	(−26.930)***	0.339	(−1.697)
	R^2	0.96		0.83		0.99		0.99	

修正有偏模型 ln(r−0.5)

模型类型	系数	2015 年全域		2015 年省份		2005 年全域		2005 年省份	
线性	常数项	9.909	(57.326)***	9.503	(43.678)***	8.706	(35.771)***	8.455	(92.713)***
	f(D)	1.115	(−19.072)***	0.941	(−16.696)***	1.165	(−14.134)***	0.95	(−19.022)***
	R^2	0.9		0.84		0.82		0.97	
非线性	常数项	8.321	(36.817)***	9.505	(42.149)***	7.743	(105.769)***	8.458	(147.128)***
	c→f(D)	1.061	(2.707)***	1.629	(−2.857)**	0.706	(5.431)***	1.349	(−9.278)***
	d→0	1.432	(−8.919)***	0.244	(−0.491)	1.503	(−24.663)***	0.532	(−4.205)***
	R^2	0.96		0.82		0.99		0.99	

注：*** $p<0.001$、** $p<0.01$、* $p<0.05$；地区生产总值价格为当年价格；北京、天津区县的数据中扣除了划归市一级核算部分，区县地区生产总值合计数略小于全市地区生产总值。

资料来源：作者根据历年《北京统计年鉴》《天津统计年鉴》《河北经济年鉴》数据计算。

首尔都市圈与京津冀“三足鼎立”的城市群形态类似，由韩国首都首尔、港口城市仁川和土地面积较大的京畿道行政区构成。北京市、天津市、河北省占京津冀土地面积的比重分别为7.60%、5.52%、86.89%，首尔、仁川、京畿道占首尔圈的比重则为5.12%、8.86%、86.02%，三个行政区的土地自然禀赋与京津冀地区比较接近，适合成为京津冀的参考标杆，如表4所示。

实证结果表明，京津冀与首尔圈非线性模型的 R^2 较线性模型有了显著改善，只是分形维数 $c \to f(D)$ 普遍通过0.001显著性检验的同时，人口规模的分维却没有给出比较有意义的结果，问题出在 $d \to 0$ 的假设条件并未成立。尽管采用了 $\ln(r-0.5)$ 的方法对模型修正以克服有偏问题，究其原因还是样本量过小导致的人口规模在城镇体系中的非线性分布特征没有完全显现的结果。所有线性模型的分维都通过了显著性检验，不同统计口径得到的城镇体系人口位序—规模检验结论却截然不同。京津冀全域的人口分形维数 $f(D)>1$，在省级范围 $f(D)<1$。在行政级别上，北京、天津虽名曰为“市”，与河北省管辖的“市”并不属于同一层级，无论是从人口规模还是经济总量排序，京津两地将无疑长期包揽“冠亚军”。从时间上比较，我们的近邻韩国首尔都市圈2015年与2005年相比分形维数比较稳定，$f(D)<1$ 表明该城镇体系内各中心地之间联系相对紧密。而反观京津冀地区，无论是传统模型还是修正有偏模型，2015年的城镇体系分形维数都较2005年有所降低。

2015年《京津冀协同发展规划纲要》实施之前，从中央到地方政府都为推动京津冀协同发展实施了大规模的基础设施投资，为最终实现区域一体化付出了许多努力（张可云，蔡之兵，2014）。然而，京津冀城镇体系趋于扁平化却是不争的事实，从二者系数的显著性可窥一斑，资源愈发向首位区靠近，中间城镇发展速度趋缓，与多中心城镇网络的全面协同发展相距甚远。如此中心—外围（core-periphery）式的单极发展必然导致区间差距不断扩大，这一结果是由于人口流动的区位黏性所致。克鲁格曼（Krugman，1980）的区域竞争假设，人口和资本受区际交通条件的改善吸引，在空间上可以瞬时、无成本的流动。而现实中“产业资本创新积累”与“人力资本蓄水池”增加了要素流动的“用脚投票”成本，也即区位黏性形成迁徙阻力，往往在短期内难以脱离当地产业价值链（杨峥，张忠萌，2018）。

表 4 首尔都市圈城镇体系人口位序—规模分形维数

传统模型 ln（r）						修正有偏模型 ln（r−0.5）					
模型类型	系数	2015 年		2005 年		模型类型	系数	2015 年		2005 年	
线性	常数项	14.783	(77.058)***	14.749	(75.615)***	线性	常数项	14.635	(77.426)***	14.6	(76.06)***
	f(D)	0.642	(−12.084)***	0.647	(−11.975)***		f(D)	0.602	(−11.49)***	0.607	(−11.403)***
	R^2	0.63		0.63			R^2	0.61		0.6	
非线性	常数项	13.295	(49.6015)***	13.245	(48.445)***	非线性	常数项	13.657	(66.149)***	13.616	(64.634)***
	c→f(D)	1.264	(3.288)***	1.282	(3.269)***		c→f(D)	0.748	(2.554)**	0.753	(2.519)**
	d→0	0.909	(−6.799)***	0.919	(−6.739)***		d→0	0.743	(−6.951)***	0.748	(−6.863)***
	R^2	0.76		0.76			R^2	0.75		0.74	

注：括号中的数字为系数的 t 统计量，*** $p<0.001$、** $p<0.01$、* $p<0.05$。
首尔都市圈共计 86 个样本，包括首尔 25 个区、仁川 8 个区和 2 个郡、京畿道包含 51 个市、邑，数据来源于韩国统计局。
资料来源：作者根据历年《北京统计年鉴》《天津统计年鉴》《河北经济年鉴》数据计算。

四、京津冀产业集聚创新

区域之间的有效合作得益于专业化分工，当某一地区本身就具有“天然”竞争优势时（如，北京的首都政治资源、天津的港口区位优势等），技能人才和研发资本将会不断涌入。为了更加接近较大的市场需求、降低交易成本，流动要素会选择那些已有较为完整产业链的区位。本地市场效应（home market effect）带来更大份额的超常市场需求（idiosyncratic demand），众多新技术、新产业的不断涌现反过来进一步促进该地区产业集群的发展（郭彦卿，2016）。波伦斯基（Polenske，2009）的研究表明，当今某一细分市场的劳动异质性和产业多样性特征愈发明显，较宽口径的产业分类数据容易形成创新集群的“汇总偏误”。尤其在“大众创业、万众创新”的背景下，地区经济的持续增长取决于交通基础设施能否改善产出效率，激发其创新潜力并创造出更多的市场机遇。为了更好地与理论分析有机结合起来，选择高技术产业单一部门逐个估计可以避免高估产业异质性问题对交通基础设施的贡献程度。

（一）高技术产业集聚经济的度量

借鉴谢子远和吴丽娟（2017）地方化经济的思路，某一地区高技术产业集聚经济公式：

$$loc_{ik} = s_{ik}/s_i \tag{6}$$

s_{ik}代表地区 i 第 k 个行业（本文考察的是高技术行业）主营业务收入占该地区所有产业收入的比重（用规模以上工业企业主营业务收入代替）。s_i 表示该产业占全国总收入的比重。数值越大说明高技术产业在该地区产业集中度越高，优势越明显，也就是某一地区高技术产业的区位熵。

（二）模型设定与估计方法

除了传统的 OLS 方法，本文还列示了静态面板、动态 GMM 模型的估计结果。为测定京津冀公路建设对高技术产业集聚的影响程度，设定计量模型为：

$$loc_{itk} = \beta_0 + \beta_1 vote_{it} + \beta_2 divs_{it} + \beta_3 instrument_{it} + \varepsilon_{it} \tag{7}$$

核心解释变量有两个。

（1）公路基础设施有效性（vote）。交通基础设施的便利性与可达性是私人部门进行经济区位决策时的重要依据，对于地租的影响也毋庸置疑。在逐利原则下，产业在地理上的区位集聚、扩散和转移，很自然的是要素对于当地公共服务空间分布是否合理的“用脚投票”的选择。为此，本文并没有选取地方政府财政支出流量数据，而是选用测算的京津冀三地公路基础设施存量综合效率作为地方性替代性指标。

（2）消费多样性（divs）。消费者福利取决于商品多样性，与产地无关，也就是产业内贸易（intra-industry trade）。一个辖区的价格指数随着产品多样性增加而降低，实际工资水平升高，可视为对消费者的补偿。为测算商品多样性偏好与支出份额的变化特征，采用城镇居民衣着、家庭设备用品及服务、医疗保健、教育文化娱乐服务、杂项商品服务消费合计占家庭人均消费支出的比重衡量。不仅反映偏好多样性程度，还代表该地区公路基础设施的实际使用效果，用以刻画贸易自由度。

（3）工具变量（instrument）。为尽力解决重要解释变量遗漏可能造成的回归偏误问题，加入工具变量予以控制。在GMM（Ⅰ）模型中的工具变量包括两个：①由中央补助、财政部代理发行地方政府债券、上年结余等构成的地方财政收入总计；②土地出让成交价款。GMM（Ⅱ）模型中的工具变量又添加了③高产业集聚度的滞后项 $loc_{(-1)}$ 以考察动态因素。

消费数据来自国家统计局，地方财政收入总计来源于《中国财政年鉴》，土地出让收入来源于《中国国土资源年鉴》。

（三）实证结果

普通面板的样本总量不大，权数选择按截面加权（cross-section weights）方式允许不同的截面存在异方差，估计方法上选择面板校正标准误（panel corrected standard errors）方法，以便有效处理面板数据的误差结构，如表5所示。

LM 检验结果表明随机效应模型优于混合回归。个体固定效应 F 检验和 χ^2 检验显示固定效应优于混合回归。Hausman 检验 p 值大于0.01，不能拒绝存在随机效应的原假设。进一步通过最小二乘虚拟变量法（leat squares dummy variables，LSDV）考察，个体虚拟变量显著程度 p 值大于0.05，认为个体效应较弱，表明京津冀之间基本无差异或差异较小的假设不能成立，也就是高技术产业空间集聚的方向与效应大小并不一致，如表6所示。

表 5　京津冀高技术产业集聚估计结果

混合效应			LSDV 法混合效应						固定效应				随机效应			
结果	vote	divs	结果	vote	divs	北京	天津	河北	结果	常数项	vote	divs	结果	常数项	vote	divs
系数	0.781	1.629	系数	0.523	-2.719	2.88	1.931	0.985	系数	2.66	0.293	-4.022	系数	-9.93	3.783	19.461
t	1.648	1.556	t	1.47	-0.575	1.363	1.028	0.5	t	3.353	2.026	-2.172	t	-3.54	2.547	3.547
Prob	0.119	0.139	Prob	0.165	0.575	0.196	0.323	0.626	Prob	0.005***	0.064	0.049*	Prob	0.003**	0.022*	0.003**
R^2	0.072		R^2	0.973					R^2	0.991			R^2	0.478		
Prob（LM 检验）	1.18		Prob（LM 检验）	16.873***					个体效应 F 检验	400.288***			Hausman 检验	0.000		

注：***、**、* 分别表示 1%、5% 和 10% 的显著性水平。

资料来源：作者根据历年《中国高技术产业统计年鉴》数据计算。

表 6　京津冀高技术产业集聚度 GMM 模型估计结果

模型	混合效应				固定效应						随机效应					
	GMM（Ⅰ）		GMM（Ⅱ）		GMM（Ⅰ）			GMM（Ⅱ）			GMM（Ⅰ）			GMM（Ⅱ）		
结果	vote	divs	vote	divs	常数项	vote	divs	常数项	vote	divs	常数项	vote	divs	常数项	vote	divs
系数	2.309	-1.753	3.399	-3.937	3.771	9.232	-24.097	-6.415	2.61	13.214	-8.951	8.371	8.173	-23.5	17.401	25.374
t	1.213	-0.427	1.475	-0.802	0.057	0.406	-0.135	-0.813	1.331	0.851	-0.371	0.698	0.217	-1.783	1.637	1.056
Prob	0.243	0.675	0.164	0.437	0.956	0.692	0.895	0.435	0.213	0.415	0.716	0.496	0.831	0.1	0.128	0.312
J-statistic	0.064		7.683		0.000			0.033			0.000			0.221		

资料来源：作者计算。

从回归结果来看，OLS 模型中京津冀公路建设效率（vote）对当地高技术产业的集中作用不明显，只有在随机效应模型中呈弱相关。而且两种 GMM 模型中有四个模型的 J－statistic >0.05。在不同的模型中，用于测量产业集聚创新的估计结果并不稳定，从京津冀三地的公路基础设施“满意度投票”（vote）均未通过显著性检验，对于高技术产业空间集聚作用并不明显。

在分析地方政府公路网络建设成效时，必须考虑由此产生的空间溢出效应。本文并没有使用空间面板模型来考虑京津冀公路网的空间溢出效应，原因在于空间权重矩阵的构建方法一般采用邻接标准、距离标准或 GDP 空间权重矩阵等，经济或人口密度都是地理区位的行为结果，采用不同年份的数据权重也大不相同。而区间的相对位置是固定不变的，仅考虑三地间二进制的邻接空间权值矩阵元素，显然容易忽略所具有的全域网络属性特征。

五、结论与政策建议

珠江三角洲、长江三角洲具有繁荣的市场活跃度，在领头羊的带领下区域共同发展，城镇体系中的网络节点城市在整个都市经济圈中都发挥着重要功能。与之相比，京津冀地区自然有其特殊性。经验表明，首都经济圈的形成是要素驱动向创新驱动转型的过程，研发等高附加值服务业占据产业发展主导。而目前京津冀服务业产值比重甚至低于伦敦、首尔、东京这些国际都市圈 20 世纪 90 年代的水平（刘瑞，伍琴，2015）。

国家提出“有序”疏解北京非首都功能、雄安新区是“千年大计”的战略思路，因此，京津冀协同发展绝不是一蹴而就、一朝一夕的区域发展格局。必须打破以往受行政边界束缚的“一亩三分地”的定式思维，也不是“舍我为人”的奉献精神，而是在“一盘棋”的区域格局中，地方政府亟须改变低层次的“硬件”竞争，以有效的协调机制建立起高层次的“软件”竞合关系，为流动要素集聚提供良好的微观环境。通过政策“轻推”，遵循市场配置要素的客观规律，引导创新要素在产业经济自然分蘖过程中与区域的功能定位相适应。只要认识到“以人为本”的区域一体化这一复杂问题背后隐藏的空间秩序，地方政府加强财政资金的统筹，京津冀都市圈必将成为世界级的高技术产业城市集群，三地之间的差距自然也会得到有效的缓解。

参考文献

［1］郭彦卿．城镇层级体系优化与高技术产业本地市场效应研究［J］．经

济问题探索，2016（5）：152－158，190.

［2］黄薇．中国保险机构资金运用效率研究：基于资源型两阶段 DEA 模型［J］．经济研究，2009（8）：37－49.

［3］梁琦，陈强远，王如玉．户籍改革、劳动力流动与城市层级体系优化［J］．中国社会科学，2013（12）：36－59.

［4］刘瑞，伍琴．首都经济圈八大经济形态的比较与启示［J］．经济理论与经济管理，2015（1）：79－94.

［5］刘生龙，胡鞍钢．基础设施的外部性在中国的检验：1988～2007［J］．经济研究，2010（3）：4－15.

［6］［美］普可仁（Karen R. Polenske）．创新经济地理．童昕，王缉慈，译［M］．北京：高等教育出版社，2009：37－43.

［7］谈明洪，范存会．Zipf 维数和城市规模分布的分维值的关系探讨［J］．地理研究，2004（2）：243－248.

［8］吴良镛．京津冀地区城乡发展规划研究三期报告［M］．北京：清华大学出版社，2013.

［9］谢子远，吴丽娟．产业集聚水平与中国工业企业创新效率——基于 20 个工业行业 2000～2012 年面板数据的实证研究［J］．科研管理，2017，8（1）：91－99.

［10］徐家杰．对分税制改革以来我国地方政府债务规模的估计［J］．经济理论与经济管理，2014（9）：15－25.

［11］杨峥．土地财政与最优城市规模［J］．经济与管理研究，2012（3）：29－38.

［12］杨峥，张忠萌．房地产税改革、地方公共服务与区位选择——基于京津冀人口流动的空间黏性视角［J］．财经论丛，2018（1）：30－37.

［13］张可云，蔡之兵．京津冀协同发展历程、制约因素及未来方向［J］．河北学刊，2014（6）：101－105.

［14］张学良．中国交通基础设施促进了区域经济增长吗［J］．中国社会科学，2012（3）：60－77.

［15］张勋，王旭，万广华，等．交通基础设施促进经济增长的一个综合框架［J］．经济研究，2018（1）：50－64.

［16］Aschauer. Infrastructure and Macroeconomic Performance：Direct and Indirect Effects，In the OECD Jobs Study：Investment，Productivity and Employment［R］. OECD，Paris. 1993：85－101.

[17] Baldwin R. E, Forslid R., Martin Ph, Ottaviano G. I. P., Robert - Nicoud F, Economic Geography and Public Policy [M]. Princeton University Press, Princeton, NJ. 2003.

[18] Batty. Cities in Disequilibrium [R]. UCL Centre for Advanced Spatial Analysis, Working Papers Series, 2015: 202.

[19] Batty, Longley. The Morphology of Urban Land Use [J]. Environment and Planning B: Planning and Design, 1988 (15): 461 - 488.

[20] Bonaglia, Ferrara, Marcellino. Public Capital and Economic Performance: Evidence from Italy [R]. IGIER Working Paper, 2000: 163.

[21] Démurger. Infrastructure Development and Economic Growth: An Explanation for Regional Disparities in China? [J]. Journal of Comparative Economics, 2001 (1): 95 - 117.

[22] Fujita, Krugman, Venables. The Spatial Economy. Cities, Regions and International Trade [M]. Cambridge, MA: MIT Press. 1999.

[23] Gabaix, Ibragimov. Rank - 1/2: A Simple Way To Improve The OLS Estimation of Tail Exponents [J]. Journal of Business & Economic Statistics, 2011 (1): 24 - 29.

[24] Holl Adelheid. Transport Infrastructure, Agglomeration Economies, and Firm Birth: Empirical Evidence from Portugal [J]. Journal of Regional Science, 2004 (144): 693 - 712.

[25] Krugman. Scale Economies, Product Differentiation, and the Pattern of Trade [J]. American Economic Review, 1980, 70 (5): 950 - 959.

破除经济高质量发展障碍："僵尸企业"的形成和治理*

林令涛**

摘　要："僵尸企业"的存在制约了经济发展速度、影响了经济发展质量，但对其形成机制的研究却比较匮乏。本文从市场进入退出障碍的角度讨论了"僵尸企业"的成因及治理难题，结合中国特殊的制度背景完善了"僵尸企业"的识别策略，并借助1999～2007年中国工业企业数据库对上述问题进行了检验。研究表明：市场进入退出障碍是解释"僵尸企业"大量存在的重要原因，为了解决内生性问题的干扰，本文通过嵌入工具变量的Probit模型得到的估计结果依然稳健；进而本文探讨了"僵尸企业"的治理机制，发现提升市场进入率、降低企业融资难度以及吸引外资进入等降低市场进入退出障碍的措施都有利于抑制"僵尸企业"的形成，因此我国应当继续推进市场经济和金融体系的配套改革。本文的研究揭示了"僵尸企业"形成的深层原因，为加速"僵尸企业"的治理、破除经济高质量发展障碍提供了理论支撑。

关键词：进入退出障碍；"僵尸企业"；僵尸治理

一、引言

随着"僵尸企业"对经济健康发展造成的危害引起了党和国家以及社会各界的广泛重视。2015年11月国务院总理李克强在主持召开国务院常务会议时提出了要加快推进"僵尸企业"的重组整合或退出市场；同年12月在经济问题专家座谈会上明确了"僵尸企业"具体的清理标准，再次重申要加快淘

* 基金项目：本文的研究得到了国家社会科学基金项目（15BJL010）和辽宁省社会科学基金项目（L11BJY007）的资助，在这里表示感谢。

** 作者简介：林令涛（1990～　），男，大连理工大学经济管理学院博士研究生，研究方向为产业转型升级。

汰落后产能和"僵尸企业"退出，促进企业效益和资源配置效率的提升。2016 年初，国务院国资委明确要用三年时间基本完成中央企业中 345 户大中型"僵尸企业"的清理。2016 年，在政府为完成供给侧结构性改革确定的五大经济任务中，处置好"僵尸企业"是积极稳妥化解产能过剩的关键一环。2017 年政府依然高度重视"僵尸企业"的处置问题，国家主席习近平在 2017 年 2 月主持召开的中央财经领导小组第十五次会议上，明确指出要深入推进去产能，坚定不移处置"僵尸企业"。同年 7 月在中共中央政治局会议上再一次强调要坚定不移地深化供给侧改革，深入推进"三去一降一补"，紧紧抓住处置"僵尸企业"的牛鼻子。2017 年的《政府工作报告》强调，要有效处理"僵尸企业"，推动企业兼并重组、破产清算，坚决淘汰不达标的落后产能。

随着经济增速进入调整期，"僵尸企业"所带来的严重性和危害性影响日益凸显包括以下几点内容：（1）"僵尸企业"占用了大量的土地、资金、原材料、劳动力等社会资源，却不产生任何经济效益，造成大量资源的闲置。直观来看，"僵尸企业"无法破产，企业资产就形同一堆废铜烂铁。以宁夏为例，截至 2016 年 8 月末，整个地区共有 146 家规模以上企业停产，占全部规模以上企业的 11. 9%，累积净减少工业产值 40 多亿元，467 家企业产值同比下降，减产面达 38. 3%，累积净减少产值 217 亿余元。[①]（2）"僵尸企业"不但降低资源利用效率，更重要的是挤占了健康企业的市场份额和资源。统计表明，行业的"僵尸企业"比重越高，该行业健康企业在市场竞争中面临的资源歧视就越严重，从而抑制了企业的扩张和投资决策。2014 年浙江省金华市对全市企业情况进行调查，发现近三成无所得税入库企业有 1 542 家，却在寸土寸金的浙中占地 2. 57 万亩，2013 年金华亩均税收 1 万元以下的制造业企业有 2 002 家，其中还包括零税收的 550 家企业，这些企业占据了大量的资源，从而阻断了其他高效率企业的资金渠道。[②]（3）"僵尸企业"在失去收入来源的情况下拖欠职工工资和社保，对职工权益的损害比较严重。据统计，目前中国共有"僵尸企业"1 万多户，各种负债 5 000 多亿元，实际职工 200 多万人，其中离退休职工 100 多万人，欠缴社会保证资金 300 多亿元，其中很多职工未纳入社

---

① 经济参考报．媒体曝光僵尸企业现状：活不下去又不敢死．搜狐网，2016 年 11 月 18 日，http：//news. sohu. com/20161118/n473492030. shtml。

② 一大拨僵尸正在靠近：266 家 A 股僵尸企业负债 1. 6 万亿 3 年抽血 2 500 亿（附名单）. 搜狐网，2015 年 12 月 4 日，http：//www. sohu. com/a/46303156_161959。

保，造成职工生活困难。[①]（4）无偿债能力的“僵尸企业”吸纳了大量企业拆借与银行贷款容易形成金融风险。“僵尸企业”不具备偿债能力，也没有足够的资金偿还贷款，造成银行不良贷款大量增加，从而加剧系统性金融风险发生的可能性。（5）“僵尸企业”已经不能适应市场激烈的竞争环境，如果政府和银行再对其不断输血将造成生产要素配置扭曲，从而降低社会资源的整体效率。“僵尸企业”的矛盾如果不能化解，经济体系的结构调整和转型升级就难以实现，因此对“僵尸企业”形成原因的探讨对治理“僵尸企业”具有重要的现实和理论意义。

“僵尸企业”并非中国特有，在美国和日本等市场发达的经济体中也存在大量的“僵尸企业”，然而我国的情况与这些国家有许多不同，“僵尸企业”的成因也不尽相同。随着中国经济的发展过热，尤其是应对经济危机刺激政策的后续影响引发的信贷泡沫而言，造就了潜在“僵尸企业”的外部环境。现有研究普遍认为政府补贴和银行信贷的支持是“僵尸企业”在无法盈利的情况下依然存在的直接原因，但如果仅将“僵尸企业”的形成归咎于政府和银行的支持，却难以解释“僵尸企业”一直存在的根源，这将严重低估“僵尸企业”问题存在的严重性，从而增加了治理难度。事实上，在“僵尸企业”形成的过程中，虽然地方政府和银行出于种种考虑对“僵尸企业”实施救助，但并不能简单地把“僵尸企业”的责任都推给政府和银行。一个典型的例子，东北规模最大的煤炭企业龙煤集团，2012 年净亏损 8 亿元，2013 年亏损 23 亿元，2014 年亏损更是接近 60 亿元。处于产能严重过剩又亏损的龙煤集团的产能仅是同行神华集团的 10%，却有着与其规模相当的职工约 20 万人，因此无论是减员增效，还是退出市场，都绕不开约 20 万人职工的安置，这不仅包括补缴长期拖欠职工的工资以及各种社保费用，还要创造相应的就业岗位。[②] 地方政府也会慎重考虑企业破产的问题，从而加深退出难度所造成企业的僵尸状态。与此同时，在缺乏对接机制的市场上，低效率企业因为大量的不良资产和负债等处理起来比较麻烦，想破产却没有人接盘，而优势企业要兼并一家“僵尸企业”需要替停产的企业补缴土地出让金、土地使用税、滞纳金等各种费用，支付成本非常高，从而阻断了企业盘活的可能性。因此本文提出的猜想是

① 磨砻砥砺．一文读懂僵尸企业存哪些危害？如何清理？有什么障碍？．个人图书馆网，2016 年 2 月 5 日，http：//www.360doc.com/content/16/0205/10/269089_532837054.shtml。

② 王峰．龙煤改革求生：东北最大煤企 10 万人分流调查．搜狐网，2015 年 10 月 12 日，http：//news.sohu.com/20151012/n422969458.shtml。

"僵尸企业"的形成是因为市场进入退出障碍造成低效率企业无法退出，高效率企业无法进入的资源错配的结果。

二、文献综述

"僵尸企业"的大量存在严重制约了经济系统的健康发展，本文对涉及"僵尸企业"的文献进行了全面的梳理和评述，系统地探究了"僵尸企业"的危害性和形成原因。

（一）"僵尸企业"的危害性

"僵尸企业"的大量存在严重制约了经济的健康发展，阻碍了市场机制的作用发挥，包括以下几点内容：(1)"僵尸企业"会损害行业资源配置效率从而影响行业整体生产率。阿赫恩和品田（Ahearne & Shinada，2005）的研究表明，"僵尸企业"密集的行业生产率增幅较慢。科恩等（Kwon et al.，2015）探究了日本制造业"僵尸企业"对行业资源配置效率的扭曲效应，发现在经济衰退期，"僵尸企业"产量下降的幅度要小于非"僵尸企业"，1990 年后日本"僵尸企业"的贷款通过扭曲劳动力配置造成 37% 的生产率损失。(2) 虽然"僵尸企业"会避免自身倒闭造成的员工下岗，但会对正常企业吸纳劳动力产生明显的抑制作用。卡巴雷罗等（Caballero et al.，2008）研究发现，行业中较高的"僵尸企业"比重会抑制非"僵尸企业"的就业增长率。星和金姆（Hoshi & Kim，2012）的研究也表明"僵尸企业"指数越高的行业，就业创造率也较低。(3)"僵尸企业"占用了大量信贷资源挤占了正常的企业投资，由此拖累了健康企业的经营状况。谭语嫣等（2017）通过研究微观企业的扩张行为验证了"僵尸企业"对其他企业投资的挤出效应，并发现"僵尸企业"比例越高的地区企业的投资率越低。平田（Hirata，2010）的研究表明，"僵尸企业"大量存在造成贷款利率的上升，会对正常企业的投资产生不利影响。若当威茨等（Rawdanowicz et al.，2013）的研究表明"僵尸企业"大量存在导致更有效率企业的投资下降。林等（Lin et al.，2015）也支持了"僵尸企业"对正常企业的投资挤出效应。卡巴雷罗等（2008）通过对日本数据的分析发现，行业内"僵尸企业"的比重增加会降低该行业非"僵尸企业"的投资规模。(4)"僵尸企业"破坏市场自发的创造性毁灭和更新换代过程，程虹和胡德状（2016）以及何帆和朱鹤（2016）的研究发现了"僵尸企业"抑制"创造性破坏"机制作用发挥的证据。

（二）“僵尸企业”的形成原因

“僵尸企业”的形成受多方面因素的共同影响，国外学者更多从银行的角度关注“僵尸企业”成因，多数学者认为银行为掩盖坏账损失的不良动机是“僵尸企业”形成的重要原因（Caballero et al.，2008；Hoshi & Kashayap，2010；Watanabe，2011；Ueda，2012）。金融危机爆发后银行业受到巨大冲击，卡巴雷罗等（2008）发现日本银行向“僵尸企业”提供贷款可以将先前的贷款从风险类转化为特别关注类，从而降低坏账损失准备。林等（2015）发现银行给“僵尸企业”提供贷款可以使银行的风险指标符合监督规范。冈村（Okamura，2011）通过日本企业的数据验证了银行资本金不足是导致“僵尸企业”产生的根本原因。平田（2010）认为银行解决不良贷款问题的动机将造成“僵尸企业”的产生。林等（2014）对日本“僵尸企业”借贷情况的研究表明，当银行拨备覆盖率较高、坏账较多和资本金不足时会增加信贷供给，从而产生大量的“僵尸企业”。此外，学者们针对日本企业制度的分析表明，主银行制度及会社组织也是“僵尸企业”产生的重要原因（Ridzak，2011）。詹内蒂和西蒙诺夫（Giannetti & Simonov，2013）的研究表明通过交叉持股、委任董事等方式，主银行和企业之间关系非常密切，企业在陷入困境的情况下仍能获得银行的信贷支持，从而成为“僵尸企业”。

在“僵尸企业”的形成过程中政府也发挥着重要作用。一方面，政府监管的放松是形成“僵尸企业”的重要原因（Hoshi & Kashyap，2011；Chernobai & Yasuda，2013；Kawai et al.，2013）。威廉（William，2014）的研究表明，为了防止僵尸性质的银行出现违约，政府会放松对银行贷款的管制，从而催生了大量的“僵尸企业”。杰克斯（Jaskowshi，2015）的研究表明，日本政府在面临国内经济出现严重问题时，采取宽松的监管政策造成了大量的“僵尸企业”继续存在。另一方面，政府推行的低利率货币政策以及采取不恰当的刺激政策会加速“僵尸企业”的形成。例如，20 世纪 90 年代，日本央行为了刺激经济采取以降低利率为核心的货币政策，造成了“僵尸企业”的持续存在（Hoshi & Kashyap，2011；Boechx et al.，2013）。此外，政府为了防止银行破产和“僵尸企业”形成会向困难银行进行注资以恢复其流动性。然而现有研究表明，日本政府实施的救助计划并没有彻底解决银行资本金短缺的问题，反而为“僵尸企业”提供了大量的资金（Watanabe，2011；Uchida et al.，2015）。詹内蒂和西蒙诺夫（2013）对日本银行救助计划的研究表明，政府注资如果不能解决银行资本金的充足问题，则为“僵尸企业”提供的信贷会增加 0.18%。

国内学者在分析"僵尸企业"形成原因时重点强调政府和银行在"僵尸企业"形成过程中的重要作用（张栋等，2016；申广军，2016；黄少卿，陈彦，2017）。在经济形势发生转变的过程中，特别是2013年以来，中国市场进入"三期叠加"阶段，亏损的企业越来越多，为了维持经济和社会稳定，地方政府通过直接补贴或间接贷款贴息对这些企业实施救助，从而产生了大量的"僵尸企业"（蒋灵多，陆毅，2017）。张栋等（2016）在修正完善"CHK 标准（Caballero，Hoshi & Kashyap）"的基础上构建符合中国现实的"僵尸企业"认定标准，并发现政府干预下的银行信贷、政府直接补助和政策优惠是中国"僵尸企业"形成的根源。何帆和朱鹤（2016）分析了政府和银行对"僵尸企业"形成的原因，表明地方政府通过财政补助的方式对即将破产的企业进行补助，以维持社会稳定、保障社会就业，避免出现社会动荡。银行给"僵尸企业"提供源源不断的低息贷款是为了掩盖不良贷款、防止资本金损失的结果。事实上，政府干预是形成"僵尸企业"的重要作用，聂辉华等（2016）的研究表明，政企合谋是"僵尸企业"一直无法彻底治理的关键因素。此外，申广军（2016）基于新结构经济学的视角，从企业比较优势的角度解释"僵尸企业"形成的深层原因，表明不符合要素禀赋比较优势和技术比较优势的企业在市场竞争机制下将被淘汰，最终只能通过政府补贴、税收优惠和银行贷款维持生存从而形成"僵尸企业"。也有部分学者从企业自身经营状况考察"僵尸企业"的形成，程虹和胡德状（2016）依据企业自身因素对"僵尸企业"形成的因素进行分析，发现产品质量低下、技术创新能力不足以及企业家精神匮乏等因素都是部分"僵尸企业"形成的重要原因。朱舜楠等（2016）考察了企业的运营能力、负债能力、企业规模、所属行业及企业性质等情况，发现负债、短期偿债能力和企业规模对"僵尸企业"的形成具有显著影响。

上述研究已经表明"僵尸企业"对经济具有较大的危害性，然而在对"僵尸企业"的形成原因进行分析的过程中，显然忽略了市场竞争环境对"僵尸企业"形成的影响，将市场进入退出障碍与"僵尸企业"形成方面联系起来的研究比较少。与已有文献主要关注政府和银行的外部支持是造成"僵尸企业"形成的渠道不同，本文直接探讨了市场进入退出障碍对"僵尸企业"形成的影响，从而加深了我们对"僵尸企业"形成原因的理解，为妥善地处理"僵尸企业"提供了理论支撑。

本文的工作主要体现在以下三个方面：一是，研究内容上，本文直接分析了市场进入退出障碍在"僵尸企业"形成中的作用。与以往研究"僵尸企业"形成的机理不同，本文认为存在市场进入退出障碍的地区，高效率企业无法进入、低效率企业无法正常退出而产生的资源错配是形成“僵尸企业”的重要原因，从而为理解“僵尸企业”一直存在却得不到妥善处理的根源提供了理论解释。

二是，数据选取和识别方法上，本文选用微观企业数据进行分析，并完善了“僵尸企业”的识别策略。目前基于大样本数据的“僵尸企业”研究仍然比较匮乏，考虑到中国正处在大众创业时代，创新型企业的数量较多，地方政府对经济具有很强干预能力的特殊制度环境，因此本文在借鉴“Fukuda and Nakamura—Caballero，Hoshi and Kashyap，FN - CHK”识别方法的基础上考虑了政府补贴因素的影响，并在此基础上修正了具有较大成长潜力的创新型企业被错误识别为“僵尸企业”的情形，从而完善了国内“僵尸企业”的识别方法，为分析国内“僵尸企业”的形成原因提供了研究基础。

三是，进一步探讨了“僵尸企业”的治理机制。本文发现发挥市场在资源配置中的积极作用，通过提升市场进入率、缓解企业融资约束以及吸引外资进入等降低市场进入退出障碍的措施都有利于抑制“僵尸企业”的形成，从而为治理“僵尸企业”提供了具体的实施路径。

三、数据来源和统计性描述

（一）数据来源和基本处理

目前采用微观企业数据对“僵尸企业”进行的研究中，部分学者采用上市公司数据展开分析（张栋等，2016；黄少卿，陈彦，2017），然而上市公司普遍具有较高的企业绩效水平，被识别为“僵尸企业”的数量也相当有限，因此用于分析“僵尸企业”的形成原因可能存在一定的偏误。本文参照申广军（2016）和谭语嫣等（2017）等人的研究思路，采用覆盖企业样本范围更广的中国工业企业数据库（1999～2007年）研究市场进入退出障碍对“僵尸企业”形成的影响。中国工业企业数据是由国家统计局通过全部国有工业企业和规模以上非国有企业提交给当地统计局的季报和年报汇总而得。在分析之前，为了保证所用企业样本的可靠性，本文借鉴勃兰特等（Brandt et al.，2012）中对工业企业样本处理的方法，首先，使用企业法人代码进行匹配，其次，每两年按照企业的名称、行业、地址等信息进行匹配，尽量避免企业因为多个代码、企业名称变更、企业重组等原因带来的样本偏误的问题。最后，根据新旧行业代码表和国家统计局颁布的行政区划代码分别调整了行业和地区代码,从而得到了本文的研究样本。

(二)“僵尸企业”的识别策略

国外学者主要从银行信贷方面对“僵尸企业”进行认定,例如,卡巴雷罗等(2008)、星(2006)以及福田和中村(Fukuda & Nakamura, 2011)利用企业的债务和利息支出信息识别某个企业是否存在利息减免、利率折扣、贷款展期等多种形式的银行信贷补贴作为认定“僵尸企业”的标准。日本资产泡沫之后,资产负债率较高的企业获得更多的银行贷款(Sekine et al., 2003),因此识别企业是否获得银行的非正常支持能够筛选潜在的“僵尸企业”。卡巴雷罗等(2008)以企业是否获得信贷补贴构造识别“僵尸企业”的方法,最早建立了一个较为完整的评价“僵尸企业”的指标体系,简称为“CHK 标准”。因为银行的贷款信息透明性较差,卡巴雷罗等(2008)从利率着手,首先定义企业面临的潜在最优贷款利率,然后将实际贷款利率低于潜在最优贷款利率的企业视为“僵尸企业”。随后学界采用“CHK 标准”对“僵尸企业”进行识别的策略得到了广泛的使用(Giannetti & Simonov, 2013; Lin et al., 2015)。

然而“CHK 标准”的识别方法也面临着一些问题,该方法基于企业是否接受信贷补贴这一标准,而未对企业生产力和盈利能力进行考察(Fukuda & Nakamura, 2011)。如果仅按照“CHK 标准”采用企业是否获得银行的信贷补贴对“僵尸企业”进行识别,可能会将运营良好、融资成本低而获得银行优惠利率的企业归类为“僵尸企业”(Hoshi & Kim, 2012),而有些真正的“僵尸企业”虽然自身盈利水平很低并未享受利率优惠,而依靠源源不断的贷款和宽松的贷款条件存活的企业采用“CHK 标准”却无法识别,例如,银行将到期贷款展期。此外,大量低效率企业重新获得的银行贷款并不包括利率优惠(Fukuda & Nakamura, 2012)。因此,福田和中村(2011, 2013)加入企业利润水平的杠杆率变化对“CHK 标准”进行修正,从而形成了“FN - CHK”的识别策略,这种方法将贷款资质和潜力都很差,但仍能获得贷款的企业认定为“僵尸企业”。然而,福田和中村(2011)结合盈利标准和持续贷款的复合标准识别“僵尸企业”的方法仅以一年的数据来判断目标公司的亏损并不准确。今井(Imai, 2016)对“FN - CHK”识别方法中的盈利性标准进行了调整,考察连续 t+1 年内税前利润与最低应付利息差额的整体状况。此外,星和金姆(2012)针对韩国的情况,强调识别“僵尸企业”要考察财务费用率指标,即财务费用与销售收入的比率,以避免“FN - CHK”识别方法对优质企业的误判。

针对中国“僵尸企业”的研究起步比较晚，最近才有几篇文章涉及“僵尸企业”的系统研究，国内学者结合国内政策和制度环境提出了识别本国“僵尸企业”的方法。例如，朱舜楠和陈琛（2016）把持续亏损三年及以上的企业界定为“僵尸企业”。朱鹤和何帆（2016）首先给出五种识别“僵尸企业”的原则性方法，在此基础上拓展出四种综合性方法，以提高测度的科学性和准确性。然而上述两种方法虽然依据企业的盈利性指标识别“僵尸企业”，但容易造成大量的错误识别问题（申广军，2016）。聂辉华等（2016）在“FN－CHK”的识别策略的基础上，提出如果企业在第t年和第t－1年都被“FN－CHK”方法识别为“僵尸企业”，那么该企业在第t年被识别为“僵尸企业”。张栋等（2016）考虑了政府在国内“僵尸企业”形成中的重要作用，从而增加了扣除政府补贴以考察被识别企业的盈利状况来修正识别策略。黄少卿和陈彦（2017）也关注了政府补贴的影响，并借鉴今井（2016）的处理思路，考虑了企业多年期的盈利状况，避免“僵尸企业”在某一年份的偶尔盈利而将其排除的错误，同时考虑了创新型企业在初创时由于尚未盈利而容易被错误识别为“僵尸企业”，增加了净资产连续增长的修正条件。

本文研究市场进入退出障碍对“僵尸企业”形成的作用，明确什么样的企业应纳入“僵尸企业”的范畴是分析该问题的前提。国外研究在识别“僵尸企业”时，重点关注企业是否从银行获得非正常的信贷支持（Caballero et al.，2008；Fukuda & Nakamura，2011），但是采用这种方法对市场经济发达的经济体适应性较强。然而，我国“僵尸企业”的成因及其认定与发达经济市场的情形存在着差异，企业除了享受信贷市场的优惠条件，往往享受政府的财政补贴和税收返还，直接采用“FN－CHK”标准用于中国“僵尸企业”的识别将遗漏那些依靠政府而形成的“僵尸企业”。因此对国内“僵尸企业”进行认定时，既要考虑因银行利息补贴和借新还旧的持续贷款而形成的“僵尸企业”，又要考虑因政府直接补助和政策优惠所形成的“僵尸企业”。本文首先根据卡巴雷罗等（2008）的信贷指标将企业初步认定为“僵尸企业”和非“僵尸企业”，并借鉴福田和中村（2011）和谭语嫣等（2017）的方法根据盈利指标及贷款指标对初步认定的“僵尸企业”进行修正，由于我国市场经济体制的特殊性，国内的“僵尸企业”核心特征在于对银行贷款及政府补助的外部依靠性（张栋等，2016；申广军，2016；黄少卿，陈彦，2017），需要考虑政府对企业的干预，因此本文采用扣除政府补助后的净利润指标对“僵尸企业”的认定标准进行修正。具体的识别策略有以下几个步骤。

第一步，根据"CHK 标准"的识别策略计算企业 i 在第 t 年正常经营下被要求支付的最低利息 PI。

$$PI_{i,t} = rs_{t-1} Debt\_s_{i,t-1} + \left(\frac{1}{5}\sum_{j=1}^{5} rl_{t-j}\right) Debt\_l_{i,t-1} \tag{1}$$

其中，Debt_s 代表短期银行贷款，本文采用企业流动负债减去应付账款等应付项衡量；Debt_l 代表长期银行贷款，用企业长期负债作为长期银行借款（谭语嫣等，2017）；rs 与 rl 分别为企业在 t 年的短期和长期最优贷款利率，最优短期贷款利率用一年期贷款基准利率表示，长期最优贷款利率为 1 ~ 3 年（含）贷款基准利率、3 ~ 5 年（含）、5 年以上贷款基准利率的算术平均（黄少卿和陈彦，2017），长期贷款对应的利息支付皆为 1 年。各基准利率均来自中国人民银行公布的贷款基准利率。

第二步，计算企业每年的利息收入，因为中国工业企业数据中仅有企业的净利息支出 PNI，为了计算企业的实际利息支出状况，因此需要计算企业的利息收入 RI：

$$RI_{i,t} = (CA_{i,t-1} - DR_{i,t-1} - ST_{i,t-1}) \times rd_t \tag{2}$$

其中，CA、DR、ST 分别表示企业的流动资产、应收账款、存货，rd_t 表示银行 t 年的一年期基准存款利率。对比最小净利息支出与企业实际净利息支出的差额刻画企业从银行获得的信贷补贴 Bsubsidy：

$$Bsubsidy_{i,t} = (PI_{i,t} - RI_{i,t}) - PNI_{i,t} \tag{3}$$

经验表明采用"CHK 标准"将非"僵尸企业"识别为"僵尸企业"的可能性较低，因此本文首先利用"CHK 标准"对"僵尸企业"进行初步识别。根据"CHK 标准"的识别策略，如果 Bsubsidy 大于 0，表明银行对企业进行了补贴。

第三步，借鉴福田和中村（2011）对"CHK 标准"的修正策略，本文对企业的盈利能力进行了考察，从企业实际利润的角度对"僵尸企业"的识别策略进行了完善，将息税前收入低于"CHK 标准"构造的利息支付下限、资产负债率超过 50%，并且负债持续增加的企业识别为"僵尸企业"。同时，考虑到中国各级政府对"僵尸企业"提供的补贴是其得以存续的重要因素，亏损的"僵尸企业"可能通过政策性补贴、税收返还或者其他非经营性损益等方法在账面上依然显示正的利润总额，因此除了要把信贷补贴从企业利润中扣除，还需要扣除政府的相关补贴。

$$gap_{i,t} = NPE_{i,t} - Gsubsidy_{i,t} - Bsubsidy_{i,t} \tag{4}$$

在计算过程中，用净利润扣除政府补贴和信贷补贴后考察企业实际利润，但由于中国工业企业数据库中未提供净利润指标，本文采用利润总额减去应交所得税得到的息税前利润替代净利润。借助企业的盈利性指标可以排除因企业本身优势获得低息贷款的企业错误识别为“僵尸企业”的问题，因此如果企业净利润扣除银行和政府的补贴后依然为正，即 gap >0，并且企业的资产负债率低于 50%，企业负债并没有呈现出增长的趋势，即 t 期负债小于 t-1 期负债，表明企业的盈利水平较高，企业获得低息贷款是依靠自身能力的结果，因此可以将企业从“僵尸企业”中剔除。同时，依据福田和中村（2011）的处理方式对“僵尸企业”进行补充，将企业息税前利润为负，即 gap <0，并且企业负债超过总资产的 50%，负债持续增加的企业认定为“僵尸企业”。

第四步，考虑了尚未盈利的创业型企业可能会被错误识别为“僵尸企业”，因此本文认为如果这类企业能连续三年获得外部股权融资，则说明其成长性较好，虽然暂时尚未盈利，但应该从“僵尸企业”中排除出去，在以上识别“僵尸企业”的基础上本文排除连续三年净资产持续增加的企业。最终将符合上述识别标准，且不能被修正条件所排除的企业识别为中国经济环境下的“僵尸企业”。在准确识别“僵尸企业”的基础上，研究市场进入退出障碍对“僵尸企业”形成的作用机制。表 1 给出了本文主要变量的统计性描述。

表 1　　主要变量的统计性描述

变量	变量名称	指标构建	观测值数量（个）	均值	标准差
僵尸企业	Zombie	僵尸企业取值为 1，其他为 0	2 063 373	0. 2253	0. 4178
地区僵尸企业比重	Zombie_r1	地区僵尸企业数/地区企业数	2 063 373	0. 2253	0. 1086
行业僵尸企业比重	Zombie_r2	行业僵尸企业数/行业企业数	2 063 373	0. 2253	0. 1005
地区进入障碍	Enter_b1	地区新建立企业平均固定资产	1 962 562	9. 5675	1. 1787
行业进入障碍	Enter_b2	行业新建立企业平均固定资产	2 029 238	9. 1404	1. 1571
地区进入率	Enter_r1	地区新建立企业数/地区企业数	2 063 373	0. 0323	0. 0336
行业进入率	Enter_r2	行业新建立企业数/行业企业数	20 63 373	0. 0323	0. 0208
企业负债	lnDebt	长期负债金额	2 060 082	2. 7278	3. 8143
融资约束	Constrain	（流动资产 - 流动负债）/企业总资产	2 040 994	0. 0540	0. 2457
外资进入	Foreign	外商资本金/实收资本	2 025 037	0. 0705	0. 2368
员工人数	lnL	企业雇佣人数	2 063 373	4. 7168	1. 2378
企业规模	lnSize	企业总产出	2 060 811	9. 7591	1. 8914

续表

变量	变量名称	指标构建	观测值数量（个）	均值	标准差
企业效率	lnY/L	企业总产出/员工人数	2 043 303	5. 1287	1. 2471
企业年龄	lnAge	企业当年年份 - 企业成立年份 + 1	2 058 326	11. 5555	11. 8244
市场份额	Market_s	企业销售总额/行业总销售额	2 060 809	0. 0024	0. 0133
出口企业	Export	出口交货值 >0 为 1，其他为 0	2 063 373	0. 2532	0. 4349
私营企业	Private	根据注册类型界定	2 063 373	0. 4342	0. 4957
国有企业比重	State_s	国有企业数量/地区企业数	2 063 373	0. 1919	0. 1749
赫芬达尔指数	HHI	行业中企业市场份额平方之和	2 063 373	0. 0178	0. 0318
政府补贴	lnSubsidy	政府补贴金额	2 061 877	0. 6590	1. 9112

资料来源：根据《中国工业企业数据库》计算得出。

（三）市场进入退出障碍与"僵尸企业"形成的描述性统计

本文通过对"僵尸企业"识别方法的修正和完善，能够有效减少对"僵尸企业"错误识别的失误。在准确识别"僵尸企业"的基础上，本文对市场进入退出障碍与"僵尸企业"形成之间的关系进行了直观的描述，如图 1 至图 4 所示。

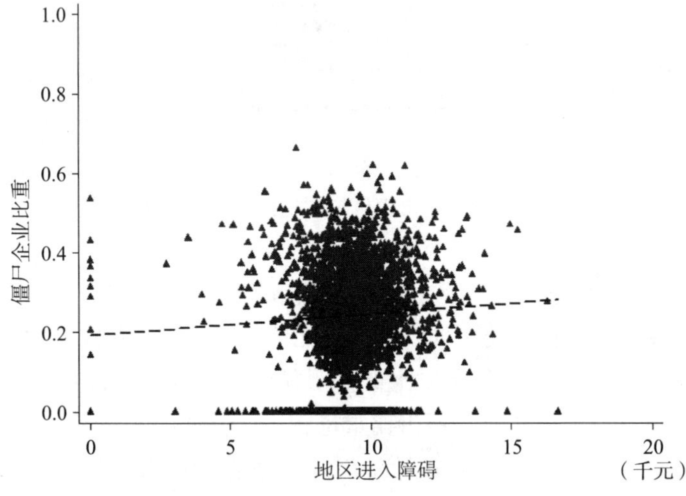

图 1　地区进入障碍与"僵尸企业"比重

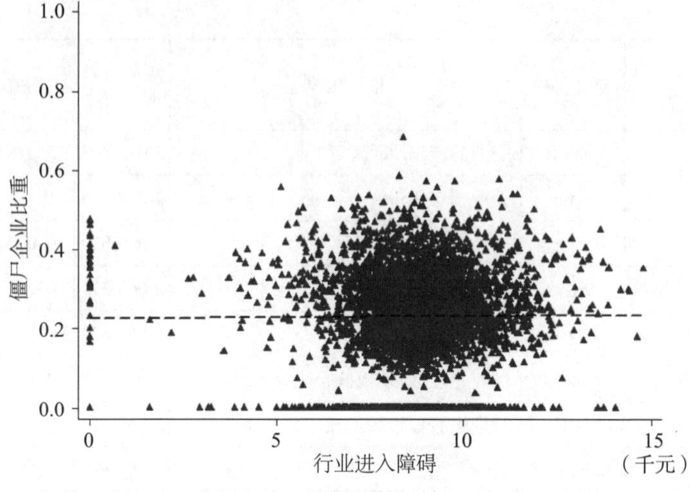

图 2　行业进入障碍与“僵尸企业”比重

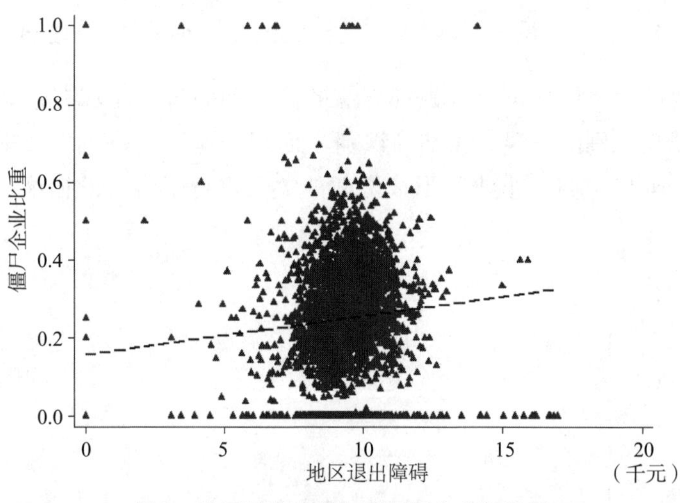

图 3　地区退出障碍与“僵尸企业”比重

图 1 和图 2 分别显示了地区和行业层面市场进入障碍与“僵尸企业”所占比重之间的散点图和拟合线，可以看出，无论是地区还是行业层面的分析均表明市场进入障碍与“僵尸企业”比重呈明显的正向关系，即市场进入障碍较高地区和行业的“僵尸企业”所占比重也较高。类似的，图 3 和图 4 分别显示了地区和行业层面的市场退出障碍和“僵尸企业”比重之间的散点图和拟合线，可以看出，市场退出障碍与“僵尸企业”比重之间也呈现出显著的正向关系，这表明市场退出障碍越高的地区和行业，“僵尸企业”所占比重往往也

越高。上述分析初步说明了市场进入退出障碍是形成"僵尸企业"的重要原因，在接下来的分析中本文将采用严谨的计量模型来评估市场进入退出障碍对"僵尸企业"形成的影响效应。

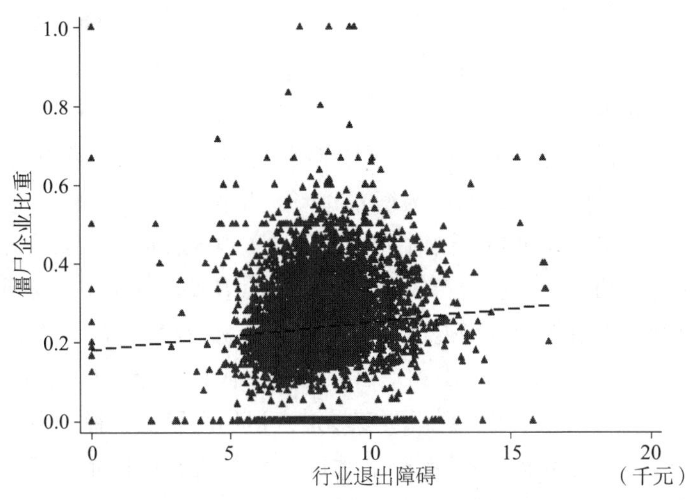

图4　行业退出障碍与"僵尸企业"比重

资料来源：图1～图4根据《中国工业企业数据库》绘制。

四、模型构建和实证分析

为了准确识别市场进入退出障碍对中国"僵尸企业"形成的内在机制，厘清"僵尸企业"一直无法得到妥善治理的根源，从而为加快"僵尸企业"的治理提供理论依据。在该部分将通过实证模型分析市场进入退出障碍对"僵尸企业"形成的影响效果及作用机制。

（一）市场进入退出障碍对"僵尸企业"形成的影响

本文使用中国工业企业数据检验市场进入退出障碍与"僵尸企业"的形成是否存在关联，在实证模型中同时引入衡量市场进入障碍和退出障碍的指标，基准回归采用双向固定效应模型：

$$\text{Zombie}_{ijt} = \alpha + \beta \text{Enter\_b}_{jt} + \gamma \text{Exit\_b}_{ijt} + X_{ijt}\delta + \tau_t + \varphi_j + \eta_d + \varepsilon_{ijt} \tag{5}$$

其中，下标i表示企业，t表示年份，j表示以4位地区编码划分的地级市，d表示4分位行业。被解释变量（Zombie），为企业是否为"僵尸企业"的虚拟变量，按照本文三、（二）"僵尸企业"识别策略？的识别策略构建，当企业在 t 年为“僵尸企业”时取值为 1，否则为 0。

本文核心解释变量为市场进入和退出障碍。直观来看，市场进入退出障碍就是指新企业进入存在障碍，低效率企业无法正常退出造成的市场不流动现象。现有的研究已经表明，无论是发达国家还是发展中国家，以新企业形成特征的市场进入是一个普遍存在的典型事实，以企业进入为主的动态资源调整在经济增长中具有重要作用（Dunne et al.，2013；李坤望，蒋为，2015）。因此，新企业成立需要的资产越多，市场进入障碍就越严重，鉴于此，本文分别采用某一地区和行业初创企业的平均固定资产衡量市场进入障碍（Enter_b）。相比之下，本文采用企业长期负债衡量市场退出障碍（Exit_b），这是因为负债越高的企业退出难度更高。同时企业退出障碍很大程度上是因为低效率企业雇用了大量的劳动力，企业破产成本过高，从而造成企业无法正常退出，因此本文以企业就业人数作为市场退出障碍的补充指标。模型（5）中的估计系数 β 和 γ 分别刻画了市场进入障碍和退出障碍对“僵尸企业”形成的影响程度和方向。如果 β 和 γ 均大于 0，则说明市场进入退出障碍是解释“僵尸企业”形成的重要原因。同时本文加入年份 τ、地区 φ 和行业 η 的固定效应，以控制其他未观测因素对“僵尸企业”形成的影响，ε 为随机扰动项。

此外，本文根据目前研究中影响“僵尸企业”形成的因素选取控制变量 X，包括：（1）企业规模（lnSize），以企业总产出的对数值表示，规模较大的企业普遍都具有较高的市场份额，企业绩效相对较高，因而成为“僵尸企业”的可能性也较低，预期影响为负。（2）劳动生产率（lnY/L），用企业的人均产出水平表示，该指标刻画了企业的生产效率，具有较高生产效率的企业成为“僵尸企业”的概率较低，预期影响为负。（3）企业年龄（lnAge），以当年年份减去企业成立年份表示，在位时间久远的企业其行为相对僵化，不能灵活适应激烈的市场竞争环境，因而成为“僵尸企业”的概率更高，预期影响为正。（4）市场份额（Market_s），以企业销售总额占整个行业比重判断，占据较大市场份额表明企业的生产经营情况较好，因此市场份额较高的企业成为“僵尸企业”的概率也较低，预期影响为负。（5）出口企业（Export），通过企业出口交货值来刻画出口企业，将出口交货值大于 0 的企业界定为出口企业，出口企业享有更多的税收和政策补贴，但是出口企业的竞争程度更高，因此在不存在利润的情况下，企业很难在国际市场上存活。此外，出口企业需要克服更大的贸易成本，异质企业贸易理论表明，出口企业生产率水平更高，因此具有较高效率的出口企业成为“僵尸企业”的概率较低，预期影响为负。（6）私营企业（Private），相比国有企业，私营企业中“僵尸企业”的比例较低，因此预期影响为负。(7) 国有企业比重 (State_s)，"僵尸企业"所占比重与国有企业比重高度相关，享受财政支持和金融优惠的国有企业更有可能成为"僵尸企业"。同时，由于低效率的国有企业挤占了企业的发展空间，可能会通过资源错配、不公平竞争等途径损害非国有企业的自生能力，催生更多的"僵尸企业"，预期影响为正。(8) 赫芬达尔—赫希曼指数 (Herfindahl – Hirschman Index, HHI)，用来衡量行业的垄断程度，市场结构越集中，出现"僵尸企业"可能性就越高，预期影响为正。(9) 政府补贴 (lnSubsidy)，以企业获得政府补贴的对数值表示，"僵尸企业"大量存在的直接原因是从外部获得大量的资金支撑，政府给予企业的补贴是造成"僵尸企业"形成的重要原因，预期影响为正。

（二）实证结果分析

为了验证市场进入退出障碍对"僵尸企业"形成的影响，本文依据模型 (5) 的设定进行估计，结果如表 2 所示。

表 2　　市场进入退出障碍对僵尸企业形成的实证结果

变量	地区进入退出障碍			行业进入退出障碍		
	进入障碍	退出障碍	退出障碍	进入障碍	退出障碍	退出障碍
Enter_b	0.0111*** (11.21)	0.0116*** (11.70)	0.0113*** (11.45)	0.0212*** (18.62)	0.0180*** (15.77)	0.0236*** (20.60)
Exit_b	—	0.0200*** (62.95)	—	—	0.0202*** (64.78)	—
lnL	—	—	0.0263*** (5.22)	—	—	0.0311*** (6.40)
lnL × lnY/L	—	—	-0.0160*** (-25.69)	—	—	-0.0165*** (-27.14)
lnSize	-0.0216*** (-21.66)	-0.0356*** (-34.70)	0.0237*** (6.80)	-0.0226*** (-22.93)	-0.0364*** (-35.94)	0.0195*** (5.80)
lnY/L	-0.0686*** (-48.14)	-0.0559*** (-38.86)	-0.0514*** (-10.22)	-0.0721*** (-51.69)	-0.0593*** (-42.11)	-0.0501*** (-10.30)
lnAge	0.0169*** (169.80)	0.0158*** (156.63)	0.0169*** (170.26)	0.0168*** (173.12)	0.0157*** (159.81)	0.0168*** (173.45)

续表

变量	地区进入退出障碍			行业进入退出障碍		
	进入障碍	退出障碍	退出障碍	进入障碍	退出障碍	退出障碍
Market_s	-0.8143*** (-7.77)	-1.0118*** (-9.28)	-0.3316*** (-3.33)	-1.1630*** (-8.44)	-1.5231*** (-10.55)	-0.3158** (-2.41)
Export	-0.0153*** (-5.50)	-0.0123*** (-4.40)	-0.0106*** (-3.79)	-0.0137*** (-4.98)	-0.0107*** (-3.90)	-0.0087*** (-3.16)
Private	-0.2082*** (-88.69)	-0.2067*** (-87.94)	-0.2124*** (-90.24)	-0.2112*** (-91.75)	-0.2097*** (-91.00)	-0.2154*** (-93.33)
State_s	0.2504*** (19.99)	0.2109*** (16.76)	0.2535*** (20.18)	0.2339*** (19.65)	0.1989*** (16.67)	0.2355*** (19.78)
HHI	0.1688*** (4.51)	0.1647*** (4.39)	0.1362*** (3.63)	0.1733*** (4.20)	0.1601*** (3.87)	0.1534*** (3.71)
lnSubsidy	0.0056*** (9.93)	0.0028*** (4.93)	0.0068*** (11.89)	0.0061*** (10.83)	0.0033*** (5.93)	0.0072*** (12.72)
Year	Yes	Yes	Yes	Yes	Yes	Yes
Region	Yes	Yes	Yes	Yes	Yes	Yes
Industry	Yes	Yes	Yes	Yes	Yes	Yes
N	1 785 654	1 784 029	1 785 654	1 853 624	1 851 953	1 853 624
Log likelihood	-925 135.18	-922 065.84	-924 670.66	-962 012.11	-958 790.67	-961 516.66

注：括号内为估计系数稳健标准误对应的 z 值，*、**、*** 分别表示在 10%、5%、1% 水平上显著。第 2 列 ~ 第 4 列在地区维度上分析市场进入退出障碍对僵尸企业形成的影响，第 5 列 ~ 第 7 列在行业维度上分析市场进入退出障碍对僵尸企业形成的影响。

资料来源：根据《中国工业企业数据库》计算得出。

从表 2 中可以发现，无论是采用地区还是行业初创企业平均固定资产衡量的市场进入障碍的估计系数在 1% 的水平上均显著为正，显示出市场进入障碍与“僵尸企业”呈现出显著的正向关系，即进入障碍越高的市场中“僵尸企业”越容易形成，这是因为市场进入越活跃的地区具有更充足的市场活力（Acemoglu et al.，2015），因此存在进入障碍造成进入率较低的市场上缺乏新企业进入，从而无法保持经济系统增长的活力，容易造成“僵尸企业”大量存在的问题。相比之下，在不存在进入障碍的市场上新企业不断进入会推动低效率企业转型，从而使无法盈利的低效率“僵尸企业”缺乏生存空间，降低

"僵尸企业"所占比重。以企业长期负债衡量的市场退出障碍与"僵尸企业"在1%的水平上也呈现出显著的正向关系，表明退出障碍越高的市场中"僵尸企业"也越容易形成，这是因为存在退出障碍的市场上企业退出难度较高，造成低效率企业无法正常退出的状况比较严重。同时，为了刻画企业因存在大量员工而无法正常退出的情形，本文以员工人数作为企业退出障碍的补充指标，并引入员工人数与企业效率的交互项以剔除企业效率因素对该指标刻画企业退出障碍的干扰，第4列和第7列显示企业员工人数的估计系数在1%的水平上显著为正，员工人数与企业效率交互项的估计系数显著为负，表明剔除企业效率后，企业员工人数越多的企业退出障碍也越大，更容易形成"僵尸企业"。这是因为在存在严重退出障碍的市场上，低效率企业倒闭后的资产承接以及大量企业员工的就业安置都比较困难，从而造成企业的僵尸化状态。结合上述回归结果可以发现，越活跃的市场上，"僵尸企业"越难以形成，这是因为存在进入退出障碍的市场上经济转型相对迟缓，在位低效率企业一直处于僵化状态又无法转型，当已经失去竞争力的产能不能退出，新的产业就很难形成和发展，从而造成"僵尸企业"的大量存在。同时因为新企业进入存在困难，而已经存在的低效率企业又无法正常退出的情况下，当地政府为了维持正常的就业和社会稳定，会将资源用于本身已经僵化的企业，从而加深企业的僵尸化状态。

控制变量的系数也提供了一些有利于我们理解"僵尸企业"形成的结论，整体上，回归结果中各个控制变量的系数都在1%的显著性水平上显著，说明本文选取的控制变量对"僵尸企业"的形成具有重要的影响作用。其中，企业规模、企业生产效率、市场份额等体现企业竞争力指标的估计系数在1%的水平上均显著为负，表明具有较高竞争力的企业成为"僵尸企业"的概率较低；企业年龄与"僵尸企业"呈现出显著为正的关系，表明生存时间越久的企业更容易成为"僵尸企业"，这是因为生存时间越久的企业的管理和运行体制更容易僵化，从而成为"僵尸企业"的概率更大；出口企业为了克服更高的贸易成本需要具有更高的生产率水平，相比非出口企业具有更高的竞争优势，因而形成"僵尸企业"的可能性也较低；相比之下，本文的估计结果也显示了私营企业中"僵尸企业"所占比重较低的事实；衡量市场垄断的赫芬达尔指数的系数显著为正，表明高垄断行业中的企业更容易形成"僵尸企业"；地区国有企业的比重也显著为正，表明"僵尸企业"更多是效率低下的国有企业；同时，回归结果也表明政府给予企业过度的补贴将加速"僵尸企业"的形成。

（三）内生性问题

在对市场进入退出障碍对“僵尸企业”形成进行检验时，星和金姆（2012）对韩国“僵尸企业”的研究表明，“僵尸企业”问题比较严重的行业呈现出更低的新企业进入率。因此必须考虑两者之间可能存在的双向因果关系造成的内生性问题，即“僵尸企业”较多的地区和行业存在更严重的市场进入退出障碍的情形。为此，本文采用兼具相关性和排他性的工具变量方法嵌入到 Probit 模型中对基准回归进行修正，一定程度上可以降低双向因果导致的内生性问题对估计结果的干扰。因为企业上一期面临的市场进入退出障碍与当期市场进入退出障碍相关，但企业是否是“僵尸企业”不会影响上一期的市场进入退出障碍，因此满足工具变量的选取条件。具体的，本文在基准回归模型的基础上选取市场进入退出障碍的滞后项作为相应市场进入退出障碍的工具变量对“僵尸企业”形成的影响重新进行估计，结果如表 3 所示。

表 3　市场进入退出障碍对僵尸企业形成的工具变量 Probit 回归结果

变量	地区进入退出障碍		行业进入退出障碍	
	进入障碍	退出障碍	进入障碍	退出障碍
Enter_b	0.1095*** (17.07)	0.0084*** (7.99)	0.0805*** (18.67)	0.0466*** (97.78)
Exit_b	0.0206*** (59.07)	0.0466*** (95.79)	0.0197*** (57.70)	0.0177*** (14.34)
lnSize	-0.1003*** (-82.19)	-0.1174*** (-95.24)	-0.1017*** (-82.28)	-0.1159*** (-95.74)
lnY/L	-0.0436*** (-26.94)	-0.0305*** (-19.09)	-0.0495*** (-31.60)	-0.0342*** (-21.93)
lnAge	0.0089*** (79.42)	0.0073*** (65.39)	0.0089*** (82.09)	0.0073*** (67.58)
Market_s	-0.4852*** (-4.59)	-0.6857*** (-6.57)	-0.3729** (-2.37)	-1.0689*** (-7.66)
Export	-0.0684*** (-22.22)	-0.0540*** (-18.06)	-0.0476*** (-15.68)	-0.0511*** (-17.32)

续表

变量	地区进入退出障碍		行业进入退出障碍	
	进入障碍	退出障碍	进入障碍	退出障碍
Private	-0.1556*** (-57.81)	-0.1656*** (-64.09)	-0.1668*** (-65.34)	-0.1660*** (-65.57)
State_s	0.0195 (1.21)	0.0146 (1.05)	0.0438*** (3.30)	0.0118 (0.90)
HHI	0.1992*** (4.67)	0.1969*** (4.70)	0.3720*** (7.44)	0.2414*** (5.23)
lnSubsidy	-0.0018*** (-2.89)	-0.0049*** (-8.25)	-0.0017*** (-2.85)	-0.0045*** (-7.60)
Year	Yes	Yes	Yes	Yes
Region	Yes	Yes	Yes	Yes
Industry	Yes	Yes	Yes	Yes
N	1 300 309	1 346 907	1 385 604	1 402 910
Log pseudolikelihood	-2 698 448.4	-3 895 913.5	-2 565 650.8	-4 062 879.1

注：括号内为估计系数稳健标准误对应的 z 值，*、**、*** 分别表示在 10%、5%、1% 水平上显著。第 2 和第 4 列以市场进入障碍的滞后一期作为工具变量，第 3 和第 5 列以市场退出障碍的滞后一期作为工具变量。

资料来源：根据《中国工业企业数据库》计算得出。

表 3 分别采用市场进入障碍和退出障碍的滞后一期作为当期市场进入和退出障碍的工具变量研究市场进入退出障碍对"僵尸企业"形成影响。结果显示，无论是从地区还是行业衡量的市场进入障碍的估计系数都显著为正，市场退出障碍的估计系数也在 1% 的水平上显著为正，表明存在较高进入退出障碍的市场上，"僵尸企业"更容易形成，从而验证了市场进入退出障碍是影响"僵尸企业"形成的重要因素。此外，控制变量也与基准回归结果具有较高的一致性，因此采用工具变量法得到的估计结果进一步支持了本文的结论。

（四）企业的异质性差异

不同类型的企业受市场进入退出障碍影响成为"僵尸企业"的可能存在着差异，表 4 分别从地区、行业以及所有制三个维度分析了市场进入退出障碍对"僵尸企业"形成的影响差异。

表 4　　市场进入退出障碍对僵尸企业影响的异质性差异

变量	沿海地区	内陆地区	资源密集型	劳动密集型	资本密集型	国有企业	私营企业
Enter_b	0.0202*** (16.00)	-0.0011 (-0.67)	0.0059** (2.55)	0.0177*** (10.59)	0.0076*** (5.25)	0.0006 (0.34)	0.0193*** (16.44)
Exit_b	0.0198*** (50.76)	0.0196*** (35.29)	0.0191*** (26.64)	0.0217*** (40.00)	0.0179*** (37.79)	0.0251*** (40.50)	0.0170*** (45.25)
lnSize	-0.0404*** (-32.12)	-0.0240*** (-13.12)	-0.0377*** (-15.59)	-0.0292*** (-16.50)	-0.0394*** (-25.79)	-0.0115*** (-6.18)	-0.0273*** (-20.85)
lnY/L	-0.0426*** (-25.03)	-0.0877*** (-31.92)	-0.0522*** (-15.13)	-0.0613*** (-25.21)	-0.0509*** (-24.14)	-0.1254*** (-42.16)	-0.0425*** (-25.66)
lnAge	0.0174*** (132.36)	0.0130*** (80.69)	0.0096*** (46.13)	0.0166*** (92.61)	0.0183*** (120.61)	0.0089*** (56.23)	0.0200*** (136.95)
Market_s	-0.9251*** (-7.30)	-1.3378*** (-5.96)	-0.6573** (-2.21)	-1.3539*** (-5.28)	-1.0294*** (-7.62)	-1.5164*** (7.94)	-0.9343*** (-6.90)
Export	-0.0047 (-1.52)	-0.0218*** (-3.04)	0.0171** (1.99)	0.0067 (1.50)	-0.0263*** (-6.58)	-0.0257*** (-3.30)	0.0421*** (14.11)
Private	-0.1870*** (-67.97)	-0.2580*** (-56.26)	-0.3310*** (-51.20)	-0.1881*** (-49.28)	-0.1865*** (-55.10)	—	—
State_s	0.2710*** (14.31)	0.2195*** (11.78)	0.1527*** (6.08)	0.2977*** (13.56)	0.1621*** (8.11)	0.1898*** (9.25)	0.2030*** (12.12)
HHI	0.2336*** (5.17)	-0.0312 (-0.46)	-0.3697*** (-3.95)	0.2300** (2.32)	0.2360*** (5.17)	0.1459** (2.05)	0.2002*** (4.52)
lnSubsidy	-0.0009 (-1.36)	0.0096*** (9.52)	0.0208*** (15.80)	0.0078*** (7.73)	-0.0083*** (-10.07)	-0.0047*** (-4.47)	0.0046*** (6.66)
Year	Yes	Yes	Yes	Yes	Yes	Yes	Yes
Region	Yes	Yes	Yes	Yes	Yes	Yes	Yes
Industry	Yes	Yes	Yes	Yes	Yes	Yes	Yes
N	1 299 425	484 590	286 447	655 287	841 195	342 779	1 441 245
Log likelihood	-665 942.7	-255 272.87	-148 328.9	-339 943.55	-431 337.52	-214 333.26	-707 577.36

注：括号内为估计系数稳健标准误对应的 z 值，*、**、*** 分别表示在 10%、5%、1% 水平上显著。

资料来源：根据《中国工业企业数据库》计算得出。

由表4的结果可以看出，除内陆地区、国有企业外，市场进入障碍与"僵尸企业"在1%的水平上呈现出显著的正相关关系，市场退出障碍与"僵尸企业"也均呈现出显著的正向关系，但估计系数的大小在不同类型的企业中存在差异。

（1）依据地区差异划分沿海地区和内陆地区的结果表明市场进入障碍是造成沿海地区"僵尸企业"的重要原因，对内陆地区企业影响不显著，因此降低沿海地区的市场进入障碍，"僵尸企业"的形成将受到了一定程度的抑制。市场退出障碍对沿海地区和内陆地区的企业成为"僵尸企业"都表现出显著的正向关系，表明市场退出障碍更大的地区，企业会有更高的风险成为"僵尸企业"。

（2）在行业差异上，劳动密集型行业中市场进入退出障碍对"僵尸企业"的影响系数要明显高于资源密集型和资本密集型行业，这与劳动密集型行业比重较高的"僵尸企业"事实相一致，例如纺织业、饮料制造业等都是"僵尸企业"比重较高的行业。劳动密集型行业拥有大量的低技能职工，劳动力转移和再就业困难，因此在劳动密集型行业中，降低市场进入和退出障碍，提升市场活力，减少因低效率企业倒闭而造成的员工之间转换的压力，对降低"僵尸企业"有明显的作用效果。

（3）本文同时考察了不同所有制企业中市场进入退出障碍对"僵尸企业"形成的影响，依据企业所有制将样本划分为国有企业和私营企业，市场进入障碍的估计系数仅在私营企业中显著，而在国有企业中不显著，这表明私营企业受市场进入障碍影响而成为"僵尸企业"的可能性更大，而国有企业并不会受市场进入障碍的限制，这是因为国有企业建立多是政府的行为，受市场进入障碍的限制较低。相比之下，市场退出障碍在国有企业和私营企业中均显著为正，且市场退出障碍在国有企业中的估计系数显著高于私营企业，这表明国有企业因市场退出障碍而成为"僵尸企业"的状况更严重。与此同时，国有企业更容易变成"僵尸企业"，进而恶化市场竞争环境，并通过错配生产要素等途径挤压私营企业的生存空间。因此降低市场退出障碍对减少国有企业中"僵尸企业"的作用效果更明显，同时也能降低私营企业中"僵尸企业"的形成。

五、进一步研究：探讨"僵尸企业"的治理机制

"僵尸企业"治理是一项非常严肃慎重的政策举措，"僵尸企业"的清理状况关系到能否有效地应对经济减速冲击，稍有不慎，就可能引发大量劳动力

失业、银行危机等经济和社会风险，然而目前涉及“僵尸企业”的具体治理机制却缺乏理论的指导。例如，“僵尸企业”问题是日本泡沫经济崩溃后经济恢复和发展中所面临的棘手问题，20 世纪 90 年代，由于日本股市泡沫和房地产泡沫的破灭，许多企业资产估值严重下降，有的甚至濒临倒闭，日本政府期初的注意力主要集中在如何解决银行巨额不良债权上。① 由于政策重心的错位及其滞后性，不但不良债权问题没有得到较好地处理，“僵尸企业”问题也越发严峻。此后十多年里，受制于“僵尸企业”的影响，日本经济增长十分缓慢。“僵尸企业”涉及负债问题、职工安置问题、地方经济增长和财政收入下降问题，处置起来非常困难，因而在治理“僵尸企业”的过程中不能简单地让“僵尸企业”破产，而政府和银行持续不断地给“僵尸企业”输血也会拖累整个地区的经济发展。

本文的研究表明，市场进入退出障碍是造成不具备盈利能力的低效率企业成为“僵尸企业”的根源，存在进入退出障碍的市场将成为孵化“僵尸企业”的沃土，从而揭示了“僵尸企业”大量存在的深层原因。鉴于此，本文主要从降低市场进入退出障碍的角度出发，对“僵尸企业”的治理机制提供理论支持。（1）增加市场进入率改善市场活力，进入障碍的直观表现是市场缺乏活力，因此通过降低市场进入限制提升市场活力能够降低市场进入障碍。（2）改善企业融资环境降低融资约束，较高的融资成本是造成市场退出障碍的重要原因。大部分“僵尸企业”资产质量不高，债务负担沉重又复杂，资产抵押、质押限制难以解除，因此通过缓解企业的融资环境，解决“僵尸企业”自身的融资困境，同时为兼并企业提供足够资金用于对“僵尸企业”的收购，有利于降低企业的退出障碍。（3）吸引外资进入，在全球化趋势不断深化的背景下，降低外资的进入限制是激活市场活力，提升企业竞争力的一种表现。

为了更为直观地表现市场进入率、融资约束以及外资进入对降低市场进入退出障碍影响“僵尸企业”形成的传递渠道，本文绘制相关内容，如图 5 所示。

通过增加市场进入率、降低企业融资约束以及吸引外资进入等措施降低市场进入退出障碍是治理“僵尸企业”的重要机制。本文对以上三条治理机制予以检验，模型设定如下：

---

① 孙丽．处理僵尸企业的日本经验．人民网，2017 年 7 月 20 日，http：//theory. people. com. cn/n1/2017/0720/c40531 -29416934. html。

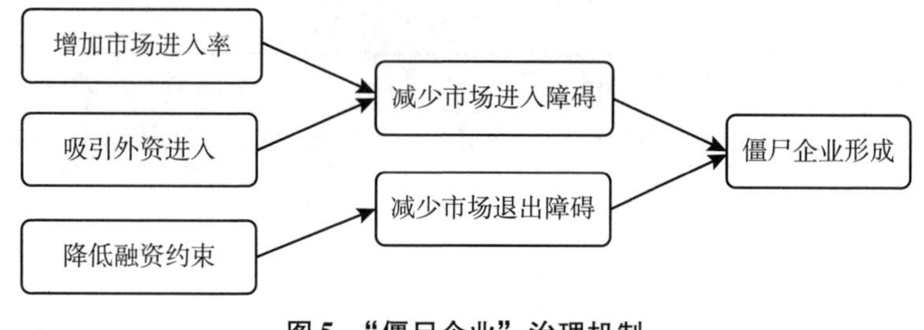

图 5 "僵尸企业"治理机制

资料来源：作者绘制。

$$Zombie_{ijt} = \zeta + \rho Enter\_r_{jt} + \theta Constrain_{ijt} + \lambda Foreign_{ijt} + X_{ijt}\delta + \tau_t + \varphi_j + \eta_d + \varepsilon_{ijt} \quad (6)$$

其中，Enter_r、Constrain 和 Foreign 分别表示市场进入率、融资约束以及外资进入。具体而言，（1）市场进入率（Enter_r），以每年新成立企业占该地区或行业企业数量的比重衡量，然而考虑到中国工业企业数据库中的企业存在着可能是由于企业开办或者扩张规模使年销售额超过 500 万元的结果，企业在数据库中退出可能是由于企业停业或者企业年销售额下滑至 500 万以下未进行统计的结果。本文借鉴吴利学等（2016）的企业成立原则，利用企业建立时间和生存信息对新进入企业进行界定，基于此测算市场进入率；（2）融资约束（Constrain），融资约束采用资产速动比率表示，（流动资产 - 流动负债）/企业总资产，以资产速动比率表示融资约束时的系数来衡量，系数越大表示企业受到的融资约束越小；（3）外资进入（Foreign），以实收资本中外商资本所占比重来衡量。表 5 检验了市场进入率、融资约束以及外资进入在降低市场进入退出障碍中对"僵尸企业"形成的作用。

表 5 僵尸企业的治理路径

变量	地区进入退出障碍			行业进入退出障碍		
	市场进入率	融资约束	外资进入	市场进入率	融资约束	外资进入
Enter_r	-1.1481*** (-29.04)	-1.2505*** (-31.36)	-1.2464*** (-31.11)	-1.4821*** (-21.99)	-1.5183*** (-22.38)	1.5232*** (-22.34)
Constrain	—	-0.6226*** (-143.73)	-0.6214*** (-142.60)	—	-0.6203*** (-143.24)	-0.6192*** (-142.15)

续表

变量	地区进入退出障碍			行业进入退出障碍		
	市场进入率	融资约束	外资进入	市场进入率	融资约束	外资进入
Foreign	—	—	-0.0148 *** (-3.13)	—	—	-0.0108 ** (-2.29)
lnSize	-0.0218 *** (-22.73)	-0.0334 *** (-34.12)	-0.0331 *** (-33.38)	-0.0216 *** (-22.43)	-0.0330 *** (-33.78)	-0.0327 *** (-33.00)
lnY/L	-0.0737 *** (-53.35)	-0.0459 *** (-32.75)	-0.0467 *** (-33.11)	-0.0731 *** (-52.93)	-0.0454 *** (-32.38)	-0.0463 *** (-32.79)
lnAge	0.0166 *** (172.85)	0.0160 *** (165.18)	0.0160 *** (163.23)	0.0165 *** (172.42)	0.0159 *** (164.82)	0.0160 *** (162.99)
Market_s	-0.7947 *** (-7.95)	-0.6478 *** (-6.64)	-0.6627 *** (-6.75)	-0.7884 *** (-7.90)	-0.6420 *** (-6.59)	-0.6589 *** (-6.72)
Export	-0.0217 *** (-7.97)	-0.0111 *** (-4.07)	-0.0094 *** (-3.36)	-0.0174 *** (-6.41)	-0.0065 ** (-2.39)	-0.0053 * (-1.92)
Private	-0.2095 *** (-91.53)	-0.2189 *** (-94.96)	-0.2211 *** (-92.34)	-0.2111 *** (-92.34)	-0.2207 *** (-95.82)	-0.2224 *** (-92.92)
State_s	0.2107 *** (17.85)	0.1756 *** (14.75)	0.1746 *** (14.53)	0.2364 *** (20.08)	0.2036 *** (17.16)	0.2028 *** (16.93)
HHI	0.1555 *** (4.29)	0.1777 *** (4.88)	0.1838 *** (5.02)	0.1678 *** (4.61)	0.1902 *** (5.20)	0.1963 *** (5.35)
lnSubsidy	0.0063 *** (11.36)	0.0073 *** (13.20)	0.0072 *** (12.92)	0.0061 *** (11.04)	0.0072 *** (12.85)	0.0070 *** (12.60)
Year	Yes	Yes	Yes	Yes	Yes	Yes
Region	Yes	Yes	Yes	Yes	Yes	Yes
Industry	Yes	Yes	Yes	Yes	Yes	Yes
N	1 880 711	1 876 780	1 862 130	1 880 711	1 876 780	1 862 130
Log likelihood	-978 103.56	-965 108.89	-956 105.67	-978 290.94	-965 359.89	-956 349.59

注：括号内为估计系数稳健标准误对应的 z 值，*、**、*** 分别表示在 10%、5%、1% 水平上显著。

资料来源：根据《中国工业企业数据库》计算得出。

表 5 给出了通过市场进入率、融资约束以及外资进入三条路径降低市场进

入退出障碍对减少"僵尸企业"形成的检验结果。无论是采用地区还是行业衡量的市场进入率都表明，市场进入率与"僵尸企业"呈现显著的负向关系，即进入率较高的市场"僵尸企业"越难以形成，因此通过提升市场的进入率能够有效降低"僵尸企业"的形成。融资约束的估计系数在1%的水平上显著为负，表明较高的融资约束环境形成的障碍是"僵尸企业"产生的重要原因，因此通过改善企业融资环境，降低融资难度能有效抑制"僵尸企业"的形成。此外，外资进入程度的估计系数也显著为负，表明企业资产中外资所占的比重越高，企业成为"僵尸企业"的可能性就越低，因此增加外资的进入，降低外资进入障碍能有效降低"僵尸企业"的形成。以上回归结果验证了通过提升市场进入率、降低企业融资约束以及增加外资进入等降低市场进入退出障碍的措施能有效降低"僵尸企业"的形成，加速"僵尸企业"治理进程。

六、结论和政策建议

"僵尸企业"的大量存在已经成为制约新旧产能转换的重要因素，因此探讨"僵尸企业"的形成及其治理具有非常重要的现实意义。然而目前学界对"僵尸企业"形成机制的研究仍比较匮乏，仅从政府和银行的角度解释"僵尸企业"形成的直接原因将大大低估"僵尸企业"问题存在的严重性，从而增加治理难度。本文从市场进入退出障碍的角度讨论了"僵尸企业"的成因及治理难题，从而揭示了"僵尸企业"一直存在却得不到妥善治理的根源，为加速"僵尸企业"的治理提供了理论支撑。

为此，本文在结合中国特殊的制度背景下准确地识别了国内的"僵尸企业"后，利用1999~2007年中国工业企业数据对上述问题进行了检验。本文发现市场进入退出障碍是解释"僵尸企业"比例较高的重要原因，存在进入退出障碍的市场，"僵尸企业"更容易形成，通过嵌入工具变量的Probit模型的估计结果依然稳健。进而本文探讨了"僵尸企业"的治理机制，发现提升市场进入率、降低企业融资难度以及吸引外资进入等降低市场进入退出障碍的措施都有利于抑制"僵尸企业"的形成，因此我国应当继续推进市场经济和金融体系的配套改革。

本文的研究表明："僵尸企业"大量存在是因为市场缺乏活力形成的市场进入退出障碍造成的，因此继续深化市场化改革步伐，通过提升市场进入率，吸引外资进入等措施降低市场的进入障碍，有利于增加市场的竞争程度，提升市场活力，切断"僵尸企业"产生的经济环境，从而实现新旧产能之间的快速转换，为新企业的进入提供充足的市场空间。其次，“僵尸企业”的破产成本越来越高，尤其是职工安置、土地及厂房设备的处置问题，因此“僵尸企业”的治理不能单纯地靠政府输血来解决，但是要求企业进行破产清算也会产生严重的不良后果。然而现实中，“僵尸企业”的负债负担沉重、难以足额支付改革成本、历史遗留问题较多及资产注销困难。此外，在经济下行压力加大的背景下，很多行业预期不明朗，企业融资困难，导致企业实施兼并重组的意愿不足。因此通过完善市场的融资约束环境，降低企业获取资金的难度可以降低“僵尸企业”的退出障碍，一方面能够改善“僵尸企业”本身获取资金的压力，另一方面为实施兼并重组的企业提供足够的资金，从而有利于“僵尸企业”的治理，释放“僵尸企业”挤占生产要素资源，实现落后产能的清理。

参考文献

[1] 程虹，胡德状．“僵尸企业”存在之谜：基于企业微观因素的实证解释——来之2015年“中国企业—员工匹配调查”（CEES）的经验证据［J］. 宏观质量研究，2016（1）：7-25.

[2] 何帆，朱鹤．僵尸企业的识别和应对［J］. 中国金融，2016（5）：20-22.

[3] 黄少卿，陈彦．中国僵尸企业的分布特征与分类处置［J］. 中国工业经济，2017（3）：24-43.

[4] 蒋灵多，陆毅．最低工资标准能否抑制新僵尸企业的形成［J］. 中国工业经济，2017（11）：118-136.

[5] 李坤望，蒋为．市场进入与经济增长——以中国制造业为例的实证分析［J］. 经济研究，2015（5）：48-80.

[6] 刘奎甫，茅宁．“僵尸企业”国外研究述评［J］. 外国经济与管理，2016（10）：3-19.

[7] 聂辉华，江艇，张雨萌，方明月．我国僵尸企业的形成，原因与对策［J］. 宏观经济管理，2016（9）：63-68.

[8] 申广军．比较优势与僵尸企业：基于新结构经济学视角的研究［J］. 管理世界，2016（12）：13-24.

[9] 谭语嫣，谭之博，黄益平，胡永泰．僵尸企业的投资挤出效应：基于中国工业企业的证据［J］. 经济研究，2017（5）：175-188.

[10] 吴利学，叶素云，傅晓霞．中国制造业生产率提升的来源：企业成长还是市场更替［J］. 管理世界，2016（6）.

[11] 张栋，谢志华，王靖雯．中国僵尸企业及其认定——基于钢铁业上市公司的探索性研究［J］．中国工业经济，2016（11）：90－107.

[12] 朱鹤，何帆．中国僵尸企业的数量测度及特征分析［J］．北京工商大学学报（社会科学版），2016（4）：116－126.

[13] 朱舜楠，陈琛．"僵尸企业"诱因与处置方略［J］．改革，2016（3）：110－119.

[14] Acemoglu D.，D. Cao. Innovation by entrants and incumbents [J]. Journal of Economic Theory，2015（157）：255－294.

[15] Ahearne A. G.，Shinada，N. Zombie firms and economic stagnation in Japan [J]. International Economics and Economic Policy，2005，2（4）：363－381.

[16] Boeckx J.，N. Cordemans，M. Dossche. Causes and implications of the low level of the risk-free interest rate [J]. Economic Review，National Bank of Belgium，Ⅱ，2013：63－88.

[17] Brandt L.，J. Van Biesebroeck，Y. Zhang. Creative accounting or creative destruction? Firm-level productivity growth in Chinese manufacturing [J]. Journal of Development Economics，2012，97（2）：339－351.

[18] Caballero R. J.，T. Hoshi，A. K. Kashyap. Zombie lending and depressed restructuring in Japan [J]. The American Economic Review，2008，98（5）：1943－1977.

[19] Chernobai A.，Y. Yasuda. Disclosures of material weaknesses by Japanese firms after the passage of the 2006 Financial Instruments and Exchange Law [J]. Journal of Banking & Finance，2013，37（5）：1524－1542.

[20] Dunne T.，S. D. Klimek，M. J. Roberts et al. Entry，exit，and the determinants of market structure [J]. The RAND Journal of Economics，2013，44（3）：462－487.

[21] Fukuda S.，J. Nakamura. Why did "zombie" firms recover in Japan? [J]. The World Economy，2011，34（7）：1124－1137.

[22] Giannetti M.，A. Simonov. On the real effects of bank bailouts：Micro evidence from Japan [J]. American Economic Journal：Macroeconomics，2013，5（1）：135－167.

[23] Hoshi T.，A. Kashyap. Why did Japan stop growing? [J]. NIRA Report，2011（1）：1－144.

[24] Hoshi T.，A. K. Kashyap. Will the US bank recapitalization succeed?

Eight lessons from Japan [J]. Journal of Financial Economics, 2010, 97 (3): 398 – 417.

[25] Hoshi T. Economics of the living dead [J]. The Japanese Economic Review, 2006, 57 (1): 30 – 49.

[26] Hoshi T., Y. Kim. Macroprudential policy and zombie lending in Korea [Z]. ABFER Working Paper No. 2251, 2013.

[27] Imai K. A panel study of zombie SMEs in Japan: Identification, borrowing and investment behavior [J]. Journal of the Japanese and International Economies, 2016, 39: 91 – 107.

[28] Jaskowski M. Should zombie lending always be prevented? [J]. International Review of Economics & Finance, 2015, 40: 191 – 203.

[29] Kawai M., P. Morgan. Banking Crises and "Japanization": Origins and Implications [J]. SSRN Electronic Jounal, 2013 (7): 1 – 35.

[30] Kwon H. U., F. Narita, Narita M. Resource reallocation and zombie lending in Japan in the 1990s [J]. Review of Economic Dynamics, 2015, 18 (4): 709 – 732.

[31] Lin Y. P., A. Srinivasan, and T. Yamada. The effect of government bank lending: Evidence from the financial crisis in Japan [J]. Working Paper, 2015 (1): 1 – 45.

[32] Lin Y. Zombie Lending, Financial Reporting Opacity and Contagion [D]. PhD, 2014 (5): 1 – 40.

[33] Nakamura J. I., S. I. Fukuda. What Happened To "Zombie" Firms in Japan?: Reexamination for the Lost Two Decades [J]. Global Journal of Economics, 2013, 2 (2): 1350007.

[34] Okamura K. 'Zombie' Banks Make 'Zombie' Firms [J]. SSRN Electronic Jounal, 2011 (5): 1 – 32.

[35] Rawdanowica Lukasz, Romain Bouis and Shingo Watanabe. The Benefits and Costs of Highly Expansionary Monetary Policy [Z]. OECD Economic Department Working Papers No. 1082, 2013.

[36] Sekine T., K. Kobayashi, Y. Saita. Forbearance lending: the case of Japanese firms [J]. Monetary and Economic Studies, 2003, 21 (2): 69 – 92.

[37] Uchida H., D. Miyakawa, and K. Hosono et al. Financial shocks, bankruptcy, and natural selection [J]. Japan and the World Economy, 2015, 36:

123 – 135.

[38] Ueda K. Deleveraging and Monetary Policy: Japan since the 1990s and the United States since 2007 [J]. The Journal of Economic Perspectives, 2012, 26 (3): 177 – 201.

[39] Watanabe W. Prudential regulations and banking behavior in Japan [J]. Japanese Economy, 2011, 38 (3): 30 – 70.

[40] Wilcox J. A. Why the US won't have a Lost Decade [J]. Working Paper, 2008 (1): 1 – 63.

[41] Willam D. Zombie Banks and Forbearance Lending: Causes, Effects, and Policy Measures [J]. Leipzig: Universitat Leipzig, 2014 (6): 1 – 205.

煤炭消费、PM2.5污染与中国居民健康*

高建刚**

摘　要：使用中国2004~2010年30个省份的面板数据，以大气中直径小于或等于2.5微米的颗粒物（Particulate Matter 2.5，PM2.5）PM2.5为门槛变量，实证分析煤炭消费对中国居民健康的影响。研究发现，首先，煤炭消费量每增加1%，会导致人口加权的PM2.5的浓度水平提高0.23%，其他影响PM2.5的因素方面，温度和相对湿度与PM2.5正相关，而降水量与PM2.5负相关；其次，PM2.5浓度水平显著正向影响心血管疾病死亡率和呼吸系统死亡率，并有三个门槛；最后使用两阶段回归整合上述两个实证结果，本文发现，当PM2.5暴露高于34.27μg/m^3（37.95μg/m^3）时，煤炭消费增加1%，心脏病和呼吸系统疾病死亡率将增加0.12%、0.19%。此外，本文还发现其他因素对两种疾病死亡率的影响，NO_2增加1%，心脏病和呼吸系统疾病死亡率增加0.31%、0.33%；而SO_2增加1%，上述死亡率分别增加0.1%、0.42%。最后是本文的政策建议。

关键词：PM2.5暴露；心血管疾病死亡率；呼吸系统疾病死亡率

一、导言

自19世纪初工业革命和城市化以来，全球经济一直在快速发展，带来了越来越多的能源需求，化石燃料的大量使用不但产生巨量的温室气体，也使大气遭受严重污染。由于空气污染对农业、区域和全球气候、生态系统和人类健康的影响，空气污染已经成为大多数发展中国家最大的环境问题之一。

许多国家都曾经历空气质量恶化对健康的影响。根据世界卫生组织的估

* 基金项目：山东省社会科学规划基金重点项目《山东省工业绿色发展的绩效评价、动力探寻及提升路径研究》（17BJJJ111）。

** 作者简介：高建刚（1975~　），男，聊城大学商学院教授、经济学博士，研究方向为资源与环境经济、产业经济与技术创新。

计，每年大约有 820 万人与环境有关的死亡，几乎 67% 是由非传染性疾病引起的，如中风、心脏病、癌症和慢性呼吸道疾病，这些疾病主要由呼吸的空气引起。典型的空气污染物会深入呼吸道的气道，到达肺泡，其中 50% 留在肺部薄壁组织里，并且已经发现空气污染与入院率、急诊科就诊率以及心血管疾病和呼吸系统疾病导致的死亡率增加有关（Kan et al.，2008；Silva et al.，2013；谷少华等，2015；王在翔等，2017；刘颖，刘世炜，2018）。此外，一些研究发现，人体健康可能受到比以前认为的更低浓度的空气污染的伤害（Crouse et al.，2012）。这些研究均在提醒人们不应忽视空气污染对人类健康的影响。

鉴于空气污染问题的严重性和普遍性的特点，环境空气污染水平与人类健康之间存在联系在世界范围内得到了广泛的研究。人们对微粒—死亡率暴露—反应关系已经使用若干种方法加以建模，包括：对数线性函数、灵活平滑函数和假定特定阈值水平的模型。同时，借助死亡率和 PM2.5 浓度之间的反应曲线关系，许多研究表明二者之间存在着非线性关系；然而，即使使用了各种科学方法，仍然没有任何明确的经验证据支持 PM2.5 门槛值的存在。

中国被认为是世界上空气污染最严重的少数国家之一，由此关于空气污染和死亡率的许多研究得以广泛开展。然而，这些文献主要关注特定地区或少数几个大城市（如北京、重庆、上海、武汉和沈阳）（Xu et al.，1994；Venners，2003；Qian，2007；曾贤刚等，2015；廖羽，郝元涛，2016；聂莉等，2018）。煤炭燃烧是中国大气污染的主要原因，因此，煤炭消耗、PM2.5 和死亡率之间存在着很强的因果关系。然而，之前很少考察 PM2.5 浓度门槛对中国煤炭消费的健康影响。

基于此，本文使用面板门槛模型估计年度特定原因死亡率（心血管疾病死亡率和呼吸系统死亡率）与年均人口加权暴露于 PM2.5 的关系，在全国范围内检验中国空气污染和死亡率之间的关联。主要目的是直接获得 PM2.5 对相关空气污染死亡率的多阈值效应的统计显著性，其次是基于 PM2.5 的多重阈值效应估算中国煤炭消费对健康的影响，从而更好地了解导致 PM2.5 和死亡率的因素。

本文余下部分结构如下：第二部分介绍煤炭消费、空气污染与中国心血管疾病和呼吸系统疾病死亡率的背景知识，并进行文献综述，解决研究空气污染和死亡率的理论与方法问题。第三部分介绍两阶段计量经济学回归方法，用其估计煤炭消费对空气质量的影响以及空气质量与特定原因死亡率之间的关系，然后将两种回归结果结合起来，以考察煤炭消费对居民健康的影响。第四部分是本文的实证研究结果与分析。最后第五部分是本文的研究结论以及政策启示，并提出了进一步研究的建议。

二、研究背景和文献综述

（一）相关背景

1. 空气污染

作为世界上最大的发展中国家，中国的空气污染随着经济的发展而迅速增加，成为其必须面对的最大环境挑战之一。2011 年以前中国的空气质量，主要使用空气污染指数（Air Pollution Index，API）和测度 PM10、SO_2 及 NO_2 整体浓度的一级综合指标测算（Bao et al.，2015）。在全城市（all-city）平均水平上，2001 年、2006 年和 2011 年，作为主要污染物的天数分别为 76.1%、73.4%和 71.5%，符合中国环境空气质量标准的天数分别为 75%、88%和 92%（Wang，2013）。2012 年以来，中国开始建立全国空气报告系统，现今包括 190 个城市的 945 个站点。这些自动化站通过互联网每小时报告一次，并关注六种污染物：PM2.5、PM10、SO_2、NO_2、O_3 和 CO。由于缺乏前期 PM2.5 数据，大多数研究一般使用卫星数据进行与 PM2.5 相关的估计（Brauer，2015）。

PM2.5 主要来源于运输、制造、发电等燃烧过程中产生的氮氧化物、二氧化硫和一氧化碳等气体直接造成的一次污染。在空气污染物中，PM2.5 可被人体吸入肺部深处，进入血液循环，对健康构成重大威胁。表 1 显示了目前中美两国和世界卫生组织（World Health Organization，WHO）的 PM2.5 空气质量标准，表 2 显示了 2004~2010 年中国划分区域的人口加权 PM2.5 浓度。

表 1　　　　PM2.5 空气质量标准　　　　单位：μg/m³

时段	WHO				NAAQS	GB3095－2012	
	AQG	IT1	IT2	IT3		Grade Ⅰ	Grade Ⅱ
24 小时	25	75	50	37.5	35	35	75
年度	10	35	25	15	15	15	35

注：AQG、IT 分别表示世界卫生组织空气质量准则（AQG）和过渡目标（IT）；NAAQS（National Ambient Air Quality Standard of United State，2011）表示美国国家环境空气质量标准；GB3095－2012 表示中国环境空气质量标准，2012. Grade Ⅰ针对自然保护区，Grade Ⅱ针对居民区、商业区和工业区。

资料来源：作者自行整理。

表 2　　年均人口加权 PM2.5 暴露卫星数据　　单位：μg/m³

省份	2004 年	2005 年	2006 年	2007 年	2008 年	2009 年	2010 年
北京	27.7	31.06	35.88	35.49	38.64	29.54	28.45
天津	28.4	30.54	36.62	37.23	38.06	31.12	30.29
河北	36.97	41.9	49.23	48.77	46.8	38.37	39.76
山西	22.91	26.1	30.25	29.62	26.71	22.48	24.07
内蒙古	11.66	11.92	13.18	14.42	14.8	13.2	11.43
辽宁	16.78	18.09	19.84	19.45	22.39	20.06	18.19
吉林	14.64	12.79	15.41	15.19	18.72	17.2	15.11
黑龙江	7.91	7.53	8.55	9.01	11.35	8.95	9.13
上海	25.56	22.94	26.43	31.79	28.1	28.8	23.51
江苏	41.74	41.03	46.25	48.32	44.52	46.72	44.76
浙江	23.46	21.62	22.34	24.46	26.12	22.9	21.98
安徽	34.03	36.37	36.3	40.65	38.71	34.73	38.46
福建	18.41	19.64	18.95	21.11	17.59	16.14	15.31
江西	29.69	32.01	32.57	35.11	33.2	26.87	27.23
山东	40.44	45.26	51.78	51.94	46	40.44	49.97
河南	38.11	46.82	48.53	51.02	47.46	39.53	43.25
湖北	34.13	39.46	38.72	40.43	40.68	34.59	37.72
湖南	30.92	34.06	35.62	35.06	35.59	31.42	31.42
广东	28.59	32.71	29.92	28.84	25.87	25.36	24.88
广西	40.35	41.06	39.43	39.58	38.14	34.27	35.6
西藏	2.62	2.98	2.35	2.90	2.57	2.17	2.54
海南	36.77	37.95	45.95	39.65	40.12	35.34	40.5
四川	22.47	25.64	24.58	25.26	24.13	20.84	20.35
贵州	32.05	28.5	28.31	30.62	29.7	26.20	26.96
云南	11.06	9.85	10.86	9.81	11.00	9.26	9.31
陕西	23.36	28.59	31.47	30.33	27.97	26.91	26.73
甘肃	16.04	19.43	18.64	19	19.97	18.11	16.98
青海	12.53	13.82	14.31	15.14	16.07	14.24	13.95

续表

省份	2004 年	2005 年	2006 年	2007 年	2008 年	2009 年	2010 年
宁夏	14.12	16.6	16.49	16.18	16.59	15.38	13.69
新疆	18.68	16.83	18.86	18.94	20.47	19.31	17.67
平均	24.73	26.43	28.25	28.84	28.26	25.01	25.3

资料来源：根据徐安琪（Hsu，2012）一文整理。原文参见从太空看中国空气污染全景 https：//www.chinadialogue.net/article/show/single/en/4775 – Seeing – China – s – pollution – from – space.

在中国空气污染最严重的地区（如山东、河南、河北、江苏、湖北等），PM2.5 浓度都超过了 NAAQGV 和 GB3095 –2012 的标准，也超过了世界卫生组织空气质量指南过度目标 IT1（35μg/m^3）的最高水平。

2. 中国的煤炭消费

中国严重依赖煤炭作为主要能源。2012 年，中国消耗了世界 50.2% 的煤炭，成为世界上最大的煤炭消费国，同年美国的煤炭消耗仅占世界的 11.7%①。在 2000 ~2015 年间，中国每年消耗了 210 000 万吨煤，大约占年均 300 000 万吨标准煤当量的 70%。未来，尽管有许多的替代能源如天然气、水力、核能等能源正在开发，但煤炭在较长的一段时期内仍然是中国的主要能源。各种能源消耗及其占比如图 1 所示。

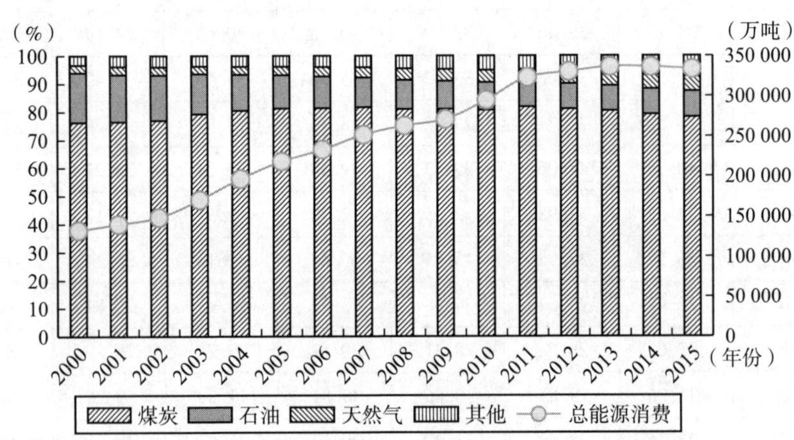

图 1 整体能源消费和构成

资料来源：《中国统计年鉴（2000 ~2015 年）》。

① 资料来源：英国石油公司《世界能源统计评论》，2013 年。

3. 心血管疾病和呼吸系统疾病死亡率

心血管疾病是一种与血管和高血压有关的疾病，包括供应心肌、心脏瓣膜、大脑、手臂和腿部的血管的疾病等。根据《2017 世界卫生统计报告》估计，心血管疾病是全球第一大死亡原因。2015 年估计有 1 770 万人死于心血管疾病，占全球死亡总数的 31%。在这些死亡人数中，估计有 740 万人死于冠心病，670 万人死于中风。

呼吸系统疾病是呼吸道和肺部疾病。其中最常见的是慢性阻塞性肺疾病、哮喘、职业性肺病和肺动脉高血压。在全球十大死亡原因中，慢性阻塞性肺疾病夺去了 320 万人的生命，肺癌以及气管和支气管癌症造成了 170 万人死亡，而下呼吸道感染仍然是最致命的传染病，2015 年全球 320 万人死亡于下呼吸道传染。

在中国，心血管疾病和呼吸系统疾病死亡率在全国排名第 5 位。根据相应年份的中国统计年鉴，2000 年、2005 年、2010 年和 2015 年，城镇地区心血管疾病导致的死亡人数分别占中国总死亡人数的 17.74%、17.89%、20.88% 和 21.98%，呼吸系统导致的死亡人数分别占中国总死亡人数的 13.29%、12.57%、11.04% 和 11.8%。

（二）文献综述

许多研究发现呼吸道死亡率风险与 PM2.5 水平相关（Neas，1994；Daniel，2000；Slaughter，2003；Anenberg et al.，2010；Hwang，2016；陈硕，陈婷，2014；刘颖，刘世炜，2018）；还有不少研究发现，PM2.5 也会导致严重的心血管疾病，甚至对心血管系统造成致命损害（Yang，2012；Thurston，2016；陈仁杰等，2014；刘颖，刘世炜，2018）。

为了估计中国空气污染的短期影响，阚海东等（Kan et al.，2007）发现，上海市 PM2.5 的两天移动平均浓度增加 10μg/m^3，则将导致全国死亡率、心血管疾病死亡率和呼吸系统死亡率的分别增加 0.36%、0.41% 和 0.95%。马雁军等（Ma et al.，2011）以沈阳市为例的研究则表明，PM2.5 浓度增加 10μg/m^3，则上述三种死亡率分别增加 0.49%，0.53% 和 0.97%。

PM2.5 的长期健康暴露效果比短期效果更为严重。陈硕和陈婷（2014）运用我国 161 个地级市 5 年（2004 年、2006 年、2008 年、2009 年、2010 年）的面板数据分析了二氧化硫排放量对于呼吸系统和肺癌死亡率的影响，发现二氧化硫排放每增加 1%，每万人呼吸系统疾病死亡率和肺癌死亡率就分别增加 0.055 和 0.005。董光辉等（Dong et al.，2012）研究发现，在中国，PM2.5 浓度每增加

$10\mu g/m^3$，会导致呼吸系统疾病死亡率增加67%、心血管疾病死亡率增加55%。

本研究以PM2.5的多重门槛效应评估空气污染对健康的影响，因此，使用$10\mu g/m^3$作为PM2.5的单位可能不合适，因为以增加$10\mu g/m^3$为单位时，PM2.5可能从较低门槛转变成较高门槛，这会造成一些复杂的需要解释的例外情况。

心血管疾病和呼吸系统疾病相关的死亡率与二氧化氮（NO_2）和二氧化硫（SO_2）浓度增加有关，这一点已得到一系列研究的确证（Venners，2003；Kan et al.，2008；Kan et al.，2010；陈硕，陈婷，2014；刘颖，刘世炜，2018）。此外，由于经济增长通过工业排放、教育质量、医疗服务质量等会间接影响预期寿命，因此，本文使用地区生产总值和高等教育学生人数变量来控制死亡率和经济增长之间的关系。最后，由清华大学和美国健康影响研究所等开展的《中国燃煤和其他主要空气污染源造成的疾病负担报告》估计，燃煤是中国PM2.5最主要的来源，占人口加权PM2.5浓度的四成，生物质、煤炭燃烧在2013年造成了大约366 000人死亡，其中包括工业用煤（155 000人死亡）、运输（137 000人死亡）和发电厂用煤（86 500人死亡）。本文将对煤炭使用、PM2.5浓度水平和相关疾病死亡率的关联展开研究，重点关注PM2.5的门槛效应。

三、实证模型、数据与方法

为实现研究目的，本文首先使用对数面板多元回归模型来估计年煤炭消耗和平均人口加权PM2.5暴露之间的关系；然后使用面板门槛模型来评估PM2.5与特定原因死亡率的关系；最后，将这两个步骤结合起来，使用两阶段计量经济学方法，以人口加权PM2.5暴露水平为门槛，考察煤炭使用造成的污染对人体健康的影响。

（一）估计空气污染中燃料消耗的环境影响

基于文献综述部分关于燃料消耗和空气质量之间的因果关系，人口加权PM2.5暴露是因变量，自变量是包括煤炭消耗在内的PM2.5的来源。汽油和柴油消耗量代表车辆排放的贡献。由于未铺设路面的道路灰尘对颗粒物浓度有很大影响，我们添加了铺设路面人均面积的数据，并预计其系数会出现负号。此外，自从中国被选为2008年夏季奥运会的主办国以来，中国政府对车辆、工业、建筑活动以及大多数空气污染地区的燃料消耗实施了许多严格的排放限制，中国的空气质量发生了巨大变化，为此，我们设定一个时间虚拟变量来消除这一影响。其他变量，如温度、降水和湿度在内的气象数据也被用作控制变量，因为它们与 PM2.5 水平之间存在显著相关（Dawson et al.，2007；Tai et al.，2010；Wang et al.，2015）。

1. 数据描述

本文使用 2004~2010 年包括中国 29 个省份（港澳台、重庆和台湾除外）的省级面板数据进行实证分析，人均加权的 PM2.5 暴露数据由美国科学家团队估计，并根据徐安琪（2012）整理。本文将卫星估计的网格单元 PM2.5 浓度乘以居住在该网格单元内的省级人口百分比，作为特定省份按照人口加权的 PM2.5 浓度数据。此外，煤炭、汽油、柴油、人均铺设道路面积和气象条件的数据来自《中国国家统计年鉴（2005~2011 年）》。数据的描述性统计，如表 3 所示。

表 3　变量的描述性统计

变量	观测值	均值	中位数	最大值	最小值	标准差
PM2.5（毫克/立方米）	203	26.69	26.72	51.94	2.17	11.71
煤炭（万吨）	203	10 520.76	8 559.73	37 327.89	332.23	7 897.92
汽油（万吨）	203	682.03	568.77	2 754.68	40.74	496.26
人均铺路面积（平方米）	203	11.41	11.19	22.23	4.04	3.31
温度（℃）	203	14.47	15.1	25.4	4.5	5.07
湿度（%）	203	64.24	66	83	44	9.41
降水（毫米）	203	867.63	765.6	2 628.2	74.9	503.46

2. 面板多元回归模型

首先分析煤炭消费对 PM2.5 的影响，其回归模型如下：

$$\ln PM2.5_{it} = \beta_0 + \beta_1 \ln Coal_{it} + \beta_2 Dumy_{it} + \beta_3 \ln GasDie_{it} + \beta_4 \ln Road_{it} + \beta_5 \ln Temp_{it} + \beta_6 \ln PRec_{it} + \beta_7 \ln Humid_{it} + \varepsilon_{it} \quad (1)$$

其中，i、t 分别表示省份和年份。$PM2.5_{it}$ 是按照人口加权的细微颗粒物浓度；$Coal_{it}$ 是煤炭消费量；$Dumy_{it}$ 是时间虚拟变量，其值在 2004~2008 年为 1，其余年份为 0；$GasDie_{it}$ 是汽油和柴油消耗量；$Road_{it}$ 是地区人均道路铺设面积；$Temp_{it}$、$PRec_{it}$、$Humid_{it}$ 分别是平均温度、平均降水量和平均相对湿度，为消除自相关和异方差的影响，上述变量均取对数；ε_{it} 为随机干扰项。

（二）PM2.5 和死亡率之间的面板门槛估计

通过使用日死亡率和 PM2.5 之间的浓度—反应曲线，不少研究表明 PM2.5 和死亡率之间存在非线性关系，可能存在门槛。为此，本文使用面板门槛模型估计 PM2.5 浓度和两种特定原因即呼吸系统和心血管疾病死亡率的影响。回归模型如下：

$$
\begin{aligned}
MOT_{kit} = {} & \mu_i + \alpha_1 PM2.5_{it-1} I(PM2.5_{it-1} < \gamma_1) + \alpha_2 PM2.5_{it-1} I(\gamma_1 < PM2.5_{it-1} \leqslant \gamma_2) \\
& + \alpha_3 PM2.5_{it-1} I(\gamma_2 < PM2.5_{it-1} \leqslant \gamma_3) + \alpha_4 PM2.5_{it-1} I(\gamma_3 < PM2.5_{it-1}) \\
& + \theta_1 SO_{2it-1} + \theta_2 NO_{2it-1} + \theta_3 GRP_{it-1} + \theta_4 EDU_{it-1} + \theta_5 Forest_{it-1} + \omega_{it} \qquad (2)
\end{aligned}
$$

其中，i、t 是区域和年份变量。MOT_{kit}是特定原因死亡率人数，其中，MOT_{1it}、MOT_{2it}分别是心血管疾病和呼吸系统疾病死亡人数；μ_i 是固定效应；$PM2.5_{it}$是人口加权的细微颗粒物浓度；SO_{2it}是地区二氧化硫排放量；NO_{2it}是二氧化氮的平均浓度；GRP_{it}是地区生产总值，各年份的产值计算均以 2004 年为基期计算；EDU_{it}是每十万人中受过高等教育的人数（大学及以上教育）；$Forest_{it}$是森林覆盖率；由于滞后效应的存在，上述变量滞后一期计算。ω_{it}是随机干扰项。

由于中国缺乏按省份统计的年度特定死因死亡率数据，本文使用国家统计局和国家医疗保障局公布的区域人口、死亡率和国家特定死因死亡率的数据来估计特定地区年度心血管死亡率和呼吸死亡率（按省份），推导公式如下：

特定原因死亡人数 = 区域人口 × 区域死亡率 × 国家特定原因死亡率

此外，SO_2、NO_2 和社会经济变量数据如教育水平、地区生产总值和森林覆盖率则来自中国统计年鉴（2005 ~ 2011）。相关变量的描述性统计如表 4 所示。

表 4　　变量的描述性统计

变量	观测值	均值	中位数	最大值	最小值	标准差
心血管疾病死亡人数	203	429 894.7	380 633.5	1 196 949	22 898	291 341.5
呼吸系统死亡人数	203	375 647.4	332 609.5	1 080 532	19 611	255 241.3
PM2.5（$\mu g/m^3$）	203	26.69	26.72	51.94	2.17	11.92
SO_2（万吨）	203	76.30	63.35	200.30	0.10	48.16
NO_2（万吨）	203	40.86	41.30	73.00	11.90	13.69
GRP（亿元）	203	6 283.42	4 754.95	22 656.41	220.34	5 013.59
EDU（每十万人学生数）	203	2 056.25	1 790.00	5 897.00	550	1 175.71
Forest（%）	203	27.32	24.03	63.01	2.94	17.43

四、实证结果与分析

（一）煤炭消费对大气污染的估计结果

本文分别使用混合最小二乘法、固定效果和随机效果模型估计式，估计结果参见表5。F检验和LM检验的结果表明，固定效果和随机效果模型的估计结果均优于混合OLS。Hausman检验结果表明，随机效果模型最适合公式的估计。

表5　PM2.5影响因素的估计结果

变量	Pooled OLS	Fixed effect	Random effect
cons	-1.3454 (0.2746)	-1.7710 ** (0.0341)	-1.9231 ** (0.0116)
lnCoal	0.4043 *** (0.0000)	0.1960 *** (0.0005)	0.2333 *** (0.0000)
Dumy	0.1261 * (0.0747)	0.1415 *** (0.0000)	0.1454 *** (0.0000)
lnGasDie	0.0168 (0.8085)	0.0755 ** (0.0456)	0.0652 * (0.0754)
lnRoad	-0.1584 (0.1381)	-0.0455 (0.2282)	-0.0564 (0.1268)
lnTemp	0.6894 *** (0.0000)	0.2328 ** (0.0356)	0.2405 ** (0.0118)
lnPRec	-0.2603 ** (0.0107)	-0.0587 ** (0.0320)	-0.0609 ** (0.0247)
lnHumid	0.2436 (0.5057)	0.6043 *** (0.0002)	0.5806 *** (0.0001)
$AdjR^2$	0.4809	0.9838	0.3757
Obs	203	203	203
Ftest		216.96 ***	—
LMtest		—	540.24 ***

注：*、**、***分别表示10%、5%、1%的显著性水平。

由表5可以看出，除人均道路面积不显著外，其他变量均显著。在1%的显著性水平上，煤炭消费每增加1%，可使人口加权的PM2.5暴露增加0.23%。这与关于空气污染中使用煤炭对环境影响的研究结果有着密切的联系；汽柴油消费每增加1%，将导致PM2.5浓度增加0.065%（显著性水平为10%）；此外，还发现三个气象变量的估计系数结果在1%和5%都是显著的，这表明人口加权PM2.5暴露对气象条件的变化相当敏感。温度和相对湿度的变动与PM2.5浓度水平正相关，而与降水量的变动负相关。上述变量的回归结果与（Tai，2010）使用为期11年的美国数据的研究结果相似。此外，虚拟变量Dummy的估计系数表明，2008年北京奥林匹克运动会前后人口加权PM2.5暴露的差异在1%水平上是显著的，2008年后的PM2.5浓度比2004～2008年期间大约低14.5%。这意味着中国在2008年奥运会期间努力提供更好的空气质量所取得的成就非常突出。

（二）多重门槛测试

表6、表7的上半侧显示了PM2.5暴露与两种疾病相应关系的门槛测试结果。由表6可看出，PM2.5与MOT1（心血管疾病死亡率）的关系，单门槛效应和双门槛效应均不显著，而三重门槛的评价结果在1%水平上显著，这表明心血管疾病死亡率和PM2.5浓度之间存在三重门槛，这三个门槛值分别为26.2μg/m^3、34.27μg/m^{3}和44.76μg/m^3。由表7可看出，在PM2.5与MOT2（呼吸系统疾病死亡率）的关系中，单门槛、双门槛和三重门槛效应分别在1%、10%和1%的水平上显著。本文选择P值最低的三重门槛效应进行研究。相应地，呼吸系统疾病死亡率和PM2.5之间三个门槛值分别为37.95μg/m^3、38.06μg/m^{3}和48.53μg/m^3。

表6　　心血管疾病死亡率的面板门槛回归结果

	门槛	估计	95%的置信区间	
门槛估计	门槛1	26.20	[25.2005，28.0002]	
	门槛2	34.27	[33.2712，35.2701]	
	门槛3	44.76	[43.7600，45.7622]	
变量	估计系数	估计弹性	标准差	
			OLS	White
PM2.5≤26.2	4 053.19*	0.2516	2 291.95	2 303.06
26.2<PM2.5≤34.27	6 872.91***	0.4267	1 746.34	1 578.11

续表

变量	估计系数	估计弹性	标准差	
			OLS	White
34.27 < PM2.5 ≤ 44.76	8 633.53 ***	0.5360	1 478.89	1 378.12
PM2.5 > 44.76	6 513.50 ***	0.4044	1 454.51	1 397.79
SO_2	598.27 *	0.1062	391.73	352.54
NO_2	3 293.52 ***	0.3131	911.58	788.42
GRP	18.72 ***	—	1.22	1.194
EDU	−116.42 ***	—	16.50	14.08
Forest	2 003.71 ***	—	788.42	788.42

注：*、*** 表示 10%、1% 的显著性水平。

表 7　　呼吸系统死亡率的面板门槛回归结果

门槛估计	门槛	估计	95% 的置信区间	
	门槛 1	37.95	[37.9490, 37.9510]	
	门槛 2	38.06	[38.0595, 38.0610]	
	门槛 3	48.53	[48.5295, 48.5315]	
变量	估计系数	估计弹性	标准差	
			OLS	White
PM2.5 ≤ 37.95	5 326.70 *	0.3785	1 478.30	1 521.24
37.95 < PM2.5 ≤ 38.06	13 636.61 ***	0.9689	2 394.18	1 453.64
38.06 < PM2.5 ≤ 48.53	8 007.68 ***	0.5869	1 287.40	1 357.73
PM2.5 > 48.53	5 584.38 ***	0.3967	1 359.78	1 570.51
SO_2	2 074.69 *	0.4214	3 885.70	388.67
NO_2	3 026.73 ***	0.3293	974.20	949.92
GRP	5.153 ***	—	1.23	1.48
EDU	−89.51 ***	—	16.85	17.12
Forest	600.94 ***	—	838.67	823.03

注：*、*** 表示 10%、1% 的显著性水平。

（三）PM2.5 和特定疾病死亡率之间的实证结果

面板门槛模型 2 的估计结果见表 6、表 7 的下半侧所示。回归估计表明，PM2.5 的影响效果取决于初始 PM2.5 浓度。此外，文章还估计了核心自变量的平均死亡率弹性（给定自变量的一个百分比变化，死亡率的百分比变化）。

由表 6 可以看出，首先，随着 PM2.5 浓度水平的变化，其对心血管疾病死亡率的影响程度也不相同。当 $26.2\mu g/m^3 < PM2.5 < 34.27\mu g/m^3$ 时，PM2.5 每增加 1%，将导致心血管疾病死亡率增加 0.4267%，即弹性为 0.4267；当 $34.27\mu g/m^3 < PM2.5 < 44.76\mu g/m^3$ 时，PM2.5 每增加 1%，将导致心血管疾病死亡率增加 0.5360%，即弹性为 0.5360，上升 0.11 个百分点；而当 $PM2.5 > 44.76\mu g/m^3$ 时，其浓度每增加 1%，则导致心血管疾病死亡率增加 0.4044%，即弹性为 0.444。其次，NO_2 暴露出与心血管死亡人数呈显著正相关，其浓度水平每上升 1%，则死亡人数上升 0.3131%。SO_2 排放与人体健康也呈显著关系，其弹性为 0.1062。地区生产总值 GRP 与心血管疾病死亡人数有正向显著关系，而教育水平则对心血管疾病死亡率有负面冲击。最后，我们发现森林覆盖率对死亡率有正面影响，这一结果可以解释为，当空气污染越来越严重时，中国会加强植树造林来改善空气质量，尽管森林覆盖率的统计数据似乎有可能增加，但幼林实际上需要更多的时间来成长和发挥其功能。

由表 7 可以看出，首先，当 $PM2.5 < 37.95\mu g/m^3$ 时，PM2.5 每增加 1%，会导致呼吸系统疾病死亡率上升 0.3785%，即弹性为 0.3785，当 $37.95\mu g/m^3 < PM2.5 < 38.06\mu g/m^3$ 时，PM2.5 每增加 1%，呼吸系统疾病死亡率增加 0.9689%，即弹性为 0.9689；当 $38.06\mu g/m^3 < PM2.5 < 48.53\mu g/m^3$、$PM2.5 > 48.53\mu g/m^3$ 时，PM2.5 每增加 1%，将导致呼吸系统疾病死亡人数分别增加 0.5869% 和 0.3967%。其次，我们发现 NO_2、SO_2 浓度对呼吸系统疾病死亡率均有显著正向影响，其弹性分别为 0.4214 和 0.3293。最后，GRP 估计系数的符号与心血管疾病死亡率的回归结果一样，都是正向显著，这意味着发展经济和保护环境在中国是一对矛盾，这与之前的发现是一致的，即在 1997~2010 年期间为减少 PM2.5 浓度付出了努力，但人均 GDP 的增长却使 PM2.5 的排放量增加了 1 600 万吨（Guan，2014）。

（四）两阶段回归方法的结果

现在把两个回归式的结果进行整合，求出煤炭百分比的变化对特定原因死亡率百分比变动的影响。其计算方法如下式：

$$\frac{\partial \ln MOT}{\partial \ln Coal}=\frac{\partial \ln MOT}{\partial \ln PM2.5}\times\frac{\partial \ln PM2.5}{\partial \ln Coal}=\frac{\partial \ln PM2.5}{\partial \ln Coal}\times\left(\frac{\partial MOT}{\partial PM2.5}\times\frac{\overline{PM2.5}}{\overline{MOT}}\right)$$
$$=\hat{\alpha}_1\times\hat{\beta}_1\times\frac{\overline{PM2.5}}{\overline{MOT}} \tag{3}$$

式中，$\hat{\beta}_1$ 和 $\hat{\alpha}_1$ 分别是式（1）、式（2）中 β_1 和 α_1 的估计值。式的计算结果见表8。由表8可知，当PM2.5的浓度水平介于（26.2μg/m³，34.27μg/m³）时，煤炭消费量增加1%，会导致心血管疾病死亡率上升大约0.0995%（≈0.1%）；而当PM2.5的浓度水平介于（34.27μg/m³，44.76μg/m³）和大于44.76μg/m³时，煤炭消费量增加1%，会使心血管疾病死亡率分别上升0.1250%和0.0943%。对于呼吸系统疾病死亡率的情况，当PM2.5的浓度水平低于37.95%μg/m³时，煤炭消费量增加1%，会导致死亡率增加0.0771%；当PM2.5的浓度水平介于（37.95μg/m³，38.06μg/m³）、（38.06μg/m³，48.53μg/m³）时，煤炭消费量增加1%，会导致呼吸系统疾病死亡率增加0.1975%、0.1159%；最后，若当PM2.5的浓度水平大于48.53μg/m³时，煤炭消费量增加1%，会使呼吸系统疾病死亡率上升0.0808%。

表8　　空气污染中煤炭消费对两种原因死亡率的影响

心血管疾病死亡率		呼吸系统疾病死亡率	
PM2.5浓度范围	估计弹性	PM2.5浓度范围	估计弹性
PM2.5≤26.2	0.0587	PM2.5<37.95	0.0771
26.2<PM2.5≤34.27	0.0995	37.95<PM2.5<38.06	0.1975
34.27<PM2.5≤44.76	0.1250	38.06<PM2.5<48.53	0.1159
PM2.5>44.76	0.0943	PM2.5>48.53	0.0808

（五）进一步讨论

1. PM2.5健康效应的演变趋势

PM2.5对呼吸系统疾病死亡率的影响，以第二区间即37.95<PM2.5<38.06时的效果最大，而对心血管疾病死亡率的影响，则是第三区间即34.27<PM2.5≤44.76的影响效果最大，不过随后的健康效应则减弱了。这个结果可以用人们环境意识的提高来解释。当PM2.5浓度过高，以至于可以被人们用肉眼或嗅觉感知时，人们当然会意识到污染的严重性，从而会更有意识地采取一些保护措施以免受到伤害。此外，在较高浓度下，PM2.5的死亡风险降

低，也可能是因为有些身体脆弱的人在此之前已经死亡（Chen et al.，2011）。

2. PM2.5 与以前结果的比较

本文旨在估计 PM2.5 的百分比变化对死亡率的百分比变化的影响大小，以更准确描述具有多重门槛效应的暴露—反应关系。为便于和之前的研究结果做比较，我们将结果转换为可比值，方法是将表 6 和表 7 中的弹性除以 PM2.5 平均值再乘以 1 000，转换后的结果如表 9 所示。

表 9　PM2.5 的健康效应估计

心血管疾病死亡率		呼吸系统疾病死亡率	
PM2.5 范围	转换后的健康效应	PM2.5 范围	转换后的健康效应
PM2.5≤26.2	9.42	PM2.5<37.95	14.18
26.2<PM2.5≤34.27	15.98	37.95<PM2.5<38.06	36.30
34.27<PM2.5≤44.76	20.08	38.06<PM2.5<48.53	21.31
PM2.5>44.76	15.15	PM2.5>48.53	14.86

与之前的估计系数相比，本文中人口加权 PM2.5 暴露下降范围的健康效应大于以前文献的短期效应，而小于以前文献中长期暴露的健康效应。例如，PM2.5 每增加 10μg/m^3，短期（每日）接触 PM2.5 导致心血管疾病和呼吸道疾病死亡率增加 0.41% 和 0.95%（Kan et al.，2008），PM2.5 暴露一年的健康效应导致心脏病死亡率上升 9.42% ~20.08%，呼吸系统疾病死亡率上升 14.18% ~36.3%，而为期 10 年的后续跟踪研究中，长期接触颗粒物导致中国沈阳市居民的心血管疾病死亡率上升了 55%，呼吸系统疾病死亡率上升了 67%（Zhang et al.，2011；Dong et al.，2012），加拿大缺血性心脏病死亡率增加了 31%（Crouse et al.，2012）。

五、研究结论与政策启示

（一）研究结论

环境空气污染对人类健康的影响已经在全世界，特别是在中国得到了广泛研究。然而，人口加权 PM2.5 暴露对中国特定原因死亡率的门槛效应尚待考察，因为这可为发展中国家保护公共健康免受恶劣空气质量的影响提供非常有用的信息。为此，本文使用PM2.5的多重门槛效应估计煤炭消费对健康的影响。

面板门槛模型的估计结果表明，空气污染通过 SO_2，NO_2 等影响人类健康。我们发现这一效果取决于人口加权PM2.5暴露的水平范围，心血管疾病和呼吸系统疾病死亡率PM2.5的临界水平分别为26.2μg/m³、34.27μg/m³、44.76μg/m³和37.95μg/m³、38.06μg/m³、48.53μg/m³。具体而言，当人口加权PM2.5暴露水平处于26.2~34.27μg/m³、34.27~44.76μg/m³及大于44.76μg/m³时，PM2.5每增加1%导致每年心血管疾病死亡率分别增加0.42%、0.53%和0.40%。我们还发现了 NO_2 和 SO_2 的显著影响，其中 NO_2 浓度增加1%使心脏病死亡率增加0.31%，SO_2 排放增加1%导致心血管疾病死亡率增加0.1%。对于呼吸系统疾病死亡率与空气污染的关系，本文发现当PM2.5小于37.95μg/m³、处于37.95~38.06μg/m³、38.06~48.53μg/m³及高于48.53μg/m³时，对应PM2.5增加1%，呼吸系统疾病死亡率将分别增加0.37%、0.97%、0.56%和0.39%。此外，发现1%的 SO_2 排放增加导致呼吸道死亡率增加0.42%，NO_2 浓度增加1%导致呼吸系统疾病死亡率增加0.33%。

实证结果还表明，在中国，1%的煤耗增加导致人口加权PM2.5暴露增加0.23%。以两阶段估计方法得到煤炭消耗对空气污染的健康影响。具体而言，当年度PM2.5大于34.27μg/m³时，1%的煤消耗增加导致心血管疾病死亡率增加0.125%。PM2.5高于37.95μg/m³时，1%的煤耗增加，将使呼吸系统疾病死亡率增加0.197%。

通过将2008年设计为结构转换年份，研究发现中国在改善大气污染方面所做的努力使PM2.5浓度降低了大约14.5%。此外，本研究采用面板多元回归模型来估计PM2.5与气象变量之间的相关性，以便更深入了解影响大气污染物有害特征的相关因素。本文确信人口加权PM2.5暴露与气候条件密切相关，这些发现与之前的研究一致。

（二）政策启示

与世界卫生组织（World Health Organization，WHO）空气质量指南和中国GB3095—2012标准相比，本研究中估计的年度PM2.5门槛值对人类健康的影响最高［34.27μg/m³（心血管疾病死亡率）、37.95μg/m³（呼吸系统疾病死亡率）］，非常接近相关标准的最高水平，如WHO标准的临时目标1和GB 3095—2012标准中的Ⅱ级限值（35μg/m³）。鉴于人口加权PM2.5浓度告诉人们不同省份的居民每天平均会面临的实际PM2.5暴露水平，因此结合人口密度实施空气质量控制策略非常重要。今后，应着重考虑对人口加权PM2.5暴露的健康影响进行估算，以便为中国乃至其他发展中国家制定更具体的污染排放标准或惩罚水平提供依据。在奥运年期间及之后减少空气污染所取得的进展有力的证明，如果中国政府继续实施持久的清洁空气计划，其空气质量的改善将是不言而喻的。

由于煤炭消费会造成 PM2.5 污染，从而严重影响人类的健康，因此有必要用更清洁的能源减少对煤炭的依赖，如使用可再生能源、核能而不是燃煤发电。此外，也可以采取其他措施，如控制未铺设道路和建筑工地的扬尘，通过严格的排放标准控制车辆排放，以及设定车辆燃料消耗限制；对污染行业安装污染去除装置，或者对其实行异地搬迁等措施。

最后，由于对心血管疾病死亡率最严重的风险暴露是 PM2.5 大于 34.27μg/m^3，而对呼吸系统疾病死亡率最危险的风险暴露是 PM2.5 大于 37.95μg/m^3，因此污染严重省份的政策制定或监管，应着重考虑这些门槛值。

参考文献

[1] 陈仁杰，陈秉衡，阚海东．大气细颗粒物控制对我国城市居民期望寿命的影响 [J]．中国环境科学，2014，34 (10)：2701－2705.

[2] 陈硕，陈婷．空气质量与公共健康：以火电厂二氧化硫排放为例 [J]．经济研究，2014，49 (8)：158－169，183.

[3] 谷少华，贾红英，李萌萌，等．济南市空气污染对呼吸系统疾病门诊量的影响 [J]．环境与健康杂志，2015，32 (2)：95－98.

[4] 廖羽，郝元涛．2007～2009 年广州市六区 PM_(2.5) 空气污染所致肺癌疾病负担研究 [J]．中国卫生统计，2016，33 (4)：677－680.

[5] 刘颖，刘世炜．空气污染与肺癌死亡率：来自山东省自然实验的证据 [J]．山东大学学报（哲学社会科学版），2018 (3)：141－149.

[6] 聂莉，李延升，华正罡，等．辽宁沈阳地区大气 PM2.5 中重金属污染特征及健康风险评价 [J]．中国公共卫生，2018，34 (4)：574－576.

[7] 王在翔，赵晶，牛泽亮，等．空气污染对心脑血管疾病门诊量影响的 Poisson 广义可加模型分析 [J]．中国卫生统计，2017，34 (2)：232－235.

[8] 曾贤刚，许志华，鲁颐琼．基于 CVM 的城市大气细颗粒物健康风险的经济评估——以北京市为例 [J]．中国环境科学，2015，35 (7)：2233－2240.

[9] Anenberg S. C., Horowitz L. W., Tong D. Q., et al. An estimate of the global burden of anthropogenic ozone and fine particulate matter on premature human mortality using atmospheric modeling [J]. Environmental Health Perspectives,

2010, 118 (9): 1189 - 1195.

[10] Bao J., Yang X., Zhao Z., et al. The Spatial - Temporal Characteristics of Air Pollution in China from 2001 - 2014 [J]. International Journal of Environmental Research and Public Health, 2015, 12 (12): 15875 - 15887.

[11] Brauer M., Freedman G., Frostad J., et al. Ambient Air Pollution Exposure Estimation for the Global Burden of Disease 2013 [J]. Environmental Science & Technology, 2015, 50 (1): 79.

[12] Crouse D. L., Peters P. A., Donkelaar A. V., et al. Risk of Non-accidental and Cardiovascular Mortality in Relation to Long-term Exposure to Low Concentrations of Fine Particulate Matter: A Canadian National - Level Cohort Study [J]. Environ Health Perspectives, 2012, 120 (5): 708 - 714.

[13] Daniels M. J., Dominici, F., Samet, J. M, et al. Estimating particulate matter-mortality dose-response curves and threshold levels: an analysis of daily time-series for the 20 largest US cities [J]. American Journal of Epidemiology, 2000, 152 (5): 397.

[14] Dawson J. P., Adams P. J., Pandis S. N. Sensitivity of PM2.5 to climate in the Eastern US: a modeling case study [J]. Atmospheric Chemistry & Physics Discussions, 2007, 7 (3): 4295 - 4309.

[15] Dong G. H., Zhang, P., Sun, B., et al. Long-term exposure to ambient air pollution and respiratory disease mortality in Shenyang, China: a 12 - year population-based retrospective cohort study. Respiration, 2012, 84 (5): 360 - 368.

[16] Hsu A. Seeing China's pollution from space [EB/OL]. China Dialogue, https://www.chinadialogue.net/article/show/single/en/4775 - Seeing - China - s - pollution - from - space, 2012 - 02 - 20.

[17] Hwang S. L., Guo S. E., Chi M. C., et al. Association between Atmospheric Fine Particulate Matter and Hospital Admissions for Chronic Obstructive Pulmonary Disease in Southwestern Taiwan: A Population - Based Study: [J]. International Journal of Environmental Research & Public Health, 2016, 13 (4).

[18] Kan H. D., Chitming W., Vichitvadakan N., et al. Short-term association between sulfur dioxide and daily mortality: the Public Health and Air Pollution in Asia (PAPA) study [J]. Environmental Research, 2010, 110 (3): 258 - 264.

[19] Kan H., London S. J., Chen G., et al. Season, Sex, Age, and Education as Modifiers of the Effects of Outdoor Air Pollution on Daily Mortality in Shang-

hai, China: The Public Health and Air Pollution in Asia (PAPA) Study [J]. Environmental Health Perspectives, 2008, 116 (9): 1183 - 1188.

[20] Kan, H., London, S. J., Chen, G., Zhang, Y. et al. Differentiating the effects of fine and coarse particles on daily mortality in Shanghai [J]. China. Environment international, 2007, 33 (3): 376 - 384.

[21] Litao Wang, Pu Zhang, Shaobo Tan, et al. Assessment of urban air quality in China using air pollution indices (APIs) [J]. Journal of the Air & Waste Management Association, 2013, 63 (2): 170 - 178.

[22] Ma Y., Chen R., Pan G., et al. Fine particulate air pollution and daily mortality in Shenyang, China [J]. Science of the Total Environment, 2011, 409 (13): 2473 - 2477.

[23] Neas L. M., Dockery D. W., Ware J. H., et al. Concentration of Indoor Particulate Matter as a Determinant of Respiratory Health in Children [J]. American Journal of Epidemiology, 1994, 139 (11): 1088 - 1099.

[24] Qian Z., He Q., Lin H. M., et al. Association of daily cause-specific mortality with ambient particle air pollution in Wuhan, China [J]. Environmental Research, 2007, 105 (3): 380 - 389.

[25] Silva R. A., West J. J., Zhang Y., et al. Global premature mortality due to anthropogenic outdoor air pollution and the contribution of past climate change [J]. Environmental Research Letters, 2013, 8 (3): 034005.

[26] Slaughter J. C., Lumley T., Sheppard L., et al. Effects of ambient air pollution on symptom severity and medication use in children with asthma [J]. Annals of Allergy Asthma & Immunology, 2003, 91 (4): 346 - 353.

[27] Tai A. P. K., Mickley L. J., Jacob D. J. Correlations between fine particulate matter (PM2. 5) and meteorological variables in the United States: implications for the sensitivity of PM2. 5 to climate change [J]. Atmospheric Environment, 2010, 44 (32): 3976 - 3984.

[28] Thurston G. D., Burnett R. T., Turner M. C., et al. Ischemic Heart Disease Mortality and Long - Term Exposure to Source - Related Components of U. S. Fine Particle Air Pollution [J]. Environmental Health Perspectives, 2016, 124 (6): 785 - 794.

[29] Venners S. A., Wang B., Xu Z., et al. Particulate matter, sulfur dioxide, and daily mortality in Chongqing, China [J]. Environmental Health Perspec-

tives, 2003, 111 (4): 562 - 567.

[30] Wang J., Ogawa S. Effects of Meteorological Conditions on PM2.5 Concentrations in Nagasaki, Japan [J]. International Journal of Environmental Research & Public Health, 2015, 12 (8): 9089 - 9101.

[31] Xu X., Gao J., Dockery D. W., et al. Air pollution and daily mortality in residential areas of Beijing, China [J]. Archives of Environmental Health, 1994, 49 (4): 216.

[32] Yang C., Peng X., Huang W., et al. A time-stratified case-crossover study of fine particulate matter air pollution and mortality in Guangzhou, China [J]. International Archives of Occupational & Environmental Health, 2012, 85 (5): 579.

[33] Zhang P., Dong G., Sun B., et al. Long - Term Exposure to Ambient Air Pollution and Mortality Due to Cardiovascular Disease and Cerebrovascular Disease in Shenyang, China [J]. Plos One, 2011, 6 (6): e20827.

贯彻五大发展理念对长江三角洲地区制造业全要素生产率的影响研究*

袁小慧　范　金**

摘　要：本文分析了贯彻“创新、协调、绿色、开放、共享”五大发展理念对提高长江三角洲地区制造业全要素生产率的影响。研究发现：第一，贯彻创新与协调、绿色、开放、共享其他发展理念的综合作用尚未显现；第二，贯彻创新理念关键在于提高科技活动人员的使用效率，而非数量效应；第三，必须兼顾高端制造业和生产性服务业均衡发展的协调理念；第四，贯彻绿色发展理念面临着当前的高污染、高能耗、高排放反而有助于提高制造业全要素生产率的巨大压力；第五，贯彻共享发展理念有着明显的正向影响。

关键词：五大发展理念；全要素生产率；长江三角洲地区；制造业

一、引言

习近平总书记在党的十八届五中全会中提出，“实现‘十三五’时期发展目标，破解发展难题，厚植发展优势，必须牢固树立并切实贯彻创新、协调、绿色、开放、共享的发展理念”。其中，创新被置于五大发展理念之首，更是凸显出其核心位置。2015 年 3 月，李克强总理在《政府工作报告》中首次将全要素生产率作为衡量中国经济发展的指标，明确提出要“增加研发投入，提高全要素生产率”。显然，探讨贯彻五大发展理念与全要素生产率之间的关系，

* 基金项目：国家社会科学基金重点项目（14AZD085）；国家自然科学基金面上项目（71373106）；江苏省软科学研究计划项目（BR2018060）。

** 作者简介：袁小慧（1982～　），女，南京林业大学经济发展质量研究中心副研究员，江苏省行政学院决策咨询研究中心副教授，研究方向为制造业与区域经济发展。

范金（1965～　），男，通信作者，南京林业大学经济发展质量研究中心主任、教授、博导，研究方向为区域经济发展质量。

具有现实性和战略性。

长江三角洲地区是我国区域经济的重要支柱，制造业发展历史悠久，且最为发达，在我国现代化建设全局中具有重要的战略地位和突出的带动作用。根据《国家发展改革委关于印发长江三角洲地区区域规划的通知》（简称《通知》），长江三角洲地区从早期的16个核心城市扩展到上海市、江苏省和浙江省两省一市，而2016年5月国务院通过的《长江三角洲城市群发展规划》将长江三角洲城市群定义为包括上海、江苏、浙江、安徽四省份26个城市。本文研究主要基于《通知》提出的长江三角洲地区范畴，即上海市、江苏省和浙江省两省一市。2015年，江浙沪三个地区工业生产总值合计达到53 725.44亿元，占全国23.5%，制造业高度集聚式发展效应相对于珠江三角洲以及环渤海地区等其他区域更为显著。其中，江苏省工业生产总值则高达33 422.5亿元，全国排名第二，占到长江三角洲地区的60%以上。江苏省作为中国的制造业大省，以及长江三角洲地区制造业的核心力量，是“中国制造”向“中国智造”转型的重要标杆。2015年，江苏省区域创新能力连续7年位居全国首位，科技进步贡献率提高到60%，其中，制造业构成区域创新能力的主体。但是，面对经济新常态背景下的增速下滑、资源约束、成本上升等问题，长江三角洲地区制造业创新同样面临着很多制约。如何运用“创新、协调、绿色、开放、共享”五大发展理念选择着力点，提高全要素生产率，是认识和理解经济新常态下经济结构转型的重中之重，也是长江三角洲地区制造业能否顺利实现转型升级，实现《中国制造2025》目标的关键所在。

对于全要素生产率（total factor productivity，TFP）的理论研究，最早来源于索洛（Solow，1957）提出的经济增长分析框架，即从产出增长率中扣除资本和劳动投入增长所带来的产出增长贡献，所剩余的产出增长就是未被解释的“Solow余值”部分，被称为全要素生产率的增长率。作为经济增长的重要源泉，全要素生产率被广泛应用于相关理论分析（Farrel，1957；Denison，1969；Jorgenson & Griliches，1967）。对于全要素生产率（TFP）的测算，主要包括传统的参数法，包括余值生产函数法和随机前沿生产函数法（stochastic frontier approach，SFA）和非参数法，包括指数法和数据包络分析法（data envelopment analysis，DEA）两大类方法（Fare & Zhang，1994；蒋萍，王勇，2011；冯志军，陈伟，2014；郭军华等，2013）。在TFP测算的基础上，研究人员又对其影响因素进行分析，将TFP变化分解为纯技术效率、规模效率、技术效率和技术进步四个部分，其中，技术效率等于纯技术效率与规模效率的乘积，TFP变化率等于技术效率与技术进步的乘积，进而分析TFP变化原因（宫俊涛等，2008；李丹、胡小娟，2008；沈能，2006；谢千里等，2001；杨汝岱，2015）。当然，也有学者在TFP分解的基础上，进一步分析不同变量的影响，例如，高帆（2015）从要素质量、经济结构和政府政策三大方面7个解释变量分析我国不同省份农业全要素生产率变动的原因，陈超凡（2016）从规模结构、禀赋结构、产权结构、环境规制、能源结构、技术水平及外商投资等方面分析相关变量对我国工业绿色全要素生产率变动的影响。

尽管如此，综合已有研究可以发现，在寻找TFP变化的影响因素方面还是相对分散，相关解释变量选择不够全面，缺少一定的参考性，应从经济、社会、自然等方面综合考量。尽管已经建立的小康社会和现代化指标体系相对而言考量范畴比较综合，但仍属于专题性指标体系，而党中央提出的“创新、协调、绿色、开放、共享”五大发展理念则从更一般性应用层面较好地体现了相关内容。因此，有必要以此为依据，详细分析不同发展理念变化对全要素生产率变化的影响情况。据此，本文以长江三角洲地区具有典型性和示范性的江苏省制造业为例，在测算全要素生产率及其分解的基础上，从“创新、协调、绿色、开放、共享”五大发展理念入手，分析贯彻不同的发展理念是如何影响长江三角洲地区制造业TFP的变化，并提出相应对策性建议，以期为全国其他省份和地区提供经验和借鉴。

二、长江三角洲地区制造业全要素生产率的测算

（一）测算方法及指标说明

数据包络分析法，是1978年美国著名运筹学家查思斯、库柏和罗兹等首先提出来的，它是线性规划模型的应用之一，可以按照多种投入和多种产出的观察值，对有同样目标的生产企业的相对效率进行有效性评价的一种方法。自20世纪70年代以来，用确定性前沿生产函数模型估算技术变迁率形成新的阶段，即在概念和经验估算上将生产率拆分为技术进步、技术效率变化和规模效率的改善。DEA方法中的Malmquist指数法即属于这一类方法模型，该指数可由距离函数定义，反映生产决策单位与最佳实践面的距离。距离函数可以描述多投入、多产出的生产技术，同时不需要类似利润最大化的行为假设。

参照费尔和张（Fare & Zhang，1994），基于产出的Malmquist生产率指数可表示为：

$$M_0^t = D_0^t(x^{t+1}, y^{t+1}) / D_0^t(x^t, y^t) \tag{1}$$

其中，D_0 表示基于产出的距离函数。式（1）测度了在时间 t 的技术条件下，从时期 t 到 t+1 的技术效率变化。同理，可定义在时期 t+1 的技术条件下，Malmquist 生产率指数为：

$$M_0^{t+1} = D_0^{t+1}(x^{t+1}, y^{t+1})/D_0^{t+1}(x^t, y^t) \tag{2}$$

为避免使用上的混乱，可用式（1）和式（2）的两个指数几何平均值来衡量从 t 时期到 t+1 时期的生产率变化。该指数大于 1，表明从 t 到 t+1 时期的全要素生产率是增长的，反之，则说明全要素生产率是下降的。

$$\begin{aligned} M_0(x^{t+!}, y^{t+!}; x^t, y^t) &= \left[\frac{D_0^t(x^{t+1}, y^{t+1})}{D_0^t(x^t, y^t)} \times \frac{D_0^t(x^{t+1}, y^{t+1})}{D_0^{t+1}(x^t, y^t)}\right]^{\frac{1}{2}} \\ &= \frac{D_0^{t+1}(x^{t+1}, y^{t+1})}{D_0^t(x^t, y^t)}\left[\frac{D_0^t(x^{t+1}, y^{t+1})}{D_0^{t+1}(x^{t+1}, y^{t+1})} \times \frac{D_0^t(x^t, y^t)}{D_0^{t+1}(x^t, y^t)}\right]^{\frac{1}{2}} \\ &= TE \cdot TP \\ &= PE \cdot SC \cdot TP \end{aligned} \tag{3}$$

式（3）给出了 Malmquist 生产率指数的分解。Malmquist 生产率指数总体上可以分解为效率变化指数 TE 和技术进步指数 TP 两项。TE 是规模报酬不变且要素自由处置条件下的效率变化指数，它测度了从 t 到 t+1 时期每个观察对象到最佳实践边界的追赶程度。它又可以分解为纯技术效率变化指数 PE 和规模效率变化指数 SC。TP 指数测度的是技术边界从 t 到 t+1 时期的移动。

Malmquist 生产率指数的构造要求计算距离函数 $D_0^t(x^t, y^t)$、$D_0^{t+1}(x^{t+1}, y^{t+1})$、$D_0^t(x^{t+1}, y^{t+1})$、$D_0^{t+1}(x^t, y^t)$，这些距离函数的计算需借助线性规划的方法来实现。对于一个 N 个行业、T 个时期的问题而言，以上过程共需求解 $N \times (4T-2)$ 个线性规划方程。

考虑到本文研究对象为制造业，选择面向产出的距离函数，把制造业各行业看作生产决策单位，构造每一时期江苏省制造业的生产最佳实践前沿面，并把每个行业的生产同最佳实践前沿面进行比较。由于 DEA 方法是以决策单元（diesel multiple-unit，DMU）的各个投入产出指标的权系数作为变量，因此，本文在测算长江三角洲地区制造业全要素生产率时，分别选择制造业增加值为产出指标，选择劳动和资本为投入指标，相关数据主要来源于地区统计年鉴。

（二）测算结果

由于江苏省制造业在长江三角洲地区中占 60% 以上，因此，为更好地探讨长江三角洲地区制造业全要素生产的情况，本文主要以江苏省制造业为样本，详细测算江苏省制造业全要素生产率及其相关的分解。其中，劳动投入采用制造业从业人员年均人数代替，折旧率的确定借鉴张军等（2004）的测算经验，计算得出江苏省的固定资本形成总额的折旧率为9.5%，并假设制造业各行业之间的折旧率没有差异，当年投资数据采用固定资本形成额，并通过固定资产投资价格指数进行平减化处理。表1所示是江苏省制造业全要素生产率变化率及其组分变化的年度数据，并采用DEA技术中的Malmquist指数法将TFP分解成纯技术效率、规模效率、技术效率和技术进步四个部分。其中，技术效率等于纯技术效率与规模效率的乘积，TFP变化率等于技术效率与技术进步的乘积。由于DEA方法得到的是全要素生产率增长率数值，所以此处只能获取1993~2013年的全要素生产率变化率。根据表1中的变化率可以发现以下几点内容。

表1　长江三角洲地区制造业全要素生产率变化率及其分组：以江苏省为例

年份	技术效率变化	技术进步	纯技术效率	规模效率	TFP变化率
1994/1993	1.102	0.916	1.146	0.961	1.010
1995/1994	1.059	0.924	1.045	1.013	0.978
1996/1995	0.312	4.508	1.008	0.309	1.405
1997/1996	1.513	0.493	1.087	1.392	0.746
1998/1997	2.254	0.418	0.982	2.295	0.943
1999/1998	1.042	1.036	0.913	1.142	1.080
2000/1999	0.764	1.288	0.963	0.794	0.984
2001/2000	1.054	0.927	1.003	1.051	0.977
2002/2001	0.757	1.307	0.944	0.802	0.989
2003/2002	0.978	1.111	0.846	1.157	1.087
2004/2003	1.041	1.513	1.174	0.887	1.576
2005/2004	0.984	1.476	0.888	1.109	1.452
2006/2005	1.109	0.863	1.008	1.100	0.957
2007/2006	0.906	1.128	1.021	0.887	1.021
2008/2007	0.901	1.193	0.956	0.943	1.075
2009/2008	1.117	1.080	1.062	1.052	1.206
2010/2009	0.802	1.296	0.875	0.917	1.039
2011/2010	1.006	1.015	0.897	1.121	1.021

续表

年份	技术效率变化	技术进步	纯技术效率	规模效率	TFP 变化率
2012/2011	1.151	1.603	1.187	0.970	1.846
2013/2012	1.025	0.829	1.008	1.016	0.849
2014/2013	1.003	1.115	0.912	1.100	1.118
2015/2014	0.925	1.245	1.034	0.954	1.228
平均值	0.989	1.123	0.996	0.989	1.137

资料来源：作者根据历年《江苏统计年鉴》数据自行计算得到。

第一，总的来看，技术进步有效推动了江苏省制造业 TFP 的增长。1994 ~ 2014 年期间，TFP 年均增长达到 13.7%，其中，技术进步年均增长 12%，而技术效率变化却呈现出一定的下降趋势，年均下降 1.1%，在一定程度上阻碍了江苏省制造业 TFP 的提高。可见，随着经济社会发展过程中研发强度的不断增加，技术创新、技术改进等表现出来的技术进步对提高 TFP 做出了很大贡献，但与之伴随的企业相关经营管理效率却没有同步地提高。

第二，从具体年度细分情况看，2000 年成为影响江苏省制造业 TFP 变化的分水岭。2000 年以前江苏省制造业 TFP 变化主要受技术效率变化的影响，但 2000 年之后技术进步变化发挥了主要作用。除个别年份外，2000 年之前，技术效率基本呈现出明显的增长趋势，特别是在 1997 年左右，增长速度达到 50% 以上。究其原因，主要是 1997 年亚洲金融危机对我国出口产生了很大影响，需求侧的压力进一步传导至供给侧，从而加速推动了 1998 年国企改革等措施，有效提高了企业经营管理效率。尽管 2000 年之前技术效率发挥了很大作用，但由于技术进步作用没有得到发挥，使得总的 TFP 增长不明显，甚至在很多年份出现了负增长，TFP 变化指数小于 1。而 2000 年之后，这种现象出现了明显的改变，随着我国加入 WTO 的推进，技术、人才等要素的全球流动，制造业的技术进步得到明显改善，在 2004 年左右甚至达到增长率 50%，有效地促进了江苏省制造业 TFP 的增加。

第三，不管是纯技术效率还是规模效率增长率，都没有显现明显的促进作用。如表 1 所示，纯技术效率和规模效率对江苏省制造业 TFP 的影响不稳定，增长和下降交替出现，很多年份出现下降趋势。这种波动使得纯技术效率和规模效率分别年均下降 0.4% 和 1.1%，其带来的技术效率下降对江苏省制造业 TFP 的提高并没有起到有力的推动作用。

三、贯彻五大发展理念对江苏省制造业全要素生产率的影响分析

（一）模型建立

全要素生产率的变化主要来源于科技创新，但经济结构、资源消耗、政府政策等也对其有着重要的影响，涵盖了经济、自然、社会等方方面面，而“创新、协调、绿色、开放、共享”五大发展理念则较好地体现了相关的内容，将全要素生产率及其五大发展理念之间的关系用函数形式表示：

$$TFP = f(cx, xt, ls, kf, gx) \tag{4}$$

其中，TFP 为因变量，表示江苏省制造业全要素生产率，cx，xt，ls，kf，gx 分别表示创新、协调、绿色、开放和共享五大发展理念所对应的影响因素。

参照研究惯例，本文进一步假设该函数关系是柯布－道格拉斯（Cobb－Douglas）生产函数模型，同时，为了消除时间序列数据异方差性，对各变量进行自然对数变换，从而构建以下计量模型：

$$\begin{aligned} \ln(TFP) = \beta_0 + \beta_1 \ln(cx) + \beta_2 \ln(xt) + \beta_3 \ln(ls) \\ + \beta_4 \ln(kf) + \beta_5 \ln(gx) + \varepsilon \end{aligned} \tag{5}$$

其中，β_0 是常数，β_1、β_2、β_3、β_4、β_5 分别表示创新、协调、绿色、开放和共享五大发展对 TFP 的弹性，即创新、协调、绿色、开放和共享发展每增长 1%，分别带动 TFP 增长 β_1%、β_2%、β_3%、β_4%、β_5%，ε 为随机扰动项。

（二）变量选择

当我们确定了江苏省制造业全要素生产率的影响因素并构建完模型之后，需要对上述模型中的各影响因素进行量化，即选择代理变量。借鉴 2013 年 5 月 29 日江苏省发布《江苏全面建成小康社会指标体系》（2013 年修订，试行）和《江苏基本实现现代化指标体系》（试行），设定相关代理解释变量的指标选择包括以下几点内容。

（1）创新。创新发展揭示了如何激发新的发展动力问题。评价一个国家或地区创新能力的指标众多，借鉴国际和国内常用的评价指标，结合江苏省实际情况及数据的可得性，同时考虑变量之间可能存在的多重共线性问题后，本文将研究与试验发展经费投入强度、每万人口发明专利拥有量、科技活动人员数作为体现江苏省创新发展的核心指标。其中，研究与试验发展经费投入强度是指研究与试验发展投入占地方生产总值的比重。

（2）协调。协调发展揭示了如何解决发展不平衡问题。结合江苏省实际情况及数据的可得性，同时考虑变量之间可能存在的多重共线性问题后，本文将年末城镇登记失业率、服务业占 GDP 比重、高新技术产业产值占规模以上工业的比重三个变量作为体现江苏省协调发展的核心指标。

（3）绿色。绿色发展揭示了如何解决人与自然和谐发展问题。结合江苏省实际情况及数据的可得性，同时考虑变量之间可能存在的多重共线性问题后，本文主要选择二氧化硫、烟粉尘排放量、单位 GDP 能耗作为体现江苏省绿色发展的核心指标。其中，单位 GDP 能耗为规模以上工业企业主要能源消费量占 GDP 比重。

（4）开放。开放发展揭示了如何解决内外联动问题。结合江苏省实际情况及数据的可得性，同时考虑变量之间可能存在的多重共线性问题后，本文主要选择外贸进出口总额、实际外商直接投资作为体现江苏省开放发展的核心指标。

（5）共享。共享发展揭示了如何解决社会公平正义问题。结合江苏省实际情况及数据的可得性，同时考虑变量之间可能存在的多重共线性问题后，本文主要选择基本养老保险参保率、基本医疗保险覆盖率作为体现江苏省共享发展的核心指标。

在具体数据处理时，本文主要对 2000 ~ 2014 年相关解释变量和被解释变量数据进行实证分析，其数据来自历年《江苏统计年鉴》，2015 年数据来自《2015 年江苏省国民经济和社会发展统计公报》。此外，由于 DEA 方法得到的是全要素生产率增长率数值，因此，在进行计量分析之前，有必要在 TFP 增长率的基础上，推算出相应年份的 TFP。

（三）实证结果分析

表 2 中分别显示的是不同变量组合对江苏省制造业全要素生产率的影响。由于全要素生产率的提高主要来源于创新，所以，模型 1 ~ 模型 8 中反映创新能力的相关变量均作为重要影响因素参与模型回归分析。其中，模型 1 仅仅反映创新发展对江苏省制造业 TFP 的影响情况，模型 2 反映创新发展和协调发展共同作用对江苏省制造业 TFP 的影响，模型 3 反映创新发展和绿色发展共同作用对江苏省制造业 TFP 的影响，模型 4 反映创新发展和开放发展共同作用对江苏省制造业 TFP 的影响，模型 5 反映创新发展和共享发展共同作用对江苏省 TFP 的影响，模型 6 反映创新、协调和绿色共同发展对江苏省制造业 TFP 的影响，模型 7 反映创新、协调、绿色和开放共同发展对江苏省制造业 TFP 的影

响，模型8反映创新、协调、绿色、开放和共享共同发展对江苏省制造业TFP的影响。通过对模型1~模型8回归结果的比较，可以发现以下几点内容。

第一，当考虑协调、绿色、开放或共享发展等其他发展理念共同作用时，创新发展对江苏省制造业TFP作用的影响程度反而下降。如表2所示，模型1回归结果中反映创新发展相关变量的系数绝对量均大于其他模型。当仅考虑创新发展影响作用时，研究与试验发展经费投入强度、每万人口发明专利拥有量每增加1%，会使得江苏省制造业TFP增加0.3945%和0.1705%，而同时考虑其他发展理念所对应的相关变量影响作用时，该系数明显下降。创新与协调、绿色、开放或共享发展等相关因素影响的综合作用并没有显现，实际操作过程中存在的技术、体制机制等原因，使得江苏省制造业TFP增加变缓。

第二，科技活动人员数的简单增加并不会直接带来江苏省制造业TFP的提高。正如表中模型1~模型5结果所示，科技活动人员数对江苏省制造业TFP影响的相关系数均为负值，例如，模型1中科技活动人员数每增加1%，反而会使得TFP减少0.331%。尽管考虑到其他发展理念所对应的相关变量影响的共同作用，会使得科技活动人员数对TFP的负向影响程度减少，但其相关系数仍为负值。例如，在考虑协调发展和绿色发展相关因素共同作用时，科技活动人员数每增加1%，仍然会使得TFP减少0.0703%。这主要是由于江苏省制造业总体发展仍停留在中低端，劳动密集、原材料消耗大的加工型产品居多，技术水平与国际先进水平相比有较大差距。尽管江苏省区域创新能力位居全国首位，但更多的处于技术“跟跑”的状态，科技活动人员作用相对较小，使用效率不高。虽然江苏省拥有丰富的高校人才资源，但人才转化没有得到市场的充分应用。因此，提高科技人员使用效率应是“十三五”乃至更长时期进一步提高江苏省制造业TFP的重点。

第三，考虑绿色、开放或共享发展等其他发展理念的作用后，服务业和高新技术产业对江苏省制造业TFP的提升并没有发挥作用。这一点可以通过模型回归结果中服务业占GDP比重、高新技术产业产值占规模以上工业的比重等变量的相关系数反映出来。模型2显示，在创新发展的同时，协调发展有利于提高江苏省制造业TFP，服务业占GDP比重、高新技术产业产值占规模以上工业的比重每增加1%，TFP将会增加0.1754个和0.1647个百分点，同时年末城镇登记失业率的下降也会促进TFP的提高。但是，模型6、模型7和模

表 2　　贯彻不同发展理念模型的回归结果

变量		模型 1	模型 2	模型 3	模型 4	模型 5	模型 6	模型 7	模型 8
创新	研究与试验发展经费投入强度（%）	0.3945*** (10.23)	0.2652* (1.62)	0.3099** (3.31)	0.1649 (1.24)	0.1156* (2.01)	0.1936*** (3.87)	0.1663*** (3.35)	0.1491*** (3.83)
	每万人口发明专利拥有量（件）	0.1705*** (10.99)	0.1094** (2.52)	0.1309*** (7.38)	0.1112** (3.06)	0.0492* (2.14)	0.1277*** (3.84)	0.0872*** (4.41)	0.0482* (2.1)
	科技活动人员数（万人）	-0.331*** (-5.01)	-0.2222 (-1.50)	-0.3354*** (-4.05)	-0.0979 (-0.7)	-0.093* (-1.88)	-0.0703 (-0.76)	-0.0825 (-0.48)	-0.1224* (-1.95)
协调	年末城镇登记失业率（%）	—	-0.2173* (-1.64)	—	—	—	-0.2205* (-2.02)	—	—
	服务业占 GDP 比重（%）	—	0.1754 (0.46)	—	—	—	-0.5314 (-1.16)	—	—
	高新技术产业产值占规模以上工业的比重（%）	—	0.1647 (0.98)	—	—	—	—	-0.1849** (-2.42)	-0.1143* (-1.72)
绿色	二氧化硫（万吨）	—	—	0.2524* (1.6)	—	—	—	—	—
	烟（粉）尘排放量（万吨）	—	—	-0.1194 (-1.13)	—	—	0.0923 (0.88)	—	—
	单位 GDP 能耗（吨/万元）	—	—	-0.2599** (-2.63)	—	—	-0.0486 (-0.25)	-0.0077 (-0.79)	0.0803 (1.09)

续表

变量		模型 1	模型 2	模型 3	模型 4	模型 5	模型 6	模型 7	模型 8
开放	外贸进出口总额（亿美元）	—	—	—	0.0753* （1.91）	—	—	0.1179*** （8.82）	0.0384 （1.05）
	实际外商直接投资（亿美元）	—	—	—	-0.0105 （0.33）	—	—	—	—
共享	基本养老保险参保率（%）	—	—	—	—	0.4078*** （5.27）	—	—	0.3834* （2.27）
	基本医疗保险覆盖率（%）	—	—	—	—	0.0375 （1.4）	—	—	—

注：括号中的数字为 t 统计量；***、**、*分别代表 1%、5%和 10%显著性水平。

型 8 分别增加了绿色、开放和共享发展等相关因素，则服务业占 GDP 比重、高新技术产业产值占规模以上工业的比重的增加反而使得 TFP 下降，相关系数均为负值，由原来的正向推动转向负向阻碍的作用。也就是说，考虑其他发展理念反而抑制了协调发展相关因素对江苏省制造业 TFP 的提升作用。制造业的发展离不开服务业特别是生产性服务业，以及高新技术产业的支撑，但江苏省消费性服务业相对而言占比仍然较大，创新程度相对于生产性服务业不高，从而拉低了服务业对 TFP 的贡献度。同时，由于技术、体制机制等方面的原因，使得绿色、开放、共享等相关因素综合作用时反而阻碍了服务业、高新技术产业等反映协调发展的影响因素对 TFP 提高的贡献。

第四，考虑开放或共享发展等其他发展理念作用后，高污染、高排放、高能耗反而出现有助于 TFP 提高的现象。这点可以通过二氧化硫、烟（粉）尘排放量、单位 GDP 能耗等变量对江苏省制造业 TFP 影响系数反映出来。如模型 3、模型 6 和模型 8 所示，当反映绿色发展的相关变量与其他影响因素综合作用时，均有可能呈现出对 TFP 的贡献从负向阻碍向正向推动的转变。这主要是由长期以来江苏省制造业粗放型经济增长模式导致的。尽管以“高能耗、高排放、高污染”为特征的增长模式，会给江苏省经济的持续、健康发展带来了资源与环境压力，但是，这些高污染、高排放更多集中在占江苏省制造业很大比重的重化工业，相对于其他制造业发展具有更强的科技性，从而呈现出对江苏省制造业 TFP 的正向作用。因此，实现低碳经济对江苏省的经济转型升级面临着巨大的挑战。这种挑战不仅是对高污染、高排放的企业，同时对于政府的管理工作也有很大的压力。

第五，基本养老保险参保率的提高对江苏省制造业 TFP 有非常显著的推动作用。相对于其他影响因素，反映共享发展的基本养老保险参保率变量的相关系数较大，例如，模型 5 显示，基本养老保险参保率每增加 1%，则江苏省制造业 TFP 增加 0.4078%，影响程度较为明显，而反映创新发展的研究与试验发展经费投入强度仅使得 TFP 增加了 0.1156%。随着基本养老保险等共享发展的进一步完善和提升，劳动者能够更好地投入到生产过程中，不断提高生产效率，进而促进 TFP 的增长。

四、结论和对策性建议

本文从“创新、协调、绿色、开放、共享”五大发展理念入手，以具有代表性的江苏省制造业为样本，在对制造业全要素生产率及其分解测算的基础上，详细分析贯彻五大发展理念对长江三角洲地区制造业 TFP 的影响情况，进而得出以下几点结论和建议。

第一，仅依靠技术进步对提升长江三角洲地区制造业 TFP 的作用有限，需要同步发挥技术效率、规模效率的综合作用。尽管技术进步有效推动了长江三角洲地区制造业 TFP 的增长，但单靠技术进步的贡献是有限的，必须充分发挥技术效率、规模效率对 TFP 增长的协同作用。因此，企业在加强自主创新，加快技术进步的同时，还要同步改进企业的生产经营管理水平和方式，提高资源配置效率，充分发挥生产规模效应，从而促进纯技术效率和规模效率对 TFP 的增长贡献。

第二，在提高长江三角洲地区制造业 TFP 过程中，贯彻创新与协调、绿色、开放、共享等其他发展理念的综合作用尚未显现，仍有很大的提升空间。TFP 的提高是一个综合性过程，尤其是当长江三角洲地区人均地区生产总值突破 1 万美元之后，经济社会整体发展已达到中等发达国家的水平，经济增速明显降低，原有的发展动力机制已失效，必须在不断推进制度创新、科技创新、文化创新等各方面创新的基础上，打破创新与协调、绿色、开放或共享发展之间的各种技术和体制机制性障碍，促进长江三角洲地区制造业 TFP 的有效提高。

第三，贯彻创新理念，关键在于提高科技活动人员的使用效率，而非数量效应。这是促进创新引领、提高长江三角洲地区制造业 TFP 的重要途径。人才是支撑创新发展的第一资源。尽管江苏省、浙江省和上海市拥有丰富的高校人才资源，但由于制造业主要集中在中低端，技术水平相对不高，科技活动人才没有得到充分应用。因此，要进一步加强人才结构调整，尤其是突出“高精尖缺”人才培养、引进等导向，打造一批科技领军人才、企业家人才、高技能人才队伍，促进企业从科技“跟跑”向科技“领跑”状态的转变。

第四，兼顾高端制造业和生产性服务业均衡发展的协调理念，有助于提高长江三角洲地区制造业 TFP。通过对不同模型回归结果的比较发现，由于存在技术、体制机制等问题，使得绿色、开放和共享发展等综合作用反而抑制了协调发展相关因素对制造业 TFP 的提升，服务业和高新技术产业对提升制造业 TFP 由原来的正向推动转向负向阻碍。因此，长江三角洲地区在未来经济社会发展过程中，一方面，要进一步调整服务业发展结构战略，增加创新程度相对较高的生产性服务业比重，另一方面，顺应新一轮科技革命与“互联网 +”发展趋势，继续推进信息化和工业化深度融合，以智能制造为突破口，着力发展智能装备和智能产品，推动长江三角洲地区高端制造业发展。

第五，在当前工业化发展阶段，“高污染、高能耗、高排放”反而有助于提高制造业 TFP，贯彻绿色发展理念仍然面临着很大压力。由于长江三角洲地区仍处于工业化和城镇化不断发展进程中，在消费结构升级的拉动下，以机械制造、钢铁、建材、能源为代表的重化工业还会处于快速增长通道。尽管相对于其他制造业发展具有更强的科技性，呈现出对制造业 TFP 的正向推动作用，但是这种以“高能耗、高排放、高污染”为特征的增长模式换来的经济发展和工业进步却是不可持续的。所以，有必要进一步加强制度与政策因素对实现低碳经济的影响，调整能源消费结构，并通过发展回收与循环利用产业等方式，改善资源严重浪费与过度消耗等现象。

第六，贯彻共享发展理念对提升长江三角洲地区制造业 TFP 有着明显的正向影响。共享发展是实现推动经济社会持续发展的动力所在，也是“十三五”期间长江三角洲地区全面实现小康社会目标的关键所在。只有解决好基本养老保险等社会保障问题，劳动者才能有更好的积极性、主动性和创造性投入到生产过程中，不断提高生产效率，进而促进 TFP 的增长。因此，要本着公平正义的原则，不断完善相关制度规定，积极解决人民群众最关心、最直接、最现实的利益问题，为每一个人提供平等参与社会发展的权利和机会。

参考文献

[1] 陈超凡. 中国工业绿色全要素生产率及其影响因素——基于 ML 生产率指数及动态面板模型的实证研究 [J]. 统计研究，2016，33（3）.

[2] 冯志军，陈伟. 中国高技术产业研发创新效率研究——基于资源约束型两阶段 DEA 模型的新视角 [J]. 系统工程理论与实践，2014（5）.

[3] 高帆. 我国区域农业全要素生产率的演变趋势与影响因素——基于省际面板数据的实证分析 [J]. 数量经济技术经济研究，2015（5）.

[4] 宫俊涛，孙林岩，李刚. 中国制造业省际全要素生产率变动分析——基于非参数 Malmquist 指数方法 [J]. 数量经济技术经济研究，2008，25（4）.

[5] 郭军华，倪明，李帮义. 基于三阶段 DEA 模型的农业生产效率研究 [J]. 数量经济技术经济研究，2010（12）.

[6] 蒋萍，王勇. 全口径中国文化产业投入产出效率研究——基于三阶段 DEA 模型和超效率 DEA 模型的分析 [J]. 数量经济技术经济研究，2011（12）.

[7] 李丹，胡小娟. 中国制造业企业相对效率和全要素生产率增长研究：基于 1999－2005 年行业数据的实证分析 [J]. 数量经济技术经济研究，2008，25（7）.

[8] 沈能. 中国制造业全要素生产率地区空间差异的实证研究 [J]. 中国软科学, 2006 (6).

[9] 谢千里, 罗斯基, 郑玉歆. 所有制形式与中国工业生产率变动趋势 [J]. 数量经济技术经济研究, 2001, 18 (3).

[10] 杨汝岱. 中国制造业企业全要素生产率研究 [J]. 经济研究, 2015 (2).

[11] 张军, 吴桂英, 张吉鹏. 中国省际物质资本存量估算: 1952 - 2000 [J]. 经济研究, 2004 (10).

[12] Denison E. F. Why Growth Rates Differ: Postwar Experience in Nine Western Countries [J]. Revue économique, 1969, 20 (5).

[13] Fare R., Zhang Z. Productivity Growth, Technical Progress and Efficiency Change in Industrialized Countries [J]. American Economic Review, 1994, 84 (1): 66 - 83.

[14] Farrel M. J. Measurement of Productive Efficiency, Journal of Royal Statistics Society [J]. Series A (General), 1957, 120 (3): 253 - 281.

[15] Jorgenson D. W., Griliches Z. The Explanation of Productivity Change [J]. The Review of Economic Studies, 1967, 34 (3): 249 - 283.

[16] Solow R. M. Technical Change and the Aggregate Production Function [J]. Review of Economics and Statistics, 1957, 39 (3): 312 - 320.

企业质量文化建设路径

——来自三家全国质量奖获奖企业的案例研究

刘秀红　刘治宏*

摘　要：企业质量文化缺失是我国频繁出现“问题食品”“问题疫苗”等产品质量问题的根本原因。《企业质量文化建设指南》（以下简称《指南》）（GB/T 32230—2015）为企业系统有效地建设适合自身发展需要的质量文化，提供了一种以过程为基础的总体框架。海尔集团公司、上海三菱电梯有限公司和中国船舶重工集团公司第七一六研究所这三家全国质量奖获奖企业的质量文化建设实践，为开展企业质量文化建设的企业提供了以下对策建议：领导高度重视，以《指南》作为企业质量文化建设的路径指导，推进全员积极参与，设定系统、明确的成效标准，推进信息化建设等。

关键词：质量文化；全国质量奖

一、引言

我国为何频繁发生“问题食品”“问题疫苗”这样的产品质量问题？从深层次看，缺乏质量文化是我国企业面临的最大危机。质量文化是随着全面质量管理（total quality management，TQM）的深入发展而提出的新概念。TQM 在日本取得了巨大成功，而在加拿大、英国、中国等国却未发挥应有的作用。原因何在？众多的质量管理专家和学者认为，关键在于企业缺乏为实施和发展 TQM 与 ISO 9000 等工具的质量文化环境。理查·M. 霍德盖茨（Richard M. Hodgetts，1999）对美国波多里奇国家质量奖获奖企业进行了调查后得出结

* 作者简介：刘秀红（1976～　），女，聊城大学商学院副教授，经济学博士，主要研究方向为质量管理、金融市场理论与实践。

刘治宏（1964～　），男，北京中质卓越咨询有限公司咨询顾问，教授级高工，主要研究方向为质量管理理论、工具方法。

论：那些获奖企业拥有更出色的企业质量文化，这些企业对产品质量的着眼点已由测定诸如差错率等操作的结果，转向质量的思想倾向和文化。企业该如何进行质量文化建设呢？

国内学者从不同角度对如何建设企业质量文化进行了思考。徐从报（2005）在分析了我国企业质量文化所处的发展阶段之后，给出了企业质量文化的具体构建方法与步骤，即确立企业核心质量价值观，高层管理者的倡导与全员践行，质量管理检核、监督及激励体制完善，大规模的培训及质量文化的持续改进等。倪建文（2008）结合当代中国的现实情况，从质量改进、TQM管理革命、构筑整合性管理体系和建立质量文化创新机制等多方面探讨了培育中国企业优秀质量文化的发展路径。倪建文（2012）认为，中国内地的企业要建设优秀的企业文化，特别是质量文化，应该汲取先秦儒家文化中正面的价值因素，如"义利观""和谐观"、企业家的诚信等，同时吸收西方管理理论注重理性的因素，并将两者加以融合从而逐步实现超越。茹梁和刘兰凯（2015）则以勐海茶厂为例分析了茶企业质量文化建设的路径，指出勐海茶厂企业质量文化的具体路径首先是由质量理念达成质量共识，其次落实到员工的质量行为，再次形成质量示范，最后又使质量理念处于持续更新的过程中。上述研究虽为企业质量文化建设提供了有益的借鉴，但在企业质量文化建设的系统框架和操作性上仍有所欠缺。

2015 年 12 月 10 日，我国发布了质量文化建设领域的第一个国家标准《企业质量文化建设指南》（GB/T 32230—2015，以下简称《指南》）。《指南》为企业系统有效地建设适合自身发展需要的质量文化，提供了一种以过程为基础的总体框架。赵宏春等（2016）介绍了与《指南》内容相类似的一种企业质量文化建设模式，但并未详细论述其内容。本文在上述研究的基础上，以《指南》为理论基础，通过分析三家全国质量奖获奖企业的质量文化建设路径，为企业质量文化建设提出了相应的对策建议。

二、理论基础

《指南》提供了一种以过程为基础的总体框架（见图 1）。该标准提供了运用质量文化建设工作框架实现企业质量文化持续优化的指南，有助于企业了解并掌握质量文化建设所需开展的工作，从质量文化定位、组织与管理、质量文化推进及测量、评价与改进四个方面，明确各个工作事项的实施要求，为企业开展质量文化建设提供了具体指导。

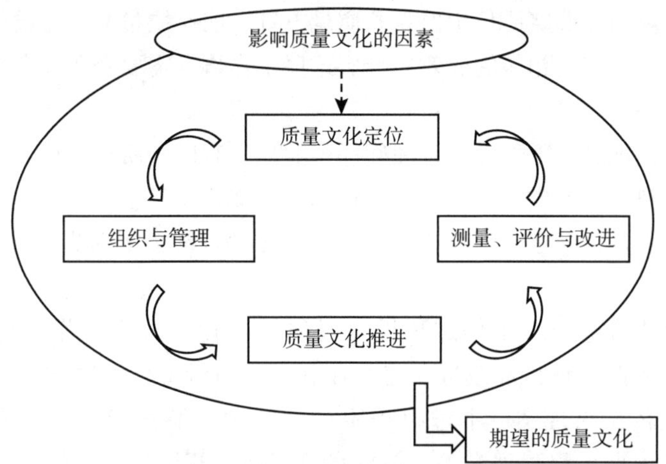

图1　以过程为基础的质量文化建设工作框架图

资料来源：中华人民共和国国家标准：《企业质量文化建设指南》。

企业质量文化建设工作框架的每个工作过程包含若干个工作事项，如表1所示。①

表1　各个工作过程包含的工作事项

工作过程	工作事项	
质量文化定位	1）确定发展方向和期望目标； 3）确定质量方针；	2）明确质量价值观； 4）设定成效标准
组织与管理	1）明确组织领导职责； 3）确定管理方法与手段	2）明确日常管理职责；
质量文化推进	1）行为规范与制度建设； 3）沟通与宣传；	2）教育与培训； 4）员工激励
测量、评价与改进	1）成效测量； 3）分析与评价；	2）收集数据与信息； 4）改进与创新

资料来源：中华人民共和国国家标准：《企业质量文化建设指南》。

质量文化定位这一工作过程旨在确定企业质量文化的发展方向与期望目标。企业应充分考虑顾客和其他利益相关方的需求，依据其在质量方面的发展

① 中华人民共和国国家标准：企业质量文化建设指南（GB/T 32230—2015）；2015年12月10日发布，2016年7月1日实施。

方向和战略规划，确定质量价值观和质量方针，明确质量文化建设的发展方向和期望目标，并制定相应的成效标准。这些工作事项需要企业高层领导亲自参与和决策。

组织与管理这一工作过程旨在确保企业建立有助于质量文化建设的组织架构和推进机制，并形成文件。企业应建立质量文化建设领导团队，明确日常管理的部门及职责，确定管理方法与手段，以保障质量文化建设工作的持续推进与发展。

质量文化推进这一工作过程旨在对质量文化的推进工作进行具体的策划、实施、控制、评价和改进，将企业确定的质量文化发展方向和期望目标通过本过程转化为现实。本过程是质量文化建设最直接、最具体的实施过程，企业应依据过程管理方法，结合自身实际，开展教育与培训、沟通与宣传工作，制定行为规范与相关制度，进行员工激励，并建立质量文化推进过程的程序文件。

测量、评价与改进这一工作过程旨在建立质量文化建设的测量、评价和改进机制，对质量文化建设实施动态和闭环管理。通过建立成效测量系统、数据和信息的收集与分析、成效分析与评价、改进与创新等工作，确保企业及时获知质量文化建设的工作进展和取得的成果，并识别改进机会。

三、案例研究

（一）案例选择

本文选择全国质量奖获奖企业作为研究对象。全国质量奖是对应用卓越绩效管理模式，并在各方面取得显著绩效的组织所授予的在经营质量方面的最高荣誉。自 2001 年设立以来，全国质量奖（2006 年以前称为“全国质量管理奖”）已成功举办 18 届，有 151 家企业获得此项殊荣，其中有 9 家企业已获奖两次。本文选择青岛海尔股份有限公司、上海三菱电梯有限公司和中国船舶重工集团公司第七一六研究所等三家企业作为研究对象，这三家企业的基本信息见表 2。

这三家企业分属家电、电梯和电子信息技术行业，具有一定的代表性。这三家企业均为业内翘楚，除了均为全国质量奖获奖企业之外，海尔还是首届中国质量奖的获奖企业，三菱电梯则荣获了第二届中国质量奖的提名奖。因此，这三家案例企业的质量文化建设在全国范围内具有一定的引领作用。

表 2　　研究对象基本信息

企业全称	企业简称	所属行业	所在地	全国质量奖获奖年份
青岛海尔股份有限公司	海尔	家电、智慧家庭	山东省青岛市	2001 年
上海三菱电梯有限公司	三菱电梯	电梯	上海市	2002 年、2011 年
中国船舶重工集团公司第七一六研究所	七一六所	电子信息技术	江苏省连云港市	2016 年

资料来源：根据相关信息整理。

（二）案例分析

1. 海尔质量文化建设内容①

海尔质量文化建设设立了 4 项任务：形成一种理念，建立一套制度，营造一种氛围，养成一种习惯。经过企业 30 多年的发展，海尔通过以下四个工作过程逐渐建立起了独特的质量文化。

（1）质量文化定位。海尔确定了建设“零缺陷的保证期质量文化”目标，该目标由“乐活海尔”“乐高海尔”“乐变海尔”“乐创海尔”和“乐省海尔”五个部分构成。其中，“乐活海尔”是指客户为上，与用户需求零距离；“乐高海尔”是指模块制造，在零库存下即需即供；“乐变海尔”是指实验有道，不把市场当实验场，而是把实验场当市场；“乐创海尔”是指标准之先，自主创新，自主知识产权与自主品牌；“乐省海尔”是指誉殇自新，市场取决于顾客，信誉来源于品质。

从海尔初期的“砸冰箱事件”开始，海尔就逐渐认识到了“抓质量先抓人，抓人先抓观念”。海尔质量价值观主要包括：高标准、精细化、零缺陷。

利用平衡计分卡，海尔确定了可测量的市场及现场目标、指标，并通过关键绩效指标（key performance indicator，KPI）层层分解确保目标达成。具体而言，海尔质量文化建设的成效标准包括四个方面的要求：①顾客视角；②财务视角；③内部过程；④学习与成长。每个方面的具体成效指标如图 2 所示。

① 海尔案例分析资料主要来自《海尔集团质量文化建设》。

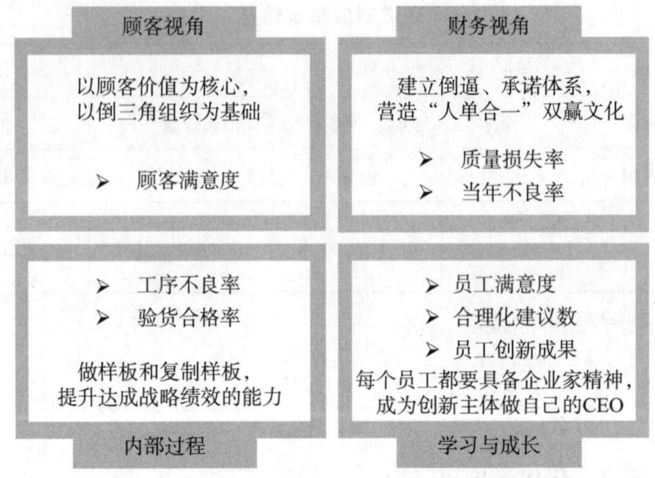

图2　海尔质量文化建设成效标准

资料来源：来自《海尔集团质量文化建设》（海尔内部资料）。

（2）组织管理与激励。质量文化的管理与方法——合理运用工具。海尔确定的管理方法与手段主要包括：质量控制小组（quality control，QC）、6σ 循环、6σ 成本论、6σ 设计（design for six sigma，DFSS）、精益生产和现场质量管理星级评价模式等。

完善的激励机制——薪酬福利模型。海尔全面薪酬福利钻石模型（见图3）。从图中可以看出，海尔不仅向员工提供了有竞争力的薪酬激励，而且提供了包括多元福利、乐活计划、员工关怀和生活平衡计划在内的完善福利激励。

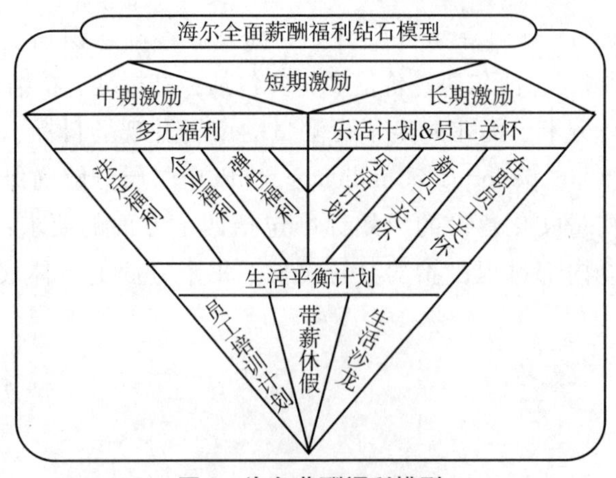

图3　海尔薪酬福利模型

资料来源：来自《海尔集团质量文化建设》（海尔内部资料）。

（3）质量文化促进过程的行为规范与培训。海尔建立了共同核心价值观基础之上的员工行为规范：一是适用于所有领导和核心人才的领导力模型；二是适用于所有人员的员工核心能力素质模型。这两类模型都包括对员工两类能力的要求，即与岗位相关的专业能力和与角色相关的领域能力。海尔通过各类培训实现对相关能力的培养，从而使员工在工作中能实现对客户价值的创造。

沟通与宣传。下行沟通主要通过以下方式，①海尔新闻；②海尔人和事业部简报等报纸；③员工画与话、文化标准和活动看板等看板；④日清会、质量分析会和产销协同会等会议；⑤案例培训、项目发布和集团思路宣贯等培训。上行沟通方式主要包括，①领导信箱、员工建议箱和邮箱；②网上专栏等网上互动；③日清会和员工恳谈会等会议；④合理化建议书。

员工士气促进过程。海尔举办多项活动落实员工激励制度，包括通过员工技能比武实现员工的技能提升；通过创新大道、员工命名等做法营造全员创新氛围；通过踏青、红歌会和户外拓展等团队活动增强员工的归属感和团队合作精神；通过全员劳动竞赛、项目发布等体现员工的自我价值……

（4）测量、评价与改进。依据质量文化定位、期望目标及要求监测各过程。用户满意度调查通过全面客户体验服务（total customer experience，TCE）模式实现。该模式通过直接询问顾客、顾客投诉与建议和神秘顾客等方式全方位了解顾客满意度。员工满意度调查主要通过问卷调查来实现。问卷涉及薪资报酬、工作环境、人际关系、职业健康、发展前景和规章制度等多个方面，综合调研员工满意度并对具体问题有针对性地进行改进。工序不良率利用制造执行系统（manufacturing execution system，MES）获取数据。通过“发现不合格品→扫描贴不良标识→放入不良品区→登记不良品台账→扫入 MES 系统→若可修复则修理缺陷并扫入 MES 系统→返工品确认→若合格则入工序”的主流程实现对不合格品的处置，并通过该系统实现工序不良率的计算。市场质量损失则利用售后质量损失分析系统获取数据。海尔集团用户信息接收系统接收用户信息，经由售后质量损失分析系统进行损失指标分析之后，对分类后的损失进行详细分析。

与理想状态或选定标杆进行比较和评估，依据监测与评估结果，提出并实施改进——Know how 档案的推进方向。每人每周制作 1 个 Know how，实现所有质量问题改进都形成 Know how 案例的初期目标。将各事业部中最优的案例作为新员工培训的工具，将集团内最优的案例形成 Know how 档案集，公司内部进行共享学习，实现全员提高的中期目标。形成 Know how 查询信息系统，对每一个问题都可以追溯，成为质量改进的重要手段，实现真正活用的远期目标。最终实现问题重复发生率为零的终极目标。

2. 三菱电梯质量文化建设内容[①]

为了适应行业快速发展的需要，形成企业独特竞争力和统一的质量行为，三菱电梯着力建设以差异化、零缺陷、预防为主和重视服务质量为特点的质量文化建设。

（1）质量文化定位。三菱电梯质量文化建设的指导思想为：构建具有三菱电梯特色的且行之有效的质量文化理念，最大限度激发员工的创新性，增强对企业的归属感和认同感，发挥员工在质量文化建设中的积极作用，实现三菱电梯中长期战略目标。经过长期探索，上海三菱电梯明确了质量文化的核心价值观——“以人为本，追求卓越的质量经营”。三菱电梯现任董事长范秉勋同志自公司成立以来长期担任公司总裁、董事长等领导职务，一直以来都视质量为企业存在的根基，在企业质量文化建设过程中发挥了非常重要的促进作用。

公司认为，质量文化建设直接的表现在于产品的质量与最终顾客的满意与否。公司将电梯整机安装调试后的检验合格率与顾客满意度作为企业质量文化建设的重要成效指标。

（2）组织与管理。三菱电梯建立了完善的质量文化建设组织架构和工作机制，质量文化组织架构由领导机构和执行机构两个部分组成，形成了上下协同推进的工作体制。

三菱电梯先后使用了试验设计（design of experiment，DOE）、田口方法、故障树分析（fault tree analysis，FTA）等质量技术方法，逐步形成了依靠科学方法解决质量问题，而不是简单依靠经验的工作习惯。由于电梯是特种设备，电梯的质量将直接影响到社会公众的生命财产安全，因此三菱电梯对安装交付的产品采取全数检验，专门安排了一支超过400人的队伍到电梯现场从事质量检验，确保每一台电梯都经过检验合格后交付用户。

（3）质量文化推进。三菱电梯注重发挥领导层在质量文化建设中的主导作用。企业领导确定了三菱电梯的质量文化核心理念，并积极地与各相关方沟通、传播，创造了合理授权、主动参与、积极创新和快速反应等质量文化发展所需的环境和氛围，使质量文化逐渐深入人心。

三菱电梯通过做到三个“全员”，以充分发挥全体员工的主体作用。①全员教育。通过各种教育和培训形式，如通过企业期刊、企业文化展示厅和荣誉

① 三菱电梯案例分析资料主要来自《追求卓越质量文化的探索与实践》。

室、企业质量手册、企业内部网络开设的“质量文化专栏”、职工全员教育以及新员工培训等形式，把质量价值观、行为规范等内容向员工传播，使员工建立起对质量的共同理念和追求。通过举办各类评比活动，开展学先进活动。将企业涌现出的践行质量文化的先进事例编辑成册，供广大员工学习。通过搭建在线学习平台和工作业务知识库，使营销、工程、营业技术以及产品技术开发等日常工作中的经验得到了梳理和积淀，并在相关领域内得到共享，努力创建学习型企业。②全员构建。公司广泛开展了质量理念、质量文化格言和质量规范等的征集活动，使全体员工都参与到企业质量文化建设中来，力图最大限度地增强文化实施的效果。③全员实践。公司长期坚持组织了各种群众性活动，如 QC 小组、合理化建议、各种质量技术方法与实际工作的应用。每年底召开质量改进大会、合理化建议表彰大会，对于优秀的质量改进和合理化建议项目，给予奖励和荣誉，激励企业全体员工都真正融入并参与到质量改进、质量提升的行动中。

（4）测量、评价与改进。三菱电梯结合对质量管理体系运行成熟度的测量与对关键成效指标的测量作为对企业质量文化建设的测量。每年一次各管理体系的管理评审，从 ISO9000、ISO14000、OHSAS18000 等管理体系标准出发，但是又高于这些标准本身，全面综合评价公司质量、环境等管理体系存在的系统性问题和改进方向，包括方针目标的持续适宜性、需要由公司最高管理层直接决策的问题等。对于每台电梯进行的全数检验合格率，三菱电梯不仅用于产品质量的分析与评价，而且用于质量管理效果分析。三菱电梯从 1997 年起，连续 20 多年邀请第三方机构进行顾客满意度的评价，对评价报告中提出的改进需求，专门制定改进计划，并组织开展专项改进。

对于实物质量与用户满意度的测量结果，通过对典型质量问题的剖析，发动员工参与到质量问题讨论，学习质量技术方法和工具的使用。公司在生产车间开展了“大处着眼，小处着手”质量微改进活动，针对生产过程发现的典型质量问题，分析原因，使用质量工具加以有效改进，并出版了多期“大处着眼，小处着手——微改进案例集”。在改进质量问题的同时，大大提高了员工的质量意识、质量方法和工具使用水平，并营造了人人重视质量的良好氛围。

3. 七一六所质量文化建设内容[①]

七一六所质量文化秉承了中国船舶重工集团公司（以下简称“中船重工”）质量文化，是以质量价值观为导向、以质量道德为基础、以质量行为规

---

① 七一六所案例分析资料主要来自《推进质量文化建设　持续追求卓越》。

范为准绳、以质量形象为特征、以质量教育为手段创建的精神理念，具有鲜明的军工文化底蕴和特色的杰出企业文化特征。

(1) 质量文化定位。七一六所以“增强顾客满意、超越顾客期望”为追求，积极推进质量文化建设。七一六所确定的质量价值观为“质量是生命、质量是战斗力”，质量方针为“先进可靠、经济适用；持续改进、终身服务”。七一六所以顾客满意度为质量文化建设的主要成效指标。

(2) 组织与管理。七一六所通过建立企业文化（包括质量文化）的管理网络和组织体系，使质量文化建设纵向到底、横向到边，形成了领导亲自抓，主管部门推进与落实，全体员工普遍参与的工作网络。在企业（质量）文化建设中逐步形成了一套独特的建设方法，即“确立、固化和评估”三步法和“两上两下”四步法。“两上两下”四步法是指在理念确立过程中经过领导审批、职代会审议、领导讨论和员工征集等四个步骤。广泛开展 QC 小组、质量信得过班组等群众性质量活动；推广使用各种先进适用的管理方法与工具，如统计、抽样、可靠性分析、六性设计、岗位能力矩阵等。

(3) 质量文化推进。为了有效推进企业质量文化建设，七一六所建立并完善了各项管理标准、工作标准，形成了质量、环境等多项管理体系，制定了员工行为规范。七一六所构建了员工能力素质模型和分层分类的任职资格体系，识别所需员工的特点和技能，建立分层分类全方位的教育培训机制，以培训需求分析、培训过程管理、培训效果评估与反馈为主线，建立了全方位、立体完善的培训管理体系。此外，七一六所建立了完善的传播沟通和激励机制，开展了丰富多彩的质量宣传和质量教育等文化落地活动，努力营造“人人关心质量、人人创造质量、人人享受质量”的质量氛围。

(4) 测量、评价与改进。七一六所从 2010 年起按照中船重工集团公司《企业文化建设考核评价实施办法》对企业文化建设进行定期考核与评价，从 4 个层面、17 个项目、43 项指标采取量化计分法。考评办法主要有文案查看、访谈、实地考察、问卷调查四种。在创新改进中使用各种管理方法与工具，定期开展各种检查、评价，确定过程绩效改进的实施。

4. 案例企业质量文化建设路径对比分析

三家案例企业质量文化建设路径的对比分析见表 3。

(1) 案例企业质量文化建设路径相同之处。作为实施卓越绩效管理模式的全国优秀企业，这三家案例企业的质量文化建设路径主要存在以下三个方面的相同之处。

表 3 案例企业质量文化建设路径对比

工作过程	工作事项	海尔	三菱电梯	七一六所
质量文化定位	1）确定发展方向和期望目标	零缺陷的保证期质量文化	具有三菱电梯特色的且行之有效的质量文化	弘扬军工文化，以“增强顾客满意、超越顾客期望”为追求的质量文化
	2）明确质量价值观	高标准、精细化、零缺陷；质量是企业的生命，信誉是企业的根本	以人为本，追求卓越的质量经营	质量是生命、质量是战斗力
	3）确定质量方针	n. a.	n. a.	先进可靠、经济适用；持续改进、终身服务
	4）设定成效标准	包括四个方面的要求：①顾客视角；②财务视角；③内部过程；④学习与成长	电梯整机安装调试后的检验合格率与顾客满意度	顾客满意度
组织与管理	1）明确组织领导职责	n. a.	质量文化领导机构职责	企业（质量）文化管理网络和组织体系
	2）明确日常管理职责	n. a.	质量文化执行机构职责	企业质量文化管理网络和组织体系
	3）确定管理方法与手段	QC 小组、6σ 循环、6σ 成本论、6σ 设计、精益生产和现场质量管理星级评价模式等	试验设计（DOE）、田口方法、故障树分析（FTA）、全数检验等	QC 小组、可靠性分析、岗位能力矩阵等
质量文化推进	1）行为规范与制度建设	领导力模型和员工核心能力素质模型	n. a.	员工能力素质模型和分层分类的任职资格体系
	2）教育与培训	通过培训，培养想干、会干、能干的人才	全员教育、全员构建、全员实践	全方位立体完善的培训管理体系
	3）沟通与宣传	下行沟通和上行沟通	全员教育、全员构建、全员实践	《七一六通讯》、质量专题讲座、QC 小组成果发布等
	4）员工激励	员工技能比武、创新大道、员工命名、全员劳动竞赛、项目发布等	全员教育、全员构建、全员实践	“所长质量奖”、质量先进标杆评选、质量型班组创建与评奖、质量知识竞赛等

续表

工作过程	工作事项	海尔	三菱电梯	七一六所
测量、评价与改进	1）成效测量	TCE 用户满意度调查、员工满意度调查等	多体系管理评审、全数检验合格率、第三方机构顾客满意度评价	企业（质量）文化建设定期考核与评价
	2）收集数据与信息	MES 系统、售后质量损失分析系统等	成效指标结果	问卷调查、访谈、实地考察、文案查看等
	3）分析与评价	Know how 档案等	成效指标结果分析与评价	企业（质量）文化建设定期考核与评价
	4）改进与创新	Know how 档案等	质量微改进活动	企业（质量）文化建设定期考核与评价

注：n. a. 表示该项内容没有相关信息。
资料来源：根据上文信息整理。

其一，高层领导的高度重视。海尔集团董事局主席兼首席执行官张瑞敏、三菱电梯董事长范秉勋都是企业质量文化建设的第一推动人。这两位企业领导均是在企业初创时期即把质量作为企业存在的根基，并且非常重视文化作为企业核心竞争力的作用。七一六所质量文化秉承了中船重工的质量文化，并且其具体建设均是在《中船重工质量文化建设纲要》的要求下进行的，这充分体现了七一六所隶属主体与高层领导对质量文化的重视。

其二，从总体上看，三家案例企业均按照《指南》所推荐的企业质量文化建设路径开展工作，即按照质量文化定位、组织与管理、质量文化推进以及测量、评价与改进等四个工作过程开展企业质量文化建设的工作。从表 3 可以看出，三家案例企业在各个工作过程所包含的具体工作事项方面存在着一定差异。

其三，推动全员积极参与。三家案例企业均通过开展 QC 小组、合理化建议和质量信得过班组等群众性活动，提高员工重视质量的意识，营造人人参与质量改进的氛围。

（2）案例企业质量文化建设路径不同之处。这三家案例企业的质量文化建设路径也存在较多的差异，其中主要有以下两个方面内容。

其一，成效标准设定繁简程度差异较大。在这三家案例企业中，海尔设定了最为系统的成效标准。具体而言，海尔从顾客视角、财务视角、内部过程和学习与成长四个方面设定了质量文化建设成效标准，包括了顾客满意度、质量损失率、当年不良率、工序不良率、验货合格率、员工满意度、合理化建议数以及员工创新成果等多项具体指标。其他两家企业则以最终产品检验合格率和顾客满意度作为成效指标。需要特别指出的是，设定成效标准这一工作事项是当前我国企业质量文化建设中普遍较为欠缺的一环。

其二，数据与信息收集方式差异较大。海尔建立了 MES 系统、售后质量损失分析系统、六西格玛管理系统和统计过程控制系统等，收集质量相关数据与信息，为质量改进和质量文化建设改进提供充分、有效、及时的信息。其他两家企业则以成效指标结果或问卷调查、访谈、实地考察和文案查看等作为主要信息收集的方式。

四、小结与对策建议

本文在简介《指南》所推荐的企业质量文化建设路径的基础上，以三家全国质量奖获奖企业为研究对象分析了企业质量文化建设实践，分析了三家案例企业在质量文化建设路径上的异同点。根据笔者对我国当前企业质量文化建设现状的了解，对开展企业质量文化建设的企业提出以下几点对策及建设。

（一）领导高度重视

高层领导是企业质量文化建设的第一推动力。企业质量文化建设是一项持续性的工作，领导的高度重视是企业质量文化建设得以持续推进的有力保障。

（二）以《指南》作为企业质量文化建设的路径指导

《指南》总结了多年来我国企业质量文化建设的成功经验，为各类企业系统有效地建设适合自身发展需要的质量文化提供了一个总体框架；明确了各个工作事项的实施要求，为企业开展质量文化建设提供了具体的指导。因此，企业据此开展质量文化建设可以避免走弯路，提高企业质量文化建设效率和效果。

（三）推进全员积极参与

企业质量文化是企业和全体成员所普遍认同的关于质量的理念与价值观、习惯与行为模式、基本原则与制度以及其物质表现的总和。只有全员积极参与企业质量文化建设，才能使企业质量价值观和质量方针真正落地，实现设定的期望目标和成效标准。

（四）设定系统、明确的成效标准

企业质量文化建设的成效标准应反映各相关工作过程的输出结果，应明确表达企业在质量文化建设方面想要达到的状态和水平。设定系统、明确的成效标准才能得到企业全体成员的了解和认可，并促使其在实际工作过程中努力实现这些成效标准。

（五）推进信息化建设

为实现企业质量文化建设成效的测量，企业应建立相应的数据和信息收集系统，并融入或完善企业已有的信息管理系统。

本研究存在的不足之处：第一，因掌握的资料有限，对案例企业质量文化的建设情况描述可能存在偏差与错漏；第二，由于企业质量文化在我国企业管理实践中尚属于新生事物，我们对它的认识尚未形成系统化知识，因而本文的分析可能存在偏颇之处。

参考文献

［1］海尔集团质量文化建设（海尔内部资料）.

［2］理查·M. 霍德盖茨．质量测定与高校运作——美国最佳公司的成功经验［M］. 上海：上海人民出版社，1999.

［3］凌定成，陈俊芳．企业质量文化研究兴起的背景分析［J］. 生产力研究，2005（7）：30－32.

［4］倪建文．论中国企业质量文化的培育——基于美、日两国质量文化的研究［J］. 湖南师范大学社会科学学报，2008（5）：100－103.

［5］倪建文．质量与企业文化建设——对质量文化的进一步探究［J］. 江西社会科学，2012（4）：232－236.

［6］容秀英．我国企业质量文化构建研究——日本的启示与借鉴［J］. 科技管理研究，2015（12）：237－241.

［7］茹梁，刘兰凯．茶企业质量文化建设的路径分析——以勐海茶厂为例［J］. 中国商论，2015（36）：156－158.

［8］徐从报．企业质量文化构建与创新研究［J］. 科技管理研究，2005（6）：49－50.

[9] 张士林，常栋，杨大伟．由内而外——七一六所质量文化建设［J］．中国质量，2017（11）：30－34.

[10] 赵宏春，刘兰凯，卢伟卫．企业质量文化传统解读及未来展望——以云南白药为例［J］．标准科学，2016（11）：87－91.

[11] 追求卓越质量文化的探索与实践（三菱电梯内部资料）.

中国军工企业存在最优研发水平吗？

苏志伟[*] 王凯华

摘　要：本文研究在军工企业中是否存在最优的研发支出水平，使其企业绩效达到最好。因此，我们使用了面板门槛回归模型探讨了研发支出强度与军工企业销售增长率之间的关系。实证结果表明，研发投入并不是无限的，存在一个最优的水平。由于我国军工产业开始逐步打破行业壁垒，允许社会资本进入，企业的管理层应该制定相应的政策来确保研发支出在合理的范围内进行分配，从而实现企业效益最大化。

关键词：军工企业；研发强度；面板门槛模型

一、前言

马利克（Malik，2018）曾提出军工产业是自农业社会和工业社会以来的一种产业创新形式，其在国民经济中具有十分重要的作用。国防产业被认为和其他行业存在许多不同，主要有以下几个方面：第一，丰弗里亚和科雷亚·伯罗（Fonfria & Correa－Burrow，2010）认为自从苏联解体之后，军工产业在西方国家具有很高的市场集中度的特征；第二，丰弗里亚和科雷亚·伯罗（2014）也提出研发的作用越来越重要，并且形成了军工企业不可替代、可持续的竞争优势；第三，莫拉斯·加拉尔（Molas－Gallart，1998）认为政府在军工产业中的作用很特殊，因为其是需求者、供给者、监督者，以及资金提供者。由于在新兴市场中出现了越来越多的竞争者，因此，国防产业也面临越来越多的挑战。库尔克（Kurc，2017）研究发现随着全球国防产业的发展，使得主要的军工企业开始寻求不同的方式来降低其生产成本。在这种市场环境下，

* 作者简介：苏志伟（1973～　），男，青岛大学特聘教授、博士生导师，研究方向为应用时间序列、国际金融与区域经济发展。

军工企业开始不断更新他们的技术，来增强他们的竞争力。正如苏志伟等（Su et al.，2010）所认为的那样，研发支出对于企业来讲是最重要的一种获取最新技术以及保持竞争优势的方式。虽然军工企业能够获得最新的技术进行相关的研发活动，那么问题是研发的投入能否换回等价的回报，而这也是本文进行研究的一个主要动机。

普罗伯格（Ploberger，2016）曾提到中国已经是世界第二大经济体，并且其保持着稳定的经济增长和庞大的外汇储备。但是，中国军工产业的发展远远落后于其经济的发展，而且与西方主要发达国家的军事实力差距依然很大。根据瑞典斯德哥尔摩国际和平研究所的报告，全球前 100 名的军工企业销售额在 2016 年达到 4 018.3 亿美元。在前 100 位的国家中，美国、俄罗斯、英国和法国的企业分别占了 44 家、13 家、8 家、6 家。中国企业由于缺少可比较的、足够准确的数据，其并没有被该报告囊括在内。由于意识到军工产业存在的诸多缺陷，中国已经开始实施多轮的军事改革来推动军事现代化，以及完善军事体系。根据张太铭（Cheung，2013）的研究发现，中国主要的国有军工企业将其 1/3 的收入用来技术研发与企业兼并。与此同时，国防科工委（2008 年改为国防科工局）作为主要的资金提供者，开始向军工企业投入大量的资本。中国同时开始实施军民融合战略，而这已经成为推动军事技术进步的重要力量。得益于相关政策的扶持，中国十大军工集团的总收入在 2011 年达到了 150 亿美元，一下子扭转了之前一直亏损的局面。现在，由于研发支出的不断投入，相关军工企业迎来了前所未有的良好发展机遇。

相比较之前学者的研究成果，本文的主要贡献在以下几个方面：首先，本文回顾了中国历次军事改革，并且注意到改革的重心已经从国家层面转移到企业层面，这无疑为市场参与者提供了非常大的机遇与挑战；其次，在研发支出不断增加的背景下，本文拓展了研发支出与企业绩效之间的关系，从线性关系的研究转向到非线性关系的探讨；最后，为了探讨研发支出与企业绩效之间的非线性关系，本文使用了面板门槛回归模型，研究变量之间的非线性特征。实证结果表明，对于销售收入来说，存在最优的研发支出水平，这就证明了非线性关系的存在，并且为企业以后的发展战略提供了政策建议。该结果表明，由于研发投入并不是无限的，军工企业应该选择最优的研发支出水平来最大化其企业效益。

本文的文章结构安排如下：第二部分回顾了历次国防改革，以及研发支出与企业绩效之间关系的分析；第三部分介绍了面板门槛回归模型及其使用；第四部分对本文所使用的数据进行描述；第五部分对实证结果进行解释，并提出相关的政策建议；第六部分是本文的结论以及相关展望。

二、文献综述

中国军工研发制度改革。在过去几十年，中国国防现代化取得了长足的进步，并得到了全世界的关注。伍斯瑙和桑德斯（Wuthnow & Saunders，2017）发现中国军工产业取得了革命性的技术进步，尤其是航母以及第五代战机方面进步迅猛。但是，毕胜戈（Bitzinger，2016）认为由于在军工研发过程中存在行业壁垒，中国军队并没有完成全面的现代化进程。因此，中国开始了一系列的关于研发体制改革的措施，以期增强科技实力、制造能力，实现有效率的、低成本的武器装备制造。第九届全国人民代表大会在1998年宣布组建人民解放军总装备部（2016年改为：中国共产党中央军事委员会装备发展部），张太铭（2011）认为这标志着促进技术的一个重要转折点。“军民融合”战略在2002年提出，毕胜戈（2016）认为该战略旨在为研发投入和武器装备生产提供帮助。在2006年，中国政府实施针对国防科学技术的中华人民共和国国民经济和社会发展第十一个五年规划纲要（简称“十一五规划”），波尔彼得（Pollpeter，2016）认为该政策的目的是推动研发投入增加，支持高新技术产业，推动国际间企业合作。郭建浩和赵春开（Guo & Zhao，2017）指出中国已经逐步开放其军工产业，并且积极引入社会资本进入到军工企业的研发活动中。基于以上的相关改革，行业壁垒开始被逐步打破，研发的核心从国家开始向企业转移。

研发投入与企业绩效之间的关系。一些学者（Kleinknecht & Mohnen，2002）认为研发在企业绩效中起到非常重要的作用，尤其是在知识经济的时代。尽管在经济理论上这一关系已经被论证，但是在实证检验中结论并不总是一致的。相当一部分前人（Demirel & Mazzucato，2012；Choi & Lee，2017）的研究结果表明研发支出和企业绩效之间存在正相关关系。另一些学者（Loof & Heshmati，2006；Jaruzelski，Loehr & Holman，2011；Kim，Kim & Cho，2014）认为两者不存在关系，或者说不存在直接关系。甚至有一部分学者（Freel & Robson，2004；Vithessonthi & Racela，2016）认为存在负相关关系。这种结论的不一致提出了一个问题，就是研发投入越多会带来企业更好的绩效吗?

在中国，有很多学者已经借助多种方法和工具对研发支出与企业绩效之间的关系进行了研究。一些学者（Quo，Wang & Shou，2004）借助多元线性回归模型，发现研发支出强度对软件行业利润率有显著的负向影响。还有一些学者（Jiang & Zhang，2008）采用结构方程发现了研发投入与电子商务企业绩效之间存在正向的影响。有的学者（Zhu & Huang，2012）利用多元回归分析发现，信息产业中的研发支出所占的比重最大，并且与企业绩效之间有显著的正相关关系。还有的学者（Qiao，Ju & Fung，2014）借助随机效应模型发现，研发支出对中国的中小企业绩效存在正向影响。孙和安瓦尔（Sun & Anwar，2015）发现在我国煤炭行业中，那些有研发投入的企业拥有更多的产能和销售。另外有学者（Wang et al.，2017）发现国有企业的研发投入相对于非国有企业，会取得更好的绩效。还有学者（Zhu et al.，2017）运用最小二乘法和分位数回归表明研发投入会使得电力制造企业获得更好的绩效。

针对军工企业，有的学者（Jeong，Lee & Lee，2010）发现韩国军工企业的利润主要依赖于技术进步。莫厄里（Mowery，2012）认为与军工相关的研发投入在英国、美国、法国等发达国家的国家创新体系中起着非常重要的作用。埃斯特韦斯和博特（Estevez & Baute，2014）的研究表明企业中与军工相关的研发活动与企业绩效存在正相关关系。不少学者（Blom，Castellacci & Fevolden，2014）发现相比较于其他产业，军工产业会投入更多的资源，去更新技术和生产工艺。克鲁克鲁和埃瑟瑞（Koroglu & Eceral，2015）认为研发投入已经成为影响土耳其军工企业发展的重要因素之一。尽管有很多的研究已经探讨过研发支出与企业绩效之间的关系，但是这些研究中仍存在一些不足：第一，无论之前的研究认为两者的关系是正向、负向或者是无关的，现有研究都认为这种关系是线性的。这种假设忽略了时变的特征和结构性变化，因此可能会导致不准确的结论。第二，中国已经成为世界第二大国防支出的国家（Wuthnow & Saunders，2017），并且正在经历巨大的军事变革。那么其军工企业也面临着前所未有的机遇与挑战，但是现有研究忽略了这一点。因此，借助面板门槛回归模型，我们能够得出更加准确的结论，从而弥补这一研究的缺陷。

三、面板门槛模型

本文使用了汉森（Hansen，1999）所使用的面板门槛回归模型，来探讨研发支出与销售收入之间的非线性关系。单一门槛回归方程构造如下：

$$g_{i,t}=\begin{cases}\mu_i+\beta_1 RD_{it}+\alpha' X_{it}+\varepsilon_{it}, & \text{if} \quad RD_{it}\leqslant\gamma\\ \mu_i+\beta_2 RD_{it}+\alpha' X_{it}+\varepsilon_{it}, & \text{if} \quad RD_{it}>\gamma\end{cases}$$

$$\alpha = (\alpha_1,\ \alpha_2,\ \alpha_3)' \tag{1}$$
$$X_{it} = (Q_{it},\ M_{it},\ P_{it})$$

其中，RD_{it}表示研发强度，$g_{i,t}$表示销售收入增长率，γ 表示门槛统计量。β_1 和 β_2 是相应的在不同区间上的门槛系数。X_{it}表示一个 3×1 控制变量矩阵，其中包括了资本结构（Q_{it}），总资产（M_{it}），以及机构持股比例（P_{it}）。α_1，α_2 和 α_3 就是相应变量的系数。μ_i 被认为是通过固定效应来捕捉不同企业之间变化的特征。ε_{it}是一个白噪声过程，且服从正态分布。i 表示第 i 个企业。t 表示相对应的时间。于是，单门槛回归模型可以写成以下形式：

$$g_{i,t} = \mu_i + \beta_1 RD_{it}\psi(RD_{it} \leqslant \gamma) + \beta_2 RD_{it}\psi(RD_{it} > \gamma) + \alpha' X_{it} + \varepsilon_{it} \tag{2}$$

但是在实际中，多门槛值也可能会出现，因此，双门槛回归模型构造如下：

$$g_{i,t} = \begin{cases} \mu_i + \beta_1 RD_{it} + \alpha' x_{it} + \varepsilon_{it} & \text{if} \quad RD_{it} \leqslant \gamma_1 \\ \mu_i + \beta_2 RD_{it} + \alpha' x_{it} + \varepsilon_{it} & \text{if} \quad \gamma_1 < RD_{it} \leqslant \gamma_2 \\ \mu_i + \beta_3 RD_{it} + \alpha' x_{it} + \varepsilon_{it} & \text{if} \quad RD_{it} > \gamma_2 \end{cases} \tag{3}$$

当然，我们也可以采用另外一种表达方式，具体构造如下：

$$\begin{aligned} g_{i,t} = {} & \mu_i + \alpha_i' x_{it} + \beta_1' RD_{it}\psi(RD_{it} \leqslant \gamma_1) + \beta_2' RD_{it}\psi(\gamma_1 < RD_{it} \leqslant \gamma_2) \\ & + \beta_3' RD_{it}\psi(RD_{it} > \gamma_2) + \varepsilon_{it} \end{aligned} \tag{4}$$

其中，γ_1 和 γ_2 是门槛值，且 $\gamma_1 < \gamma_2$。同样的，三门槛或者更多门槛回归模型也可以比照式（4）进行构造。

四、数据描述

在过去几年当中，中国的军工产业呈现出一片繁荣发展景象，根据财政部数据，中国国防支出 2017 年达到 10 443.97 亿元，奥吉尔等人（Augier et al.，2017）认为这对未来中国军工产业的发展会产生重要的影响。张、徐、翟（Zhang，Xu & Zhai，2018）认为中国已经在陆军、海军以及空军等领域内，展现了其不断增长的实力。本文所使用的样本包括了 34 家上市军工企业，这些企业的选择基于以下依据：

企业军工产品销售收入要占到总销售收入的 50% 以上，这意味着军工企业主要着眼于军工产品的生产；由于研发支出是在 2009 年之后才会在企业报表中披露，因此，上市时间必须早于 2009 年。基于以上标准，中国航发动力控制股份有限公司、四川成发航空科技股份有限公司、中兵红箭股份有限公司、中航重机股份有限公司，中航沈飞股份有限公司等上市公司被纳入我们的样本中。即使经过了多轮的国防改革，中国国防企业依然存在许多共性的特征。首先，大多数军工企业是国有的，或者国有控股的，波拉克和马尔维龙（Pollack & Mulvenon，1998）因此认为中国国防企业高度集中、官僚、等级森严以及风险规避的特征非常明显；其次，毕胜戈（2013）提到，国防企业依然不具有相互竞争性，一般认为军事订单大多由几个大的军工集团垄断；最后，张太铭（2016）认为由于缺少透明的环境，从而容易滋生腐败，而研发领域被认为是腐败的高发区。由于上市企业在2009年之后才开始明确发布研发支出费用，因此，样本是从2009～2017年。本文中使用了平衡的面板门槛回归模型，包括了578个数据，这些数据的获得是从万得数据库和各公司公布的财务报表中得到的。同时，在本文中销售收入增长率被视为被解释变量，研发支出视为门槛变量，资本结构、总资产以及机构持股比例视为控制变量。

五、实证分析

在运用面板门槛回归模型之前，我们要确保变量是平稳的，因此LLC和IPS面板单位根检验首先使用在我们的文章中。通过表1，我们可以得出，销售增长率、研发强度、资本结构、总资产以及机构持股比例都是平稳的。接下来，我们开始运用面板门槛回归模型对研发支出进行研究。自助法用来估计F统计量的值和相应的概率。表2提供了研发支出的单门槛和双门槛的结果。对于单门槛来说，F统计量和相应的概率值分别是15.592和0.051，门槛变量为0.006，这也就意味着研发支出的单门槛效应是存在的。0.006可以被称为是一个转折点，因为研发支出对销售增长率的影响，在这个点前后是不一样的。但是对双门槛模型而言，F统计量和相应的概率值分别是4.896和0.499，此时统计量并不是显著的，也就意味着研发支出的双门槛效应是不存在的。

表1　　面板单位根检验

变量	LLC检验		IPS检验	
	t统计量	p值	t统计量	p值
销售增长率	-14.626***	0.000	-7.201***	0.000
研发强度	-5.881***	0.000	-4.155***	0.000

续表

变量	LLC 检验		IPS 检验	
	t 统计量	p 值	t 统计量	p 值
资本结构	-6.135***	0.000	-3.139***	0.000
总资产	-2.029**	0.021	-1.912**	0.032
机构持股比例	-7.368***	0.000	-4.365***	0.005

注：** 和 *** 表明在 5% 和 1% 的显著性水平上显著。

表 2　　研发支出的门槛效应检验

门槛效应	门槛值	F 统计量	p 值
单门槛效应	0.006	15.592**	0.051
双门槛效应	0.006 0.012	4.896	0.499

注：** 表明在 5% 的显著性水平上显著。

由于存在单门槛值 $\hat{\gamma}=0.006$，因此样本被分成两个部分，这就证明了在研发支出与企业绩效之间存在着非线性关系。β_1'和 β_2'表示高于和低于门槛值时的系数。于是，面板门槛回归模型估计如下：

$$g_{i,t}=\mu_i+\beta_1 RD_{it}\psi(RD_{it}\leqslant 0.0058)+\beta_2 RD_{it}\psi(RD_{it}>0.0058)+\alpha' x_{it}+\varepsilon_{it} \tag{5}$$

正如在表 3 中所看到的，当研发支出低于 0.06 时，回归系数 β_1'是 69.193，相应的 t 统计量的值是 3.858 和 1.791，分别表示在 5% 和 10% 的显著性水平上显著。这说明，研发支出与企业绩效呈现出一个正相关的关系。在这种条件下，研发投入会推动企业绩效的提高。自 1997 年以来，中国的国防支出已经增加了 6 倍，现在已经成为世界第二大军费支出国。在 2015 年，中国在军事研发上的支出接近 100 亿美元，从而毕胜戈（2016）认为，这使中国成为最主要的研发支出国，从而极大地推动了国防产业的发展。努内斯、塞拉斯凯洛、雷陶（Nunes，Serrasqueiro & Leitao，2012）研究发现，在企业层面，研发投入会更新技术、优化生产流程、制造新产品。有的学者（Wang et al.，2018）提出在持续的高研发投入下，包括歼 -20 和歼 -31 在内的第五代战机顺利服役，而这两种战机都是比肩美国最新型的 F-22 和 F-35。除此之外，还有学者（De Jong & Freel，2010）认为研发投入会推动军工企业之间的战略合作。张太铭（2016）认为国际合作对未来的中国军工产业的发展是一种可行的且重要的模式。而努内斯、塞拉斯凯洛、雷陶（2012）认为研发投入会增强企业对新技术的理解能力。这种能力使得中国军工企业从单纯的模仿复制，向自主创新转变。

表 3　　　系数估计

系数	估计值	OLS_{se}值	t_{OLS}值	$White_{se}$值	t_{white}值
$\hat{\beta}_1$	69.193	17.931	3.858 **	38.647	1.791 *
$\hat{\beta}_2$	-1.913	0.708	-2.702 **	0.589	-3.248 **

注：OLS_{se}（$White_{se}$）表示同质（异质）的标准差，$\hat{\beta}_1$（$\hat{\beta}_2$）是相关区间上的估计系数，*、** 表示在 10% 和 5% 的显著性水平上显著。

当研发强度大于 0.006 时，系数为 -1.931。t 统计量为 -2.702 和 -3.248，并且在 5% 的显著性水平上是显著的，这意味着研发支出与公司绩效呈现负相关关系。在这种条件下研发支出和公司绩效是背道而驰的，就是说研发支出的增加并不会带来企业绩效的提高。通过费雷拉等人（Ferreira et al.，2012）的研究表明，当研发支出增加所带来的成本增加超过绩效增加的比例时，更多的投入只会带来成本的增加和效益的下降。

在表 4 中，控制变量中的总资产、资本结构、机构持股比例的系数估计值 $\hat{\alpha}_1$，$\hat{\alpha}_2$ 和 $\hat{\alpha}_3$ 分别是 -0.005，0.099 和 0.033。同时，由 t_{OLS} 和 t_{white} 统计量可知，资本结构和总资产的系数是显著的。我们发现总资产与企业绩效之间是负相关关系，也就是说随着资产规模的增加，军工企业的销售增长率是下降的。苏志伟等人（2010）认为相比较于大企业而言，小企业更容易获得较快增长速度，因此资产规模较大的企业可能会有较低的增长率。郭建浩和赵春开（2017）认为现有上市军工企业大部分都隶属于中国的十大军工集团，因此都有很庞大的固定资产。举例来说，成都飞机制造公司拥有 20 000 名技术专家和工人，16 个制造工厂，4 个研发机构以及 11 个子公司。因此，在如此庞大规模下，成都飞机制造公司很难获得非常快的增长速度（毕胜戈（Bitzinger，2016））。相反地，资本结构与企业绩效之间存在着正相关关系。这也就意味着企业借入更多的债务，能获得较快的增长。虽然中国军工企业的负债比率不断升高，但是总体负债比例仍然处于较低水平。因此，中国政府出台了一系列的政策以深化国有企业改革。这一系列文件的核心就是将社会资本引入到军工领域。同时，中华人民共和国国防科学技术工业委员会（2008 年改为：中华人民共和国国家国防科技工业局）明确支持鼓励非国有资本进入军工产业，参与到上市军工企业的日常经营管理中。但是相关的问题依然存在，如中国的资本市场依然发展不完善，国有股份比重过高，以及代理人成本等问题。郭建浩和赵春开（2017）分析相关问题后认为，发行债券是中国军工企业在目前状况下最合适的一种外部融资方式。最后，机构的持股比例对企业绩效不存在影响。郭建浩和赵春开（2017）认为中国军工企业是一种特殊的国有企业，是从传统的国防工业中发展而来的，并且国有控股的比重依然非常高。在这种所有制结构下，企业的监事会很难发挥作用，内部控制问题严峻。同时，军工企业的管理层改革还不能满足现代企业管理制度的要求。波拉克和马尔维龙（1998）认为由于存在监管和限制，军工企业内部会导致等级制度、官僚以及腐败。由于存在上述问题，机构持股比例并不会对军工企业的销售增长率产生影响。

表 4　　控制变量的系数估计

	估计值	OLS_{se}值	t_{OLS}值	$White_{se}$值	t_{white}值
$\hat{\alpha}_1$	-0.005	0.003	-1.667*	0.003	-1.667*
$\hat{\alpha}_2$	0.099	0.044	2.250**	0.031	3.194***
$\hat{\alpha}_3$	0.033	0.144	0.229	0.096	0.344

注：*、**、*** 表示在10%、5%、1%的显著性水平上显著。

在大力增加支出的背景下，中国的军工产业开始引入私人资本进入到企业的相关活动中去。但是前人的研究并不能提供一个令人信服的结论。因此，本文使用面板门槛回归模型来探讨研发支出与企业绩效之间的关系。结论发现这种关系是非线性的，而且存在最优的研发支出水平。因此，研发投入战略就变得十分重要，因为它可能会影响到市场份额、人力资本以及金融杠杆。于是，对于企业经营者来说，关键问题是找到最优的研发支出结构，从而推动军工企业的发展。

六、结论

本文运用了面板门槛回归模型探讨了国防企业中研发支出与企业绩效之间的关系。我们发现，研发支出存在最优水平，在最优水平之下，研发支出的增加，会提高企业的效益，然而，当超过最优水平时，研发投入的增加，反而会带来企业绩效的下降。这一发现为企业经营管理者提供了非常重要的政策启示。

首先，该结论证明研发支出与企业绩效之间的非线性关系，那么企业的经营者和管理者可以借助相关财务报表，来判断当前企业是否已经达到了最优资本结构。其次，如何分配研发资源成为关键。由于研发资源的分配是一个“黑箱”，很难被监管，而企业又要做到合理、公平的分配研发资源。那么经营者就需要制定相关的、特定的措施来确保有效的研发分配。最后，由于委托代理冲突导致的管理风险规避，可能导致研发资源偏向短期信贷较多的项目，并在研发支出增加时成为企业绩效的障碍。一个精心设计的管理激励方案，确保风险中性的委托人和风险规避的管理者之间风险偏好的一致性，可能有助于缓解这种代理问题。

参考文献

[1] Augier M., McNab R., Guo J., et al. Defense spending and economic growth: evidence from China, 1952 - 2012 [J]. Defense and Peace Economics, 2017 (28): 65 - 90.

[2] Blom M., Castellacci F., Fevolden A. Defence firms facing liberalization: innovation and export in an agent-based model of the defence industry [J]. Computational and Mathematical Organization Theory, 2014 (20): 430 - 461.

[3] Bitzinger R. A. Reforming China's defense industry [J]. Journal of Strategic Studies, 2016 (39): 762 - 789.

[4] Cheung T. M. The Chinese Defense Economy in the Early 2010s [J]. Research Brief, 2013 (1): 1 - 4.

[5] Choi J., Lee J. Firm size and compositions of R&D expenditure: evidence from a panel of R&D performing manufacturing firms [J]. Industry and Innovation, 2017 (1): 11 - 23.

[6] Chang H. L., Su C. W. Is R&D Always Beneficial? [J]. Review of Pacific Basin Financial Markets and Policies, 2010 (13): 157 - 174.

[7] Demirel P., Mazzucato M. 2012. Innovation and Firm Growth: Is R&D Worth it? [J]. Industry and Innovation, 2012 (19): 45 - 62.

[8] DeJong J., Freel M. Absorptive capacity and the reach of collaboration in high-technology small firms [J]. Research Policy, 2010 (39): 47 - 54.

[9] Estevez J. G., Baute E. T. Drivers of R&D investment in the defense industry: evidence from Spain [J]. Defence and Peace Economics, 2014 (25): 39-49.

[10] Ferreira M., Figueiredo I. P., Oliveira B. M. P. M., et al. Strategic optimization in R&D investment [J]. Optimization, 2012 (61): 1013-1023.

[11] Freel M. S., Robson P. J. A. Small firm innovation, growth and performance: evidence from Scotland and Northern England [J]. International Small Business Journal, 2004 (22): 561-575.

[12] Fonfria A., Correa-Burrow P. Effects of military spending on the profitability of Spanish defense contracts [J]. Defense and Peace Economics, 2010 (21): 177-192.

[13] Guo J. H., Zhao C. K. Impacting factors of the Chinese military enterprises' capital structure and approaches of importing private capital [J]. Defence and Peace Economics, 2017 (1): 1-19.

[14] Hansen B. E. Threshold effects in non-dynamic panels: Estimation, testing and inference [J]. Journal of Econometrics, 1999 (93): 345-368.

[15] Im K. S., Pesaran M. H., Shin Y. Testing for unit roots in heterogeneous panels [J]. Journal of Econometrics, 2003 (115): 53-74.

[16] Jaruzelski B., Loehr J., Holman H. The global innovation 1000: why culture is key [J]. Strategy & Business, 2011 (65): 18-33.

[17] Jeong K., Lee J., Lee C. Profitability gains of Korean defense firms: Technological progress or cost shifting? [J]. Asian Journal of Technology Innovation, 2010 (18): 219-239.

[18] Kim H., Kim Y., Cho K. The effect of research and development investment and desorptive capacity on firm performance [J]. Asian Journal of Technology Innovation, 2014 (22): 252-267.

[19] Koroglu B. A., Eceral T. O. Human capital and Innovation Capacity of firms in defense and aviation industry in Ankara [J]. Procedia-Social and Behavioral Science, 2015 (195): 1583-1592.

[20] Kurc C., Neuman S. G. Defense industries in the 21st century: a comparative analysis [J]. Defense Studies, 2017 (17): 219-227.

[21] Levin A., Lin C. F., Chu J. Unit root in panel data: Asymptotic and finite-sample properties [J]. Journal of Econometrics, 2002 (108): 1-24.

[22] Loof H., Heshmati A. On the relationship between innovation and per-

formance: a sensitive analysis [J]. Economics of Innovation and New Technology, 2017 (15): 317 -344.

[23] Molas - Gallart J. Defence procurement as an industrial policy tool: The Spanish experience [J]. Defence and Peace Economics, 1998 (9): 63 -81.

[24] Malik T. Defence investment and the transformation national science and technology: A perspective on the exploitation of high technology [J]. Technological Forecasting & Social Change, 2018 (127): 199 -208.

[25] Mowery D. C. Defense-related R&D as a model for Grand Challenges technology policies [J]. Research Policy, 2012 (41): 1703 -1715.

[26] Nunes P. M. , Serrasqueiro Z. , Leitao J. Is there a linear relationship between R&D intensity and growth? Empirical evidence of non-high-tech vs high-tech SMEs [J]. Research Policy, 2012 (41): 36 -53.

[27] Ploberger C. China's reform and opening process: a new model of political economy? [J]. Journal of Chinese Economic and Business Studies, 2016 (14): 69 -87.

[28] Pollack J. , Mulvenon J. Assembled in China: Sino - U. S. collaboration and Chinese civilian aviation industry [J]. Santa Monica, 1998 (37): 47 -48.

[29] Qiao P. H. , Ju X. F. , Fung H. G. Industry association networks, innovations, and firm performance in Chinese small and medium-sized enterprises [J]. China Economic Review, 2014 (29): 213 -228.

[30] Sun S, Anwar S. R&D status and the performance of domestic firms in China's coal mining industry [J]. Energy Policy, 2015 (79): 99 -103.

[31] Vithessonthi C. , Racela O. C. Short-and long run effects of internationalization and R&D intensity on firm performance [J]. Journal of Multinational Financial Management, 2016 (34): 28 -45.

[32] Wang R. , Wang F. , Xu L. , et al. R&D expenditures, ultimate ownership and future performance: Evidence from China [J]. Journal of Business Research, 2017 (71): 47 -54.

[33] Wuthnow J. , Saunders P. C. 2017. Chinese military reform in the age of Xi Jinping: drivers, challenges, and implications [J]. National Defense University Press. Washington, D. C.

[34] Zhu G. L. , Zhang Y. , Chen K. H. , et al. The impact of R&D intensity on firm performance in an emerging market: evidence from China's electronics manu-

facturing firms [J]. Asian Journal of Technology Innovation, 2017 (25): 41 -60.

[35] Zhu Z. H., Huang F. The effect of R&D investment on firms' financial performance: evidence from the Chinese listed IT firms [J]. Modern Economy, 2012 (3): 915 -919.

[36] Zhang Y., Xu J. X., Zhai L. Are there Bubbles in the Defense Sector of China's Stock Market (2005 - 2016)? New Evidence from Sequential ADF Tests [J]. Defense and Peace Economics, 2018 (1): 166 -183.

区域制造业质量升级评价模型与应用

——基于山东省制造业企业的视角

李　哲*

摘　要： 制造业质量评价模型是鉴别制造业质量升级好、差的重要手段，而评价指标、指标权重又是影响评价模型结果的重要因素。本文涉及的问题，一是如何遴选出对质量升级好、差判别精度最高的最优指标组合，二是如何获得指标的最优权重，三是如何平衡样本，提高分类模型的判别精度。本研究的方法之一是通过所有不同的指标组合运用本文提出的单位冗余区分度模型，当单位冗余区分度最大时对应的指标组合是最优的指标组合，解决了单个指标的鉴别能力强，组合成一个指标体系后的鉴别能力却不一定强的不足。二是在通过序关系分析法（order relation analysis method，G1 法）、广义 F 得分和灰色关联两种方法组合赋权，以指标信息含量最大为目标函数，反推最优的指标权重，保证获得最优的指标权重，弥补了现有研究指标赋权与状态鉴别力无关的不足。三是根据监督聚类的思想，分别对质量升级好、差样本进行 K—均值聚类，以达到对样本的初步平衡，对所有的聚类运用引力模型，考虑指标权重、聚类样本权重，达到进一步平衡样本，获得最优分类模型的目的。制造业企业的实证结果表明了资产负债率、流动比率、专利数等 25 个指标是对质量升级影响最大的一组指标，考虑指标权重和样本权重的引力模型的分类预测能力最强。

关键词： 制造业质量升级；单位冗余区分度；指标组合；组合赋权；样本平衡

一、引言

制造业质量体现企业和产业的核心竞争力，反映国家的综合实力。区域制造业质量升级的本质是制造业企业的质量升级，因此对区域制造业质量升级可

* 作者简介：李哲（1988～　），男，大连理工大学管理与经济学部博士研究生，研究方向为复杂系统建模。

以从制造业企业的角度研究。

我国发布的《中国制造业 2025》战略计划，是推动新旧动能转换和经济迈向中高端的举措，但是目前我国的制造业增提水平并不高，尤其是作为推动制造业产业升级基石的中小企业质量升级困难较大，因此，建立质量升级评价指标体系能从中分析出企业的优势能力，通过增强企业优势能力，促进中企业质量升级发展。

制造业质量升级指标体系的构建至少涉及以下三个方面的问题。

第一个问题是指标组合的筛选。对于同一个样本，不同的指标组合会有不同的评价结果，因此，如何构建指标筛选模型，如何在众多的指标中筛选出对质量升级好、差鉴别最大的一组指标组合是本文需要探讨和回答的一个科学问题。

第二个问题是指标权重的确定。对于同一组指标，赋予不同的权重得到的结果也会不同，甚至是截然相反的，因此如何对指标赋予合理的权重是本文解决的另一个问题。

第三个问题非平衡样本的处理。质量升级差的企业数远多于质量升级好的企业，如何平衡样本以达到提高模型的判别精度是本文解决的第三个问题。

与本文最接近的指标筛选的研究是陈和李（Chen & Li，2010）将 F - Score 引入信用评级指标筛选中。本文与 Chen 和 Li 的研究有两个方面的不同。第一，Chen and Li 只是根据单指标的分类鉴别能力筛选指标组合，而单指标分类鉴别能力强，组合成一个指标体系后整体的分类鉴别能力不一定是最强的，本文将每次只能对一个指标进行筛选的 F - Score 推广到可以同时对多个指标进行筛选的广义 F - Score，广义 F - Score 可以从多个指标中挑选出鉴别能力最强的一组指标。第二，Chen and Li 提到的 F - Score 未考虑质量升级好、差样本不均衡对总均值产生的影响，会使样本总均值偏向质量升级差的样本的均值，导致结果产生误差，本文将聚类分析中的组间平均距离连接法引入 F - Score 中，将两个类所有的样本对（样本对的两个成员分属于不同的类）的平均距离作为两类的距离。

与本文最接近的指标权重的研究是李刚等提出的组合赋权的方法。本文与李刚等的研究有两个方面的不同。第一，李刚等提出的组合赋权模型只是通过指标之间的关系获得指标的权重，本文既考虑指标之间，也考虑指标与质量升级状态（好和差）的关系。第二，在确定组合权重方面，李刚等是通过“主观权重 + 客观权重”以“极差最大”为目标函数，反推最优的权重，本文是通过“客观权重”以“最大信息含量”为目标函数反推最优的组合权重。

二、文献综述

（一）基于质量竞争力的研究

温德成（2005）首先对企业竞争力进行了分析，并总结了企业竞争力的三个特征，包括相对性、指向性及综合性。以此为基础，他提出了关于质量竞争力四个方面的内涵。同时，为了更加细化研究目标，作者将企业质量竞争力分为产品及质量管理两个方面。

毛帅（2013）利用层次分析法（analytic hierarchy process，AHP）构建的工业企业质量竞争力指数进行分析得出最终的工业企业质量竞争力指数 = 未修正之前的质量竞争力指数 - 质量安全事故扣分。

张忠等（2015）以服务型制造业为切入点来研究质量竞争力，首先对比分析了服务型制造业和传统制造业的区别，凸显出服务型制造业的特点，据此构建服务型制造业质量竞争力模型，然后以某个企业为例，并结合反向传播神经网络（back propagation network，BP）进行评价，最后根据评价结果对企业的整体情况进行分析。

程虹，陈川（2015）根据质量管理理论及产业竞争力理论，提出了“质量要素 + 商场竞争 + 环境影响”的理论模型。该模型整合了质量内涵、竞争力及外部环境等因素，并通过结合波特的钻石模型，构建了一套制造业质量竞争力的测评体系。

（二）基于质量升级的研究

韩大延（2012）通过卓越绩效评价准则，研究了制造业企业在质量管理方面的相关情况，并以甘肃省为实证研究对象，分别研究了甘肃省的质量管理现状、质量控制问题、原因分析，然后提出相应的对策和建议，以期提升甘肃省制造业的质量管理水平。

刘伟丽等（2015）采用哈勒克（Hullak，2011）质量升级多维模型，将质量升级分为三维，并运用进出口贸易数据证明该模型的合理性。

张纲（2017）围绕供给侧结构性改革的主攻方向，分析了制造业质量升级对推动产业结构转型、优化就业结构、促进经济协调发展、塑造国家品牌的作用。发现应从确立质量与效益相衔接的大目标、创建质量维度的产业结构分析的新方法、强化“大质量”工作体制等 6 个方面加快推进制造业质量升级。

（三）基于质量升级指标体系的研究

张月义、韩之俊（2006）在构建了评价指标体系的基础上利用 AHP 和模糊评价法对某个企业进行了实证分析，最后的结果反映了该企业的质量竞争力强弱水平，通过这两个方法的结合使评价更符合客观实际、可靠与准确。

李卫红（2011）在分析产品质量竞争力主要特征的基础上，结合制造业产品质量的形成过程，从离线质量竞争力和在线质量竞争力两个方面构建基于制造业的产品质量竞争力评价指标体系，并应用复合线性矩阵的方法，研究发现利用本文所构建的产品质量竞争力评价指标体系，并根据评价的需要选择适宜的评价方法，就可以从不同的角度对所考查的企业进行产品质量竞争力的定量测评。

毛帅（2013）则以卓越绩效质量管理作为指导思想，将国内外关于质量竞争力指数的研究与工业企业的实际进行结合，提出了适用于工业企业的质量竞争力指数体系。这个体系由质量发展基础、标准与技术水平、质量安全状况、质量绩效水平 4 个一级指标，21 个二级指标组成。

王文璇、文昌俊、张小萌（2016）在现有研究的基础上通过调研分析了湖北省中小企业质量竞争力的影响因素，并构建了适合湖北省中小企业的质量竞争力评价模型和指标体系，并采用因子分析法进行分析验证，得出了管理体系等 4 个主要影响湖北省制造业中小企业质量竞争力的关键因素。

苏秦、王洁等（2016）考虑技术创新和产业组织对重大装备产品质量竞争力的影响，并用案例分析法探讨了美国航空产业发展历程与规律，研究认为技术创新能够使企业更好地满足顾客的需求，并且对产业组织的转变也有促进作用，这两个因素都能够提升质量竞争力。

综上所述，通过对具体企业或者案例的分析来论证质量竞争力的评价体系及相关理论研究的合理性和实用性是目前对质量竞争力研究的主要趋势，但是目前大多数的指标体系是从质量竞争力的角度去研究，鲜有从质量升级的角度去研究评价体系，然而两者有很多的相通性，如质量竞争力好的企业也是质量升级好的企业，且现有研究主要是从宏观的角度提出的，各个地区的政策以及市场环境对企业的影响各不相同，那么现有的体系是否是针对某个省份还是值得深思的。

三、制造业质量升级的原理

（一）科学问题的性质

任何评价体系均需要构建一个能够对制造业质量升级进行有效评价的指标体系。影响制造业质量升级指标体系至少包括以下几个关键问题。

（1）制造业质量升级最优指标组合的确定。若将不重要或者对制造业质量升级贡献小的指标纳入指标体系中，则这个指标体系是不合理的。当然，对制造业质量升级影响大的单个指标组成的指标体系的能力不一定是最强的，只有指标组合整体对制造业质量升级影响最强，构建的指标体系才是合理的。因此，如何构建指标筛选模型，找到对制造业质量升级整体影响最大的一组指标是本文需要探讨和回答的一个科学问题。

（2）最优指标权重的确定。对于同一个评价对象，评价指标的权重不同会得到不同的甚至是截然相反的结果。对于单指标赋权方法，由于只考虑一个方面的因素，使得赋权结果存在一定的偏差，因此，如何给予指标合理的权重，使得评价结果合理有效是本文需要探讨和回答的另一个科学问题。

（3）非平衡样本的处理。质量升级差的企业数远多于质量升级好的企业，如何平衡样本以达到提高模型的判别精度是本文需要解决的第三个科学问题。

（二）研究的关键问题

（1）难点1：如何在众多的指标中，挑选出对质量升级好、差两种状态鉴别能力最强的一组指标。

（2）难点2：如何确定指标权重，使得对质量升级好、差两种状态鉴别贡献大的指标有较大的权重。

（3）难点3：如何对质量升级好、差样本进行平衡，同时使得模型的准确率最高。

（三）突破难点的思路

（1）难点1的解决思路：通过构建新的指标区分度模型——广义F－Score，计算多个指标对制造业质量升级影响的联合贡献，从n个指标共2^n-1种情况中挑选出F值最大所对应的一组指标，即为制造业质量升级影响最大的一组指标。

（2）难点2的解决思路：采用组合赋权的形式获得最优权重，第一个赋权模型是F－Score、第二个赋权模型是灰色关联，以信息含量最大为目标函数获得最优的指标权重。

（3）难点3的解决思路：根据监督聚类的思想，分别对质量升级好、差的样本进行K－means聚类，以达到对样本的初步平衡，对所有的聚类运用引力模型，考虑指标权重、聚类样本权重，达到进一步平衡样本，获得最优分类模型的目的。

四、制造业质量升级模型的构建

（一）指标数据的预处理方法

各指标通常具有不同的量纲和数量级，若直接用原始数据进行分析，就会突出数值较高的指标在制造业质量升级中的作用，削弱数值水平较低指标的作用。因此，为了保证结果的可靠性，需要对原始数据进行标准化处理，转化为0～1之间的标准化数值。

设x_{ij}为第i个样本第j个指标标准化值；v_{ij}为第i个样本第j个指标的指标原始数据；n为样本总数。

（1）正向指标标准化。正向指标是数值越大，表明制造业质量升级状况越好的一类指标，如“质量管理体系认证数”等指标。根据正向标准化公式x_{ij}为：

$$x_{ij}=\frac{v_{ij}-\min\limits_{1\leqslant i\leqslant n}(v_{ij})}{\max\limits_{1\leqslant i\leqslant n}(v_{ij})-\min\limits_{1\leqslant i\leqslant n}(v_{ij})} \tag{1}$$

（2）负向指标标准化。负向指标是数值越大，表明制造业质量升级状况越差的一类指标，如“废物排放量”等指标。根据负向指标标准化公式x_{ij}为：

$$x_{ij}=\frac{\max\limits_{1\leqslant i\leqslant n}(v_{ij})-v_{ij}}{\max\limits_{1\leqslant i\leqslant n}(v_{ij})-\min\limits_{1\leqslant i\leqslant n}(v_{ij})} \tag{2}$$

（3）最佳区间型指标标准化。最佳区间型指标是指当指标值在某一特定区间［q_1，q_2］内时，对评价结果最好，距离区间［q_1，q_2］越远，对评价结果越差的指标。最佳区间型指标标准化公式x_{ij}为：

$$x_{ij}=\begin{cases}1-\dfrac{q_1-v_{ij}}{\max(q_1-\min\limits_{1\leqslant i\leqslant n}(v_{ij}),\ \max\limits_{1\leqslant i\leqslant n}(v_{ij})-q_2)}, & v_{ij}<q_1 \quad (3-a)\\ 1-\dfrac{v_{ij}-q_2}{\max(q_1-\min\limits_{1\leqslant i\leqslant n}(v_{ij}),\ \max\limits_{1\leqslant i\leqslant n}(v_{ij})-q_2)}, & v_{ij}<q_2 \quad (3-b)\\ 1, & q_1\leqslant v_{ij}\leqslant q_2 \quad (3-c)\end{cases} \tag{3}$$

（二）指标体系的构建

（1）基于指标区分度最大原则的指标群筛选。基于指标区分度最大的指标群筛选的目的：根据指标整体区分制造业企业质量升级好、差两种状态的能力，筛选出一组质量升级状态鉴别能力最大的指标。

广义 F－Score 指标群筛选有以下步骤：

①计算组内变异的离均差平方和 $SS_{(组内)}$。

设：n_0 为质量升级好的样本个数；m 为指标总个数；h 为含有 h（h＝1，2，3，…，m）个指标的指标子集；$x_{k,t}^{(0)}$ 为质量升级好的样本中第 k 个样本第 j 个指标的值；$\bar{x}_j^{(0)}$ 为质量升级好的样本中第 j 个指标的均值；n_1 为质量升级差的样本个数；$x_{k,j}^{(0)}$ 为质量升级差的样本中第 k 个样本点的第 j 个指标的值，$\bar{x}_j^{(1)}$ 为质量升级差的样本中第 j 个指标的均值。

$$SS_{(组内)}=\sum_{k=1}^{n_0}\left[\sum_{j=1}^{h}(x_{k,j}^{(0)}-\bar{x}_j^{(0)})^2\right]+\sum_{k=1}^{n_1}\left[\sum_{j=1}^{h}(x_{k,j}^{(1)}-\bar{x}_j^{(1)})^2\right] \tag{4}$$

式（4）的含义：第一项表示质量升级好组内的数据差异、第二项表示质量升级差组内的数据差异。组内离差 $SS_{(组内)}$ 的值越小，说明含有 h 个指标的质量升级好组内数据差异越小、质量升级差组内数据差异越小，那么含有 h 个指标的指标子集对质量升级好、差的区分能力越强。

②计算组间变异的离均差平方和 $SS_{(组间)}$。

设：h 为含有 h(h＝1，2，3，…，m）个指标的指标子集；$\bar{x}_j^{(0)}$ 为质量升级好的样本中第 j 个指标的均值；$\bar{x}_j$ 为整个数据集中第 j 个指标的均值；$\bar{x}_j^{(1)}$ 为质量升级差样本中第 j 个指标的均值。

$$SS_{(组间)}=\sum_{j=1}^{h}\left[n_0(\bar{x}_j^{(0)}-\bar{x}_j)^2+n_-(\bar{x}_j^{(1)}-\bar{x}_j)^2\right] \tag{5}$$

式（5）的含义：组间变异的离均差平方和 $SS_{(组间)}$ 反映质量升级好和质量升级差的数据差异。组间变异的离均差平方和 $SS_{(组间)}$ 越大，说明含有 h 个指标的质量升级好与质量升级差两组之间的数据差异越大，那么该指标越能区分质量升级好与质量升级差两种状态。

③计算广义 F－Score 统计量。

$$F_h = \frac{SS_{(组间)}}{SS_{(组内)}} = \frac{(n-2)\sum_{j=1}^{h}[n_0(\bar{x}_j^{(0)}-\bar{x}_j)^2+n_1(\bar{x}_j^{(1)}-\bar{x}_j)^2]}{\sum_{k=1}^{n_0}[\sum_{j=1}^{h}(x_{k,j}^{(0)}-\bar{x}_j^{(0)})^2]+\sum_{k=1}^{n_1}[\sum_{j=1}^{h}(x_{k,j}^{(1)}-\bar{x}_j^{(1)})^2]} \quad (6)$$

式（6）筛选指标的广义 F－Score 检验，实际上是对含有 h 个指标的数据，分成左右两段，左段是质量升级好的样本，右段是质量升级差的样本。

通过分析式（6），可发现当质量升级好、质量升级差的数据不均衡时，分子中的整个数据集中第 j 个指标的均值 $\bar{x}_j$ 会出现偏向样本较大的数据组的不合理现象。为了克服上述不足，本文对 $\bar{x}_j$ 做了以下改进。

$$\bar{x}_j = (\bar{x}_j^{(0)}+\bar{x}_j^{(1)})/2 \quad (7)$$

式（7）的含义：整个数据集中第 j 个指标的均值。用质量升级好的样本均值与质量升级差的样本均值取平均的形式表示。整个数据集中第 j 个指标的均值可以避免因质量升级差的样本数量远大于质量升级好的样本数量而导致的第 j 个指标的均值 $\bar{x}_j$ 偏向样本数量大的质量升级差的样本的不足。

对于广义 F－Score 检验遴选指标群的经济学含义，可以从分子与分母两部分理解。

就分子而言，一方面，$\bar{x}_j$ 为第 j 个指标在整个数据集上的均值，它由质量升级好的样本数据和质量升级差的样本数据共同组成。由于全部数据的均值与质量升级好的样本均值、质量升级差的样本均值有关，故分子第一项第 j 个指标在质量升级好的样本中均值 $\bar{x}_j^{(0)}$ 与在全部样本均值 $\bar{x}_j$ 的差值（$\bar{x}_j^{(0)}-\bar{x}_j$）^{2} 越大，则第二项的第 j 个指标在质量升级差的样本中的均值 $\bar{x}_j^{(1)}$ 与在全部样本均值 $\bar{x}_j$ 的差值（$\bar{x}_j^{(1)}-\bar{x}_j$）^{2} 越大，那么第 j 个指标在质量升级好的样本中的均值 $\bar{x}_j^{(0)}$ 与在质量升级差的样本中的均值 $\bar{x}_j^{(1)}$ 的差距越大，这说明第 j 个指标中的质量升级好的样本与质量升级差的样本的差距越明显。同理，当指标个数为 i 时，即为上述单指标的算术和，亦可做同理分析。

另一方面，又因为是对含有 i 个指标下的所有数据根据升级好、差的状态划分的两类样本，故当质量升级好的样本与质量升级差的样本差距明显时，则说明这 h 个指标能够显著区分质量升级好、差两类样本。

就分母而言，分母的第一项质量升级好的样本 $x_{k,j}^{(0)}$ 与质量升级差样本的均值 $\bar{x}_j^{(0)}$ 的差值（$x_{k,j}^{(0)}-\bar{x}_j^{(0)}$）越小，说明第 j 个指标的质量升级好的样本组内数据差异越小，分母的第二项质量升级差的样本 $x_{k,j}^{(1)}$ 与质量升级差的样本的均值

$\bar{x}_j^{(1)}$ 的差值（$x_{k,j}^{(1)}-\bar{x}_j^{(1)}$）越小，说明第 j 个指标的质量升级差样本组内数据差异越小，那么第 j 个指标对质量升级好、差的区分能力越强。同理，当指标个数为 h 时，即为即为上述单指标的算术和，也可做同理分析。

综上所述，式（6）的分子越大、分母越小，F_i 值越大，越可以说明含有 h 个指标的指标群能显著区分质量升级状态。

应该指出，当指标数为 1 时，式（6）可以转化为方差分析的 F 值，即方差分析是本文广义 F－Score 的特例，本文提出的模型更具有普适性。

（2）基于指标间冗余最小原则的指标群筛选。指标间冗余最小进行指标筛选的目的：对质量升级好、差的鉴别要考虑指标间的相关性。

广义 F－Score 能够筛选出对质量升级状态鉴别能力最大的一组指标，但是筛选出的指标之间可能存在相关性，即存在多重共线性。当指标间存在相关性时，一个指标可以由其他指标表征，这时指标前的参数并不反映各自与质量升级状态之间的关系，而是反映它们对质量升级状态的共同影响，所以各自的参数已经失去应有的经济含义，于是经常表现出反常的现象。因此，为了消除多重共线性，需要明确指标间的相关性。

设 r_{ij} 为第 i 个指标和第 j 个指标的相关系数；$x_{k,i}$ 为第 k 个样本的第 i 个指标值；$\bar{x}_i$ 为第 i 个指标平均值；$x_{k,j}$ 为第 k 个样本第 j 个指标值；$\bar{x}_j$ 为第 j 个指标的平均值。则相关系数 r_{ij} 为：

$$r_{ij}=\frac{\sum_{k=1}^{n}(x_{k,i}-\bar{x}_i)(x_{k,j}-\bar{x}_j)}{\sqrt{\sum_{k=1}^{n}(x_{k,i}-\bar{x}_i)^2\sum_{k=1}^{n}(x_{k,j}-\bar{x}_j)^2}} \tag{8}$$

式（8）的含义：第 i 与第 j 指标间的相关系数，为了解通过广义 F－Score 筛选的所有指标之间的相关性，对两两指标间相关系数取均值，获得平均相关系数。

设 $\bar{r}_h$ 为平均相关系数；h 为指标个数；$|r_{ij}|$ 为第 i 个指标和第 j 个指标的相关系数的绝对值，平均相关系数 $\bar{r}_h$ 为：

$$\bar{r}_h=2\sum_{\substack{i,j=1\\i\neq j}}^{h}|r_{ij}|/N(N-1) \tag{9}$$

式（9）的含义：平均相关系数的大小表示冗余度的大小，平均相关系数越大，冗余度越大，反之，则越小。由于相关系数的绝对值取值在［0，1］内，所以平均相关系数取值在［0，1］内。

（3）基于单位冗余区分度最大原则的指标群筛选。目的：筛选出同时兼顾质量升级状态鉴别能力与冗余度的最优指标群。

最优指标群的选择既要考虑指标的质量升级鉴别能力的大小，还要考虑指标间的冗余程度，只有质量升级好、差鉴别能力大且冗余度小的指标群才是最优的指标群，因此本文建立了综合考虑鉴别能力与冗余度的函数 Q(h)：

$$Q(h)=F_h/\bar{r}_h \tag{10}$$

式（10）的含义：Q(h) 表示单位冗余的指标区分度，Q(h) 的值越大，表明指标群对质量升级状态的鉴别能力越大，指标群内的冗余越小，当 Q(h) 取最大值时获得最优的指标群。

（三）指标权重的确定

（1）基于 G1 法的主观权重确定。G1 法是根据专家经验赋值反映指标的重要程度，越重要的指标赋予越大的权重。

①G1 法确定指标排序。

设：$x_{(1)}$，$x_{(2)}$，…，$x_{(h)}$ 为专家确定顺序的 h 个指标，最重要的指标放在第一位，第二重要的指标放在第二位，以此类推最不重要的指标放在最后一位，即 h 个指标有以下关系：

$$x_{(1)}\geqslant x_{(2)}\geqslant\cdots\geqslant x_{(h)} \tag{11}$$

②确定指标 $x_{(j-1)}$ 与 $x_{(j)}$ 的相对重要度。

指标 $x_{(j-1)}$ 与 $x_{(j)}$ 重要程度的比值为 p_j，具体的比值如表 1 所示。

表 1　　重要度比值及说明

(1) 序号	(2) p_j 值	(3) 重要度对比说明
1	1.0	指标 $x_{(j-1)}$ 与指标 $x_{(j)}$ 同等重要
2	1.2	指标 $x_{(j-1)}$ 比指标 $x_{(j)}$ 稍微重要
3	1.4	指标 $x_{(j-1)}$ 比指标 $x_{(j)}$ 明显重要
4	1.6	指标 $x_{(j-1)}$ 比指标 $x_{(j)}$ 强烈重要
5	1.8	指标 $x_{(j-1)}$ 比指标 $x_{(j)}$ 强烈重要
6	1.1，1.3，1.5，1.7	指标 $x_{(j-1)}$ 与指标 $x_{(j)}$ 重要度介于上述等级之间

③末位指标权重的计算。

G1 法权重系数采用由后向前的逆向计算方式，即根据排在后一位的指标权重 ω_j^1 计算出前面的指标权重 ω_{j-1}^1。因此，需要从 h 个指标中计算出末位的指标权重，计算方式如式（12）所示。

设：ω_h^1 为排名 h 位指标的权重；$p_{(i)}$ 为指标 $x_{(j-1)}$ 与 $x_{(j)}$ 重要度的比值。则末位指标权重 ω_h^1 为：

$$\omega_h^1 = [1 + \sum_{i=2}^{h} \prod_{j=i}^{h} p_{(j)}]^{-1} \tag{12}$$

式（13）的含义：根据指标间相对重要度 p_j，获得末位指标的权重。

④其他指标权重的计算。

根据排名 h 位的指标权重 ω_h^1，计算排在 h－1 位的指标权重 ω_{h-1}^1，再根据 h－1 位的指标权重 ω_{h-1}^1，计算出据 h－2 位的指标权重 ω_{h-2}^1，以此类推获得所有 h 个指标的权重。计算公式为：

$$\omega_{j-1}^1 = p_j\omega_j^1,\ j = h,\ h-1,\ \cdots,\ 2 \tag{13}$$

式（14）的含义：根据后一位的指标权重 ω_j^1，计算确定前一位的指标权重 ω_{j-1}^1，以此类推计算出除末位指标以外的所有指标的权重。

（2）基于单位冗余指标区分度的客观权重的确定。在获得最优的指标群后，分别计算减少第 $j(j=1,\ 2,\ \cdots,\ h)$ 个指标后单位冗余区分度 Q(h) 变化的绝对值 ΔQ(j)，ΔQ(j) 值越大，表示第 j 个指标的重要度越大，第 j 个指标的权重越大。

与变化之和的比值，得到每个指标的权重。

①单位冗余区分度变化值的计算。

设：ΔQ(j) 为减少第 j 个指标后单位冗余区分度的变化值；Q(h) 为 h 个指标的单位冗余区分度；$Q_j(h-1)$ 为减少第 j 个指标后的单位冗余区分度。减少第 j 个指标后单位冗余区分度的变化值 ΔQ(j) 表示为：

$$\Delta Q(j) = |Q(h) - Q_j(h-1)| \tag{14}$$

式（14）的含义：减少第 j 个指标后单位冗余区分度的变化值为 h 个指标的单位冗余区分度与 h－1 个指标的单位冗余区分度差的绝对值。

②指标权重的计算。

设：$\omega_j^{(2)}$ 为第 j 个指标的权重；ΔQ(j) 为减少第 j 个指标前后的 Q(h) 变化值的绝对值。指标的权重 $\omega_j^{(2)}$ 为：

$$\omega_j^{(2)} = \Delta Q(j) \Big/ \sum_{j=1}^{h} \Delta Q(j) \tag{15}$$

式（15）的含义：第 j 个指标的权重 $\omega_j^{(2)}$ 的值越大，指标越重要，对质量升级状态区分能力的贡献就越大。

（3）基于灰关联的客观权重确定。基于灰色关联的客观赋权是通过确定参考数列和若干比较数列的集合形状相似程度来判断二者的联系是否紧密，反映了曲线间的关联程度。与参考数列关联度越大的比较数列，其构成的几何曲线与参考数列构成的曲线越接近，两者的联系就越紧密。

①母指标的选取。

设：$x_{(1)}$ 为 h 个指标中含有最大信息量的母指标（基准指标），其他 h－1 个指标为子指标。

$$
\begin{aligned}
x_{(1)} &= (x_{(11)},\ x_{(21)},\ \cdots,\ x_{(n1)}) \\
x_{(2)} &= (x_{(12)},\ x_{(22)},\ \cdots,\ x_{(n2)}) \\
&\cdots \\
x_{(h-1)} &= [x_{(1h-1)},\ x_{(2h-1)},\ \cdots,\ x_{(nh-1)}] \\
x_{(h)} &= [x_{(1h)},\ x_{(2h)},\ \cdots,\ x_{(nh)}]
\end{aligned} \tag{16}
$$

②计算母序列与子序列的绝对离差。

设：$\Delta_j(k)$ 为母序列与子序列的绝对离差；$x_{(kj)}$ 为第 k 个样本第 j 指标中的值；$x_{(k1)}$ 为基准指标中第 k 个样本的值。母序列与子序列的绝对离差 $\Delta_j(k)$ 为：

$$\Delta_j(k) = |x_{(kj)} - x_{(k1)}|,\ j=1,\ 2,\ \cdots,\ h;\ k=1,\ 2,\ \cdots,\ n \tag{17}$$

③计算关联系数。

设：$y_j(k)$ 为第 k 个样本第 j 个指标的关联系数；a 为母序列与子序列的绝对离差 $\Delta_j(k)$ 中的最小值；p 为分辨率，取值 0～1 之间数；b 为母序列与子序列的绝对离差 $\Delta_j(k)$ 中的最大值；$\Delta_j(k)$ 为母序列与子序列的绝对离差。关联系数 $y_j(k)$ 为：

$$y_j(k) = \frac{a + pb}{\Delta_j(k) + pb} \tag{18}$$

④各序列与母序列的关联度。

每个序列与母序列的关联度是 n 个关联系数的加和。第 j 个指标 $x_{(j)}$ 与母指标 $x_{(1)}$ 的关联度 C_j 为：

$$C_j = \sum_{k=1}^{n} y_j(k) \tag{19}$$

⑤计算各指标的权重。

第 j 个指标的权重是第 j 个指标的关联度与所有指标关联度和的比。

$$\omega_j^{(3)} = C_j \Big/ \sum_{j=1}^{h} C_j \tag{20}$$

（4）组合权重的确定。主观赋权可有效地运用决策者的经验和知识，但是其灵活性和易变性又使得它承载了过多的主观随意性，而运用客观赋值法来确定权重，决策或评价结果则具有较强的理论依据，然而客观赋权法不能考虑到决策者的主观意愿，有时会与指标的实际重要程度相悖，并且对所得的结果难以给出明确的解释。因此在发挥主观赋权法的同时想办法避免这种主观随意性也显得非常重要。

组合赋权模型应该保证具备两点，一是保证赋权后的模型含有最多的信息，二是组合权重应该兼顾主观、客观权重的信息。

基于此，本文提出了一种组合赋权优化模型，以指标加权变异系数的大小作为衡量信息含量多少的依据，以最大熵值作为衡量赋权结果间的一致性，以最大信息量和最大熵值为目标函数，反推出最优的组合权重。

①组合权重表达式的构建。

设：ω_j 为组合权重向量；a_i 为组合权系数（i=1，2，3）；$\omega^{(i)}$ 为第 i 个赋权方法的权重向量。组合权重 ω_j 为：

$$\omega_j = \sum_{i=1}^{3} \alpha_i \omega^{(i)} \tag{21}$$

本文中的第一个赋权方法是指基于 G1 法的主观赋权，第二个赋权方法是指基于单位冗余区分度的客观权重，第三种赋权方法是指基于灰关联的客观赋权。式（21）可写成如式（22）所示的函数表达式：

$$\begin{pmatrix} \omega_1 \\ \omega_2 \\ \cdots \\ \omega_h \end{pmatrix} = \alpha_1 \times \begin{pmatrix} \omega_1^{(1)} \\ \omega_2^{(1)} \\ \cdots \\ \omega_h^{(1)} \end{pmatrix} + \alpha_2 \times \begin{pmatrix} \omega_1^{(2)} \\ \omega_2^{(2)} \\ \cdots \\ \omega_h^{(2)} \end{pmatrix} + \alpha_3 \times \begin{pmatrix} \omega_1^{(3)} \\ \omega_2^{(3)} \\ \cdots \\ \omega_h^{(3)} \end{pmatrix} \tag{22}$$

式（22）的含义：三种单一赋权方法获得的权重进行加权平均，获得组合权重的表达式。

②基于最大信息量的目标函数的构建。

本文运用加权变异系数衡量指标的信息量，根据加权变异系数的定义，加权变异系数是指加权标准差与均值的比值。

设：CV 为加权变异系数；$x_{k,j}$ 为第 k 个样本第 j 个指标的值；$\bar{x} = (\bar{x}_1, \bar{x}_2, \cdots, \bar{x}_h)$ 为指标均值组成的向量；ω_j 为第 j 个指标的组合权重。则加权变异系数为：

$$\max CV = \sum_{j=1}^{h} \sqrt{\sum_{k=1}^{n} (x_{k,j} - \bar{x}_j)^2 \omega_j / \bar{x}_j} \tag{23}$$

③基于赋权结果一致性的目标函数的构建。

引入 Jaynes 最大熵检验各个赋权结果间的一致性，基于各赋权结果差异最小原则，构建目标函数：

$$\max Z = -\sum_{i=1}^{3}\alpha_i \ln\alpha_i \tag{24}$$

式（24）的含义：Jaynes 最大熵原理充分体现了各个赋权结果间的一致性程度，基于赋权结果一致性最大确定组合权重系数，避免选取的赋权法对组合赋权结果贡献太小的问题。

④最优组合权系数的确定。

基于（4）组合权重的确定中①②③点，构建目标函数：

$$\max \theta \sum_{j=1}^{h}\sqrt{\sum_{k=1}^{n}(x_{k,j}-\bar{x}_j)^2\omega_j/\bar{x}_j}-(1-\theta)\sum_{i=1}^{3}\alpha_i \ln\alpha_i \tag{25}$$

$$\text{s.t.}\begin{cases}\alpha_1+\alpha_2+\alpha_3=1\\ \alpha_1\geqslant 0,\ \alpha_2\geqslant 0,\ \alpha_3\geqslant 0\end{cases} \tag{26}$$

其中，θ 表示两个目标函数的平衡系数，$0\leqslant\theta\leqslant 1$，根据实际情况本文预先给出 $\theta=0.5$。

式（25）是关于组合权重 ω_j 和权重系数 α_i 的函数，而由式（24）可知组合权重又是关于权重系数 α_i 的函数，因此多目标规划模型式（25）的决策变量是组合赋权的权重系数 α_1、α_2 和 α_3。通过对多目标规划式（25）求解可获得最优的权重系数 α_1、α_2 和 α_3。

（5）质量得分的获得及分析。在获得最优指标权重后，构建质量得分模型，质量得分模型是指标值加权平均值。

设：S_k 为第 k 个样本的质量得分；w_j 为第 j 个指标权重；$x_{k,j}$ 为第 k 个样本的第 i 个指标值，则：

$$S_k = 100\times\sum_{j=1}^{h}\omega_j x_{k,j} \tag{27}$$

（四）基于引力模型的制造业企业质量升级判别

制造业质量升级差的企业数量多，好的企业数量少，甚至两者相差两个以上数量级，是一个非平衡数据问题。由于多数模型是以最大分类精度为目标函数，这会导致分类结果偏向于质量升级差的多数类样本，从而使质量升级好的分类精度降低。

（1）基于监督聚类的样本划分。考虑到质量升级差的样本数大于质量升级好的样本数，本文将运用 K—均值聚类算法，将质量升级差的样本分为 k 个聚类。k 值由质量升级差的样本个数 n_+ 和质量升级好的样本个数 n_- 比的下取整数确定，即聚类个数 $k=[n_+/n_-]$。

K—均值聚类步骤：

①从数据集 D 中随机取 k 个样本点，作为初始化聚类中心。

②计算剩下的点到 k 个类中心的距离，将这些元素分别划归到距离最小的聚类。两个点之间的距离采用欧氏距离衡量，对于两个点 $T_k(x_{k,1}, x_{k,2}, \cdots, x_{k,h})$ 和 $T_l(x_{l,1}, x_{l,2}, \cdots, x_{l,h})$，$T_k$ 和 T_l 之间的欧氏距离 $Dist(T_k, T_l)$ 为：

$$Dist(T_k, T_l) = \sqrt{\sum_{j=1}^{h}(x_{k,j} - x_{l,j})^2} \tag{28}$$

③根据聚类结果，重新计算 k 个聚类各自的中心，计算方法是取类中所有点各自维度的算术平均数。

④将 D 中全部点按照新的中心重新聚类。

⑤重复第 4 步，直到聚类结果不再变化。

（2）引力模型在制造业质量升级中的引用。

引力模型是一种基于牛顿万有引力相似性的度量模型，引力越大表示两者的相似程度越大，反之则越小。

设：F 为数据间引力值；m_1，m_2 为样本个数；R 为样本间的欧氏距离。则数据引力 F 为：

$$F = \frac{m_1 m_2}{R^2} \tag{29}$$

式（29）的含义：数据引力与样本个数成正比，与距离的平方成反比。

数据引力模型在一般的分类中表现出较高的准确率，但是当样本非均衡时，与其他分类模型相似，其分类精度，尤其是对第二类错误的分类精度较差，因此考虑通过质量升级差的样本、质量升级好的样本赋予权重的形式提升数据引力模型的分类精度。

设：γ_i 为样本权重；n_1 为质量升级差的样本个数；n_2 为质量升级好的样本个数。样本权重定义为：

$$\gamma_i = (n_1 + n_2)/n_i (i = 1, 2) \tag{30}$$

式（30）的含义：质量升级差的样本或质量升级好的样本权重 γ_i 是质量升级差的样本或质量升级好的样本占总样本比例的倒数。

设：F_i 为质量升级好（质量升级差）样本对测试样本 $x=(x_1, x_2, \cdots, x_h)$ 的引力；γ_i 为样本权重；m_k 为第 k 个聚类的样本个数；ω_j 为第 j 个指标的组合权重；$x_{k,j}$ 为第 k 个样本的第 j 个指标值；x_j 为测试样本第 j 个指标的值。质量升级好（质量升级差）样本对测试样本的引力为：

$$F_i = \sum_{k=1}^{l_i} \frac{\gamma_i m_k}{\sum_{j=1}^{h} \omega_j (x_{k,j} - x_j)^2} \tag{31}$$

式（31）的含义：质量升级好或质量升级差的样本对测试样本的引力与聚类样本的加权数成正比，与聚类样本和测试样本的距离平方的加权和成反比。由于样本分为质量升级好、质量升级差两类，所以 F_i 值有两个，最大 F_i 值与对应的类即为测试样本所在的类。

五、制造业质量升级评价实证分析

（一）样本选取和资料来源

本文数据来自山东省质监局、山东省统计局，共收集 4 150 家制造业企业的数据，包括资产负债率等财务数据，员工人数等非财务指标，专利数与质量指标。将“全国质量奖”名单、“山东省省长质量奖”中的所有制造业企业为质量升级好的 45 个企业，其他企业为质量升级差的企业。通过指标海选得到的指标，如表 2 所示。

表 2　　质量升级指标体系

(a) 序号	(b) 一级准则层	(c) 二级准则层	(d) 指标名称
1	企业内部财务因素	偿债能力	X_1 资产负债率
…			…
88		盈利能力	X_{88} 基本每股收益
…			…
231			X_{231} 资本回报率
…		营运能力	…
290			X_{290} 账面市值比
…		成长能力	…
342			X_{342} 可持续增长率

续表

(a) 序号	(b) 一级准则层	(c) 二级准则层	(d) 指标名称
…	企业非财务因素	内部非财务因素	…
420			X_{420}员工总数
…		高管基本情况	…
428			X_{428}总经理是否领取薪酬
…		基本信用情况	…
452			X_{452}是否披露内控审计报告
…		商业信誉	…
458			X_{458}是否违规
…		社会责任	…
461			X_{461}社会捐赠额
462	企业外部宏观因素	无	X_{462}行业景气指数
…			…
542			X_{465}居民消费价格指数
…			…
609	质量因素	质量水平	X_{609}承担标准制修订数量
610			X_{610}质量管理体系有效证书数
…			…
638			X_{638}专利数
639	质量升级状态	无	X_{639}是否获得全国质量奖、省级政府质量奖

（二）指标组合的筛选

最优指标组合既要考虑对质量升级好、差的鉴别能力，也要考虑指标之间的相关性，因此本文引入单位冗余指标区分度 Q(h) 获得最优的指标组合。

运用广义 F－Score 进行指标组合的筛选，如果对所有的情况进行计算会有 $2^{639}-1$ 种情况，即有 $2^{639}-1$ 个指标群，为减少计算复杂度，本文使用贪心算法中的序列向后选择获得最优的指标群。具体分为以下步骤。

步骤 1：根据式（6）获得全部 638 个指标的广义 F－Score 值，根据式（8）、式（9）计算出平均相关系数，根据式（10）计算得到单位冗余指标区分度；

步骤2：每次剔除一个指标计算广义 F－Score 值，共得到638个广义 F－Score 值，同时可以计算得到638个平均相关系数，638个单位冗余指标区分度值；

步骤3：从步骤2的638个单位冗余指标区分度值中，挑选出最大值对应的指标群，将该指标群每次剔除一个指标，计算含有637个指标的单位冗余区分度；

步骤4：重复上述步骤，直至得到指标个数为1时的最大值的单位冗余区分度。

通过上述步骤获得最优的指标组合，见表3第（b）列，共筛选出25个指标。对筛选出的指标进行G1法赋权、单位冗余区分度赋权以及灰关联赋权，获得各个模型的权重列入表3第（1）~（3）列。通过式（25）以指标信息含量最大为目标函数反推出最优组合权系数分别为 $\alpha_1=0.1735$，$\alpha_2=0.3142$，$\alpha_3=0.5123$，将模型权重与指标权重加权平均获得最优的指标组合权重，列入表3的第（4）列。

表3　　最优指标组合及权重

(a) 序号	(b) 指标	(1) G1法权重	(2) 单位冗余区分度权重	(3) 灰关联权重	(4) 组合权重
1	资产负债率	0.10158	0.13233	0.09459	0.10766
2	资产减值损失/营业利润	0.02183	0.02577	0.04405	0.03445
3	营业利润/利润总额	0.03458	0.04062	0.05308	0.04595
4	资产减值损失/营业总收入	0.01875	0.00655	0.02688	0.01909
5	综合收益总额	0.04876	0.04935	0.03505	0.04192
6	流动比率	0.02783	0.03407	0.02790	0.02983
7	内控缺陷整改情况	0.03054	0.01048	0.03229	0.02514
8	进出口总额	0.04383	0.04717	0.03062	0.03811
9	地区生产总值	0.02682	0.00873	0.01656	0.01588
10	最终消费率	0.02405	0.01267	0.03554	0.02636
11	居民消费水平：全体居民	0.01271	0.01485	0.01699	0.01558
12	城镇就业人员数	0.07168	0.07468	0.05696	0.06508
13	私营企业投资者人数	0.03175	0.03407	0.04738	0.04049

续表

(a) 序号	(b) 指标	(1) G1 法权重	(2) 单位冗余 区分度权重	(3) 灰关联权重	(4) 组合权重
14	城镇单位就业人员工资总额	0.04638	0.03188	0.03085	0.03387
15	失业情况：失业人员数	0.03511	0.03625	0.03364	0.03471
16	居民消费价格指数	0.03083	0.02140	0.03834	0.03171
17	商品零售价格指数	0.01084	0.00655	0.00664	0.00734
18	城镇居民家庭—人均财产性收入	0.02958	0.03407	0.04517	0.03897
19	承担标准制修订数量	0.01856	0.01485	0.02197	0.01914
20	质量管理体系有效证书数	0.03175	0.01703	0.03131	0.02690
21	产品抽查合格率	0.02311	0.03140	0.04935	0.03916
22	国家、省级品牌数	0.10121	0.12233	0.08348	0.09876
23	研发占营业收入比重	0.03565	0.04410	0.02890	0.03485
24	污染物排放量占总产值的比重	0.05308	0.07182	0.04563	0.05515
25	专利数	0.08919	0.07698	0.06679	0.07388

通过表 3 可以看出，经过指标筛选，获得一个包含 25 个指标的指标组合，该指标组合能够有效地鉴别质量升级好、差的企业。组合权重中，资产负债率的权重最大，为 0.10766，其次是国家、省级品牌数，为 0.09876，商品零售价格指数的权重最小，为 0.00734。根据式（27），上述 25 个指标可以建立企业质量升级的得分方程，运用得到的得分方程可以计算每一个企业的质量升级情况。

$$S_k = 100 \times 0.10766x_1 + \cdots + 0.07388x_{25}$$

（三）企业质量升级状态的鉴别及对比

本文运用构建的引力模型对测试样本进行分类精度的检验，采用 80% 的样本训练，20% 的样本测试，与逻辑回归模型（logistic regression model，logistic）、概率单位回归模型（probit regression model，probit）、决策树模型、支持向量机、反向传播神经网络、K－近邻算法和极限学习机进行判别精度对比。对比结果如表 4、表 5 所示。

表 4　　判别精度对比（有指标组合选）

(a) 序号	(b) 模型	(1) 第二类错误（%）	(2) 第一类错误（%）	(3) 准确率（%）	(4) AUC
1	引力模型	7.21	1.73	98.32	0.87
2	Logit 回归模型	11.38	2.10	96.20	0.65
3	Probit 回归模型	14.70	3.82	96.41	0.68
4	决策树模型	20.48	8.47	94.02	0.59
5	支持向量机	9.14	11.80	97.80	0.79
6	BP 神经网络	8.45	7.25	97.90	0.81
7	K－近邻算法	7.83	9.22	98.16	0.83
8	极限学习机	12.60	3.12	95.44	0.77

表 5　　判别精度对比（无指标组合选）

(a) 序号	(b) 模型	(1) 第二类错误（%）	(2) 第一类错误（%）	(3) 准确率（%）	(4) AUC
1	引力模型	12.77	5.87	95.71	0.79
2	Logit 回归模型	17.36	5.10	93.23	0.70
3	Probit 回归模型	16.51	4.77	93.72	0.67
4	决策树模型	25.40	11.46	90.92	0.65
5	支持向量机	15.24	13.58	94.48	0.69
6	BP 神经网络	14.49	10.53	94.47	0.66
7	K－近邻算法	12.86	13.42	95.62	0.71
8	极限学习机	18.61	5.12	93.20	0.74

表 4 显示的是指标筛选后的判别精度对比，可以得到与 Logit 回归等 7 个模型相比，提出的引力模型第二类错误、第一类错误是最低的，准确率和 AUC 值是最高的。因此，本文提出的引力模型的判别精度是最好的；表 5 显示无指标筛选的判别精度对比，可以看到除了第一类错误不是最优的，其他三个评价标准均是最好的；表 4 与表 5 对比发现，有指标筛选后的模型分类能力明显高于无指标筛选的模型分类能力，说明本文提出指标组合筛选方法可以明显提高模型的判别精度。

六、结论

（一）主要结论

（1）通过单位冗余区分度最大，获得了能够区分质量升级好、坏的资产负债率、流动比率、专利数等25个指标组成的指标组合Q(h)。在这25个指标的基础上任意增减指标都会使得单位冗余的区分度降低，也会降低模型的判别精度。

（2）在获得25个指标组成的指标组合后，以G1法、广义F-Score和灰关联为组合赋权模型，以指标的信息含量最大为目标函数，反推出模型的最优权系数为$\alpha_1=0.1735$，$\alpha_2=0.3142$，$\alpha_3=0.5123$，在此基础上获得最优的指标权重。

（3）通过指标赋权、数据赋权的方式建立引力模型，并且与典型的其他7种模型对比，本研究建立的模型将质量升级好错判为质量升级差的错判率及质量升级差误判为质量升级好的错判率降到最低，使得准确率最高。

（二）主要创新与特色

（1）在最优指标组合筛选方面，通过构建综合考虑指标区分度的F-Score与平均相关系数的单位冗余区分度模型Q(h)，从638个指标共$2^{638}-1$种情况中挑选单位冗余区分度值Q(h)最大所对应的一组指标，即为制造业质量升级影响最大的一组指标。研究表明资产负债率、流动比率、专利数等25个指标组成的指标体系的分类能力最强。

（2）在最优权重方面，采用综合考虑主、客观的组合赋权的形式获得最优权重，第一个赋权模型是G1法，第二个赋权模型是广义F-Score、第三个赋权模型是灰色关联，以信息含量最大为目标函数获得最优的指标权重。

（3）根据监督聚类的思想，分别对质量升级好、差样本进行K-means聚类，以达到对质量升级好、差样本的初步平衡，对所有的聚类运用引力模型，考虑指标权重、聚类样本权重，达到进一步平衡样本，获得最优分类模型的目的。研究表明，本文建立的引力模型的分类性能优于其他分类模型。

参考文献

[1] 程虹，陈川．制造业质量竞争力理论分析与模型构建［J］．管理学

报，2015，12（11）：1695.

［2］韩大延．基于卓越绩效的甘肃省制造业质量管理现状的评价研究［D］．兰州理工大学，2012.

［3］黄群慧，贺俊．中国制造业的核心能力，功能定位与发展战略——兼评《中国制造2025》［J］．中国工业经济，2015（6）：5－17.

［4］李柏洲，齐鑫，徐广玉．基于组合赋权模型的区域知识创造能力评价研究——31个省市自治区视阈的实证分析［J］．运筹与管理，2016，25（3）：178－185.

［5］李刚，李建平，孙晓蕾，等．主客观权重的组合方式及其合理性研究［J］．管理评论，2017，29（12）.

［6］李卫红．基于制造业的产品质量竞争力研究［J］．科技管理研究，2011，31（24）：217－220.

［7］刘伟丽，郑启明，张涵．发展中国家制造业出口质量升级研究——基于中国，印度和巴西数据［J］．中国工程科学，2015，17（7）：133－140.

［8］毛帅．工业企业质量竞争力指数体系研究［J］．能源技术与管理，2013（5）：168－170.

［9］苏秦，王洁，刘丹．技术创新和产业组织对重大装备产品质量竞争力的影响［J］．软科学，2016（2）：1－4.

［10］王文璇，文昌俊，张小萌．湖北省中小企业制造质量竞争力评价模型研究［J］．湖北工业大学学报，2016（4）：45－48.

［11］温德成．产品质量竞争力及其构成要素研究［J］．世界标准化与质量管理，2005（6）：4－8.

［12］张纲．供给侧结构性改革中的制造业质量升级［J］．中国工程科学，2017，19（3）：29－38.

［13］张月义，韩之俊．基于AHP和Fuzzy的企业质量竞争力综合评价方法［J］．商业研究，2006（21）：15－18.

［14］张忠，金青．服务型制造质量竞争力模型构建与评价［J］．制造业自动化，2015，37（2）：76－79.

［15］Chen F. L，Li F. C. Combination of feature selection approaches with SVM in credit scoring［J］. Expert systems with applications，2010，37（7）：4902－4909.

［16］Delen D.，Kuzey C.，Uyar A. Measuring firm performance using financial ratios：A decision tree approach［J］. Expert Systems with Applications，2013，

40 (10): 3970 -3983.

[17] Ding S. , Zhao H. , Zhang Y. , et al. Extreme learning machine: algorithm, theory and applications [J]. Artificial Intelligence Review, 2015, 44 (1): 103 -115.

[18] Jiang Q. , Fang K. , Zhang G. Assessment of geohazards risk based on new combined weight method [J]. Journal of Natural Disasters, 2015 (3): 004.

[19] Jing G. , Du W. , Guo Y. Studies on prediction of separation percent in electrodialysis process via BP neural networks and improved BP algorithms [J]. Desalination, 2012 (291): 78 -93.

[20] Kibria B. M. G. , Saleh A. K. Md. E. Improving the estimators of the parameters of a probit regression model: A ridge regression approach [J]. Journal of Statistical Planning and Inference, 2012, 142 (6): 1421 -1435.

[21] Meng B. , Chi G. New Combined Weighting Model Based on Maximizing the Difference in Evaluation Results and Its Application [J]. Mathematical Problems in Engineering, 2015: 1 -9.

[22] Månsson K. , Kibria B. M. G. , Shukur G. On Liu estimators for the logit regression model [J]. Economic Modelling, 2012, 29 (4): 1483 -1488.

[23] Peng H. Y. , Jiang C. F. , Fang X. , et al. Variable selection for Fisher linear discriminant analysis using the modified sequential backward selection algorithm for the microarray data [J]. Applied Mathematics and Computation, 2014 (238): 132 -140.

[24] Peng L. , Zhang H. , Yang B. , et al. A new approach for imbalanced data classification based on data gravitation [J]. Information Sciences, 2014 (288): 347 -373.

[25] Tang H. A novel fuzzy soft set approach in decision making based on grey relational analysis and Dempster - Shafer theory of evidence [J]. Applied Soft Computing, 2015 (31): 317 -325.

[26] Tanveer M. , Shubham K. , Aldhaifallah M, et al. An efficient regularized K -nearest neighbor based weighted twin support vector regression [J]. Knowledge -Based Systems, 2016 (94): 70 -87.

[27] Tien Bui D. , Pradhan B. , Lofman O. , et al. Landslide susceptibility assessment in vietnam using support vector machines, decision tree, and Naive Bayes Models [J]. Mathematical problems in Engineering, 2012.

[28] Xiao H. , Xiao Z. , Wang Y. Ensemble classification based on supervised clustering for credit scoring [J]. Applied Soft Computing, 2016 (43): 73 –86.

[29] Zhou H. , Deng Z. , Xia Y. , et al. A new sampling method in particle filter based on Pearson correlation coefficient [J]. Neurocomputing, 2016 (216): 208 –215.

关于战略性新兴产业的回顾与反思*

牛勇平　肖　红**

摘　要：发展战略性新兴产业的目的不仅在于寻找新的经济增长点，更重要的是促进制造业乃至整个工业体系的升级换代。中华人民共和国国民经济和社会发展第十二个五年规划纲要（简称“十二五”）以来，我国战略性新兴产业发展迅速，各项指标均超过同期工业平均水平。其中也存在着一些问题，如部分行业出现供给相对过剩、补贴效率不高、核心技术领域突破不足等。我们应科学制定产业政策，尽可能减少产业政策带来的负面影响；不断完善产业政策结构，尽量协调各级政府与企业的目标；构建并逐渐完善战略性创新促进体系，为《中国制造2025》做好坚实的基础。

关键词：战略性新兴产业；补贴效率；创新体系

一、问题提出

（一）战略性新兴产业的内涵演变

战略性新兴产业提法最早出现于2009年9月，时任国务院总理温家宝召开了战略性新兴产业发展专家座谈会，会议中首次提到此概念。此后，国务院于2010年10月10日发布了《国务院关于加快培育和发展战略性新兴产业的决定》。决定指出：战略性新兴产业是以重大技术突破和重大发展需求为基础，对经济社会全局和长远发展具有重大引领带动作用，知识技术密集、物质资源

* 基金项目：国家社科基金项目“新型城镇化产业支撑与成本分担均衡路径研究”（批准号16BJL062）。

** 作者简介：牛勇平（1973～　），男，山东工商学院经济学院副教授、硕士生导师。研究方向为战略性新兴产业。

肖红，女，山东工商学院图书馆副研究馆员。

消耗少、成长潜力大、综合效益好的产业。2012 年 7 月，《国务院关于印发“十二五”国家战略性新兴产业发展规划》，确定了节能环保产业、新一代信息技术产业、生物产业、高端装备制造产业、新能源产业、新材料产业、新能源汽车产业七个重点方向。

2016 年 11 月 29 日，国务院印发了《“十三五”国家战略性新兴产业发展规划的通知》。2017 年 1 月 25 日，国家发改委第 1 号公告发布了《战略性新兴产业重点产品和服务指导目录》2016 版，目录将分为 5 大领域 8 个产业（相关服务业单独列出）、40 个重点方向下一共 174 个子方向，近 4 000 项细分产品和服务。其中五大领域是指网络经济、高端制造、生物经济、绿色低碳和数字创意，8 个产业是指新一代信息技术、高端装备、新材料、生物、新能源汽车、新能源、节能环保、数字创意产业。

可以发现，官方文件对于战略性新兴产业的定义也经历了一个循序渐进的过程。国家提出此概念的最初目的是为了应对 2008 年金融危机，为了寻求我国经济新的增长点，因此战略性新兴产业的内涵并不明确。但随着时间推移，战略性新兴产业逐渐明确了方向，且被赋予了抢占“新一轮经济和科技发展制高点”的重要任务。经过“十二五”五年时间的培育，战略性新兴产业增加值已经占国内生产总值（Gross Domestic Product，GDP）的 8%左右；中华人民共和国国民经济和社会发展第十三个五年规划纲要（简称“十三五”）规划则充分体现了政策的连续性，目标要求到 2020 年战略性新兴产业增加值达占 GDP 的 15%①。2017 年发改委的 1 号公告《战略性新兴产业重点产品和服务指导目录》2016 版则规定了战略性新兴产业的详细内容。

（二）学术界关于战略性新兴产业的研究

学术界明确提出战略性新兴产业可以追溯到 2009 年。2010 年以后，研究战略性新兴产业的相关文献数量激增。2010～2017 年，篇名中包含“战略性新兴产业”的文献数量分别为 567 篇、951 篇、1 061 篇、856 篇、725 篇、612 篇、567 篇、519 篇。从内容上看，现有研究已经涉及企业内部管理机制、财政金融支持、技术创新（自主创新机制）、具体产业发展评价等各个方面。

战略性新兴产业从 2009 年提出到现在已经过去将近十年的时间，我们有必要对其发展历程进行回顾与反思，目的在于促进该产业更好地发展。相关文

① 长远目标是在 2030 年战略性新兴产业整体创新能力和发展水平达到世界先进水平，资料来源：国家信息中心官网，网址 http：www. sic. gov. cn。

献主要集中在以下几个方面：

（1）针对实践中存在问题的认识。孙国民（2013）指出了高端产业低端技术、产业同质等问题。曲永军、毕新华（2014）认为，要注意可能存在的问题，如盲目扩张导致的“牛鞭效应”、低端技术重复导致的“挤出效应”、产业关联不高导致的分散效应以及急功近利的短期效应。

（2）针对产业政策方式方法的探讨。刘志彪（2015）提出，在新常态阶段产业政策要从要素驱动、投资驱动和出口导向转向创新驱动，这种转变对于战略性新兴产业也有重要意义；盛朝迅（2018）认为，应该将当前的选择性产业政策（项目导向）转变为功能性产业政策（能力导向）。

（3）针对具体产业发展中存在问题的研究。郭燕青等（2016）分析了新能源汽车产业中的补贴政策，提出了不同假设下（合作均衡与竞争均衡）补贴结构的变化。郁建兴、王茵（2017）指出，目前我国光伏产业存在低端技术锁定问题，应采取递阶式补贴机制，并进一步优化产学研合作模式。以上研究提供了很好的启示，也存在进一步深入之处，本文首先对战略性新兴产业的发展状况做一下简单回顾，之后用基本经济学理论分析供给过剩、补贴对象选择、核心技术部门补贴效率等问题，最后提出对策建议。

二、对战略性新兴产业的回顾

（一）战略性新兴产业的产业关联

图 1 描述了战略性新兴产业中各产业之间以及与先进制造业之间的产业关联。当然，战略性新兴产业并不仅与制造业发生关联，例如生物产业、节能环保产业与农业之间也存在着密切关系。图 1 的意义在于，我们要把战略性新兴产业放在与《中国制造 2025》协同发展的高度，其目的不仅在于寻找新的经济增长点，更重要的是促进制造业乃至整个工业体系的升级换代。

制造业通常可以分为原材料（能源）、基础性中间产品、功能性中间产品、准备制造和最终产品等环节。图 1 中，新能源、新材料无疑为第一个环节提供支撑（新材料产业也提供基础性中间产品），同时，新能源、新材料也与其他战略性产业发生关联。而高端装备制造则涉及几乎所有其他战略性新兴产业，也为制造业所有环节的装备制造升级提供支撑。新能源汽车产业不仅提供最终产品，而且应该形成一个完整的先进制造业链条。而新一代信息技术、节能环保产业、数字创意产业的主要功能在于为先进制造业降低交易成本、降低负外部性及提高服务（工业）质量。最后，生物产业是一个相对独立的产业门类，涵盖范围非常广阔，其战略意义可以与先进制造业体系并驾齐驱。

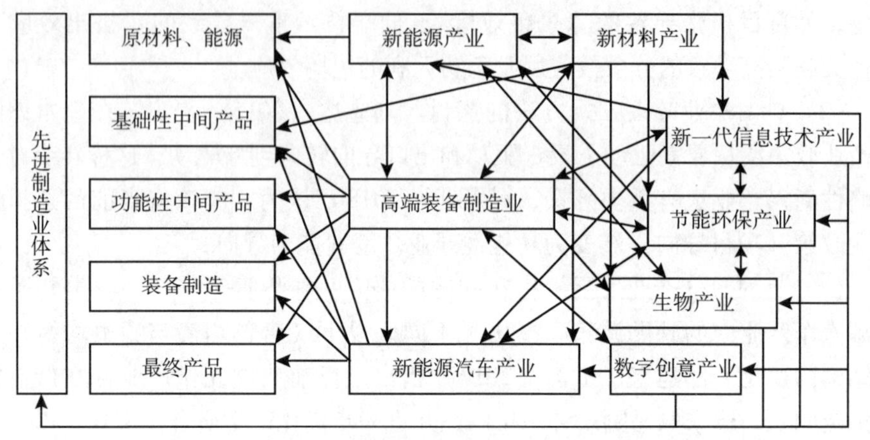

图1　战略性新兴产业的产业关联

注：图中的单向箭头表示单向产业关联，双向箭头则表示双向产业关联。

（二）战略性新兴产业的发展状况

中华人民共和国国民经济和社会发展第十二个五年规划纲要（简称“十二五”）以来，我国战略性新兴产业发展迅速，各项指标均超过同期工业平均水平。根据国家信息中心各年度数据显示，从2010～2015年，战略性新兴产业规模以上企业收入年均增长18%左右，有效地拉动了经济增长。当然，近年来战略性新兴产业增长速度有所减缓。主营业务收入增长率从2013年的17.1%下降到2016年的11.3%，利润增长率也从2014年的峰值22.1%下降到2016年的10.5%（但仍然超过同期工业对应的指标）。这其中既有边际收益递减的原因，也有门槛下降、竞争加剧的原因，并且与某些行业产业政策逐渐退坡有关（见表1）。

表1　2013～2016年战略性新兴产业发展状况　单位：%

指标	2013年	2014年	2015年	2016年
主营业务收入增长率	17.1	13.6	11.8	11.3
同期工业增长率	11.2	8.3	6.01	6.02
利润增长率	20.7	22.1	12.5	10.5

续表

指标	2013 年	2014 年	2015 年	2016 年
同期工业利润增长率	12.2	10.0	-0.02	8.66
节能环保产业增长率	22.1	19.2	23.7	14.2
新一代信息技术产业增长率	13.5	15.6	22.6	8.35
生物产业增长率	17.2	13.6	14.0	20.3
高端装备制造产业增长率	21.6	23.2	4.4	*
新能源产业增长率	13.0	21.9	22.5	11.2
新能源汽车产业增长率	37.9	328	*	53.0
新材料产业增长率	*	1.5	0.4	4.5

注：2015 年未收集到全行业数据，以上市公司数据代替。* 表示数据暂缺。网址国家信息中心官网 http：www. sic. gov. cn。

资料来源：根据国家信息中心各年度数据整理。

（1）节能环保产业，包括高效节能产业、先进环保产业、资源循环利用产业等方面。“十二五”期间节能环保产业保持了较快的增长，平均增长率在20%左右。虽然2016年以来节能环保产业增长率有所下滑，但该产业具有较强的正外部性，其社会效益值得关注。以餐厨废弃物资源化、无害化利用为例，我国每年餐厨废弃物在4 000万吨以上（平均每个地级市约15万吨，需要日处理400吨以上），如按照传统方式处理，由此带来的环境污染可想而知。我国目前规模较大的餐厨废弃物处理企业的日处理能力也就是400吨左右，也就是说需要至少300个以上这样的企业，而目前企业数量远远不足[①]。

（2）新一代信息技术产业，包括下一代信息网络产业、信息技术服务产业、电子核心产业、网络信息安全产品和服务及人工智能等方面。“十二五”期间新一代信息技术产业得到了长足发展，电子信息产业年均增长率15%左右，软件和信息技术服务业年均增长率25.9%，电子商务市场交易规模年均增长率为27.9%，云计算年均增长67.2%。当然，在一些核心技术方面，我国与发达国家还有不小的差距。差距不仅仅在于研发水平，而主要在于创新体系的不完善。

（3）生物产业，包括生物医药产业、生物医学工程产业、生物农业产业、生物制造产业、生物能产业等。“十二五”期间生物产业年平均增长率超过

① 资料来源：国家信息中心官网 http：www. sic. gov. cn，其他行业数据来源同上。

20%，比2010年增长1.4倍。其中，医疗仪器设备及器械制造业增速为17.6%，医药制造业增速为17.5%[①]。值得一提的是生物农业领域，生物种业、生物饲料、生物农药、生物肥料、生物兽用疫苗等产业发展迅速，但仍具备极大潜力。以生物肥料为例，目前应用面积仅在2亿亩左右，只占全部耕地面积的11%。

（4）高端装备制造产业，包括智能制造装备产业、航空产业、卫星及应用产业、轨道交通装备产业、海洋工程装备产业等。“十二五”期间，智能制造装备业年均增长率为9.6%，航空产业年均增长14.5%，轨道交通装备业年均增长13.1%，海洋工程装备业年均增长28.6%。以工业机器人为例，2016年机器人销售量已达8.5万台，超过全球新增工业机器人数量的30%。存在的问题是低级产品产能过剩、国外品牌占据国内市场过大份额，其中，六轴以上多关节机器人市场基本上被国外品牌垄断，在一些核心领域如减速器制造也和发达国家存在较大差距。

（5）新能源产业，包括核电产业、风能产业、太阳能产业、智能电网及其他新能源产业。“十二五”期间我国新能源装机容量达到发电装机总量的13.8%，年均增长率为34.7%。其中，风电占发电量占总发电量的3.3%，核电发电占3%，太阳能光伏发电占0.69%。当然，高速发展的背后也有隐忧。目前我国电力市场已经处于供过于求的状态，一些省份新上的项目就在面临消纳困难的局面。2016年甘肃省弃风、弃光导致的电力浪费就达到100多亿度。

（6）新能源汽车产业，包括新能源汽车产品、充电、换电及加氢设施及生产测试设备等。“十二五”期间，我国新能源汽车经历了从无到有的过程，年均增速在2.7倍左右。“十二五”期末，我国成为新能源汽车保有量最大的国家。同样，快速增长过程中也出现了很多问题，例如新能源汽车本身的安全性问题，包括电池质量、统一标准、电池保质期过后的处理等；产业扶植政策退坡后部分企业经营困难及配套基础设施不完善等。

（7）新材料产业，包括新型功能材料、先进结构材料（如高品质特种钢、新型结构陶瓷灯）及高性能复合材料产业等。“十二五”期间，新材料产业年均增长率在20%以上。新材料产业是《中国制造2025》规划的产业基础，虽然2008年以来发展迅速，但仍然任重而道远。目前我国新材料产业仍然处于跟踪模仿和产业培育阶段，产业创新不足、产业布局不够清晰。

---

① 医疗仪器设备及器械制造业及医药制造业涉及的范围可能较大，但本文没有得到与生物相关的准确数据。

（8）数字创意产业，包括数字文化创意和设计服务等，前者包括技术装备、创意软件、内容制作及新型媒体服务等，后者包括工业设计服务及人居环境服务等。虽然数字创意产业被列为战略性新兴产业的时间并不长，但发展速度较快，如 2017 年该产业中的文化创意与设计服务业营业收入为 11 891 亿元，增长率为 8.6%（官方统计数据并不完全涵盖数字创意产业）。

三、关于战略性新兴产业的反思

2008 年以来我国战略性新兴产业得到了长足的发展，但也存在不少问题，值得我们认真思考。例如，光伏行业、风电行业曾经出现过供给过剩问题，过剩产品出口国外又遇到贸易壁垒的阻碍，导致一些企业进退两难；又如，当前以“项目申报”为主的补贴模式很容易导致补贴流向大企业，但补贴效率值得商榷；再如，在一些产业的核心技术领域仍然没有取得关键性突破。我们认为，这些现象的出现不是偶然的，可以用基本的经济学理论进行描述。由于篇幅所限，本文仅对供给过剩、补贴对象选择以及核心技术补贴模式三个问题作出简单的解释。

（一）产业政策与供给过剩

从目前来看，各级政府对于战略性产业政策的支持种类很多，但基本上可以分为供给侧与需求侧两类。供给侧产业政策包括土地出让优惠、贷款支持、各种税收优惠、产品价格补贴、产品开发补贴、加快项目审批、取消规模限制等。以土地出让优惠为例，如一些地方对风电用地的价格优惠接近 3 折（即原地价的 30%），而且采用“点征”政策——即按风机的实际占地面积计算。再以产品开发补贴为例，2012 年财政部就出台了《新能源汽车产业技术创新工程财政奖励资金管理办法》，直接针对整车项目和零部件项目进行财政支持。

需求侧产业政策，包括购买价格补贴、税收减免、过剩产品收购等。以购买价格补贴为例，2016 年购买一辆续航里程在 250 千米以上的纯电动汽车可以享受的最高补贴（中央补贴加地方补贴）在 11 万元以上；再以过剩产品收购为例，2012 年 10 月国家电网公布《关于做好分布式光伏发电并网服务工作的意见》，对符合条件的光伏电企提供免费接入服务，且全额收购富余电量。

当然，无论是供给侧还是需求侧产业政策，其经济学意义无非表现为供给曲线或需求曲线的移动。图 2 中，横轴为某新产业的产品数量，纵轴为其价格，Q_0 所示虚线为该产业初期的市场容量。初期的市场需求曲线为 D_1，供给

曲线为 S_1，均衡价格为 P_1，均衡数量为 Q_1。

在初期如果政府实行供给侧产业政策，则供给曲线向右移动到 S_2，价格下降到 P_2，均衡数量增加到 Q_0，价格下降、数量增加，社会总福利增加，增加量为消费者剩余增加量加生产者剩余增加量减去补贴量，为图中所示三角形 ABC。但政府的产业政策并不能准确估计出市场总容量的边界，仍然进行补贴，则供给曲线继续右移到 S_3，则会出现 Q_3-Q_0 的过剩产品。

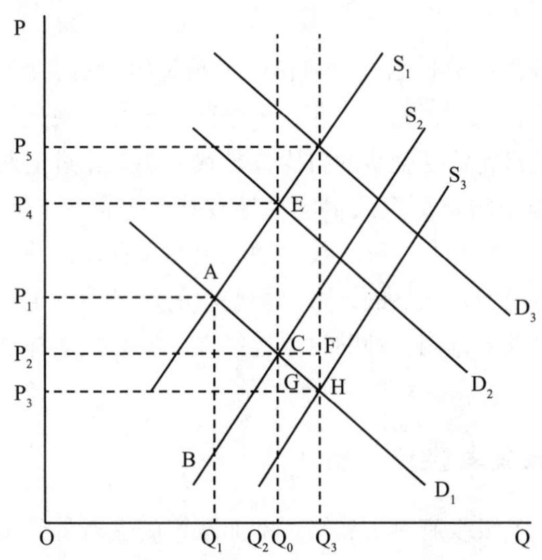

图 2　产业政策对市场需求及供给的影响

在初期如果政府实行需求侧产业政策，则需求曲线向右移动到 D_2，价格上升到 P_4，均衡数量增加到 Q_0，价格上升、数量增加，社会总福利也会增加，增加量为三角形 ACE。但政府的产业政策并不能准确估计出市场总容量的边界，仍然进行补贴，则需求曲线继续右移到 D_3，则将会出现 Q_3-Q_0 的过剩需求。

无论是过剩供给还是过剩需求，都会带来福利损失。我们以供给侧产业政策为例。从 C 点出发，补贴量为（P_2-P_3）$\times Q_0$，如果以 P_2 作为剩余产品的政府收购价格，则需要支付 $P_2\times(Q_3-Q_0)$，加上补贴为 $P_2\times Q_3-P_3\times Q_0$，即为矩形 $P_2FHP_3+Q_0GHQ_3$ 围成的面积。如果以 P_3 作为剩余产品的收购价格，则需要支付 $P_3\times(Q_3-Q_0)$，加上补贴为矩形 $P_2CGP_3+Q_0GHQ_3$ 围成的面积。如果这两种福利损失的最小值超过了三角形 ABC 的面积，那么产业政策的收益要小于损失。

问题的关键有两点：一是能否精准测度市场容量的边界；二是在产业政策推行的过程中，市场容量能否增加。在实践中，有些行业市场容量的边界容易测定，例如能源，能源消耗量与 GDP 增长率之间存在一定的弹性关系，但有些行业则难以测定，例如 IT 产业。进一步分析，市场容量的变化同样是难以测定的，这在一定程度上导致产业政策只能是“摸着石头过河”。以一些地区的风电、光伏发电为例，实际上这些地区的电力供给已经接近过剩，但在产业政策的激励下仍然大规模的投资，政府一方面提供补贴，另一方面要收购过剩电力，带来巨大的资源浪费。

（二）产业政策与补贴对象的选择

我们用一个寡头——小企业群模型作为示例，目的在于判断究竟补贴大企业还是小企业更有效率。模型中存在一个寡头企业（领导者）及小企业群（追随者），见图 3。市场总需求曲线为 D，小企业群的供给曲线为 S_0，该曲线实际上是所有小企业供给曲线的加总，也是他们各自边际成本曲线的加总。因此，剩余需求曲线即寡头所面对的需求曲线为 D_1。寡头企业边际收益曲线为 MR，与自己的 MC 曲线相交，对应产量为 Q_1，对应价格为 P_0。小企业群根据价格等于边际成本来决定产量，产量为 Q_0。在价格为 P_0 时，寡头企业生产 Q_1，小企业群生产 Q_0，总产量为 Q_2。

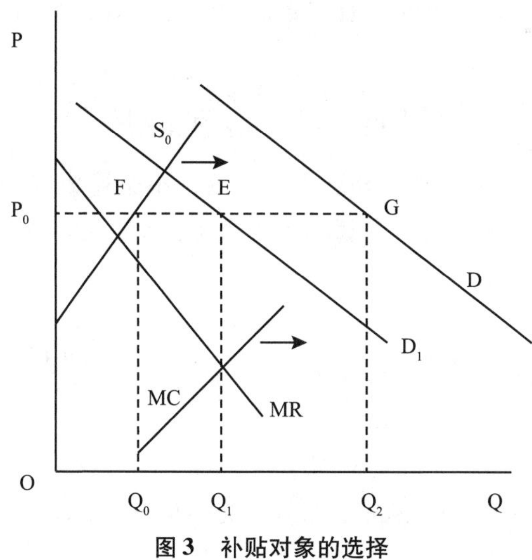

图 3　补贴对象的选择

如果补贴小企业群，则小企业群的供给曲线 S_0 右移，引起寡头企业需求曲线左移，同时边际收益曲线也左移，市场价格下降，市场总产量增加；如果补贴寡头企业，寡头企业边际成本曲线右移，市场价格下降，市场总产量也会增加。但从图中难以比较两种补贴的效率，还需要进一步推导。

设市场需求曲线为 D：$Q = a - bP(a、b>0)$，小企业群的整体供给曲线为 S_0：$Q_0 = -c + dP(c、d>0)$，则寡头厂商面临的需求曲线为：

$$D_1 = D - S_0 \Rightarrow Q_1 = a + c - (b + d)P$$

稍加变换为：$P = \frac{a+c}{b+d} - \frac{Q_1}{b+d}$，则可以得到寡头的边际收益曲线为：

$$MR = \frac{a+c}{b+d} - \frac{2Q_1}{b+d} \tag{1}$$

设寡头的边际成本曲线为：$MC = e + fQ_1(e、f>0)$，寡头根据边际成本等于边际收益原则确定产量和价格，有：$e + fQ_1 = \frac{a+c}{b+d} - \frac{2Q_1}{b+d}$

得到垄断厂商的均衡产量为：

$$Q_1 = \left(\frac{a+c}{b+d} - e\right) \Big/ \left(f + \frac{2}{b+d}\right) = \frac{a+c-e(b+d)}{f(b+d)+2} \tag{2}$$

将产量代入其需求曲线，求出价格为：$P = \frac{a+c}{b+d} - \frac{\frac{a+c}{b+d} - e}{f(b+d)+2}$

再将价格代入小企业群的整体供给曲线，求出小企业群的整体产量为：

$$Q_0 = d\left(\frac{a+c}{b+d} - \frac{\frac{a+c}{b+d} - e}{f(b+d)+2}\right) - c \tag{3}$$

（1）补贴小企业的结果。补贴小企业后，小企业成本下降，即小企业供给函数中的 c 下降，我们可以计算小企业产量、大寡头企业产量及价格对 c 的导数。

$\frac{dQ_0}{dc} = d\left(\frac{1}{b+d} - \frac{\frac{1}{b+d}}{f(b+d)+2}\right) - 1 = -\frac{d + fb^2 + fbd + 2b}{(b+d)[f(b+d)+2]} < 0$，即 c 下降后小企业群产量增加。

$\frac{dQ_1}{dc} = \frac{1}{f(b+d)+2} > 0$，即 c 下降后寡头企业产量下降。

$\frac{dP}{dc} = \frac{1}{b+d} - \frac{1}{(b+d)[f(b+d)+2]} > 0$，即 c 下降后市场价格下降，那么市

场总产量一定上升。

（2）补贴寡头企业的结果。补贴寡头企业后，寡头企业成本下降，即寡头企业供给函数中的 e 下降，我们可以计算小企业产量、大寡头企业产量及价格对 e 的导数。

$\frac{dQ_0}{de}=\frac{d}{f(b+d)+2}>0$，即 e 下降后小企业产量下降。

$\frac{dQ_1}{dc}=-\frac{1}{f(b+d)+2}<0$，即 e 下降后寡头企业产量上升。

$\frac{dP}{de}=\frac{1}{f(b+d)+2}>0$，即 e 下降后市场价格下降，那么总产量一定增加。

（3）如何选择补贴对象？以上的讨论说明，无论是补贴小企业还是补贴寡头企业，都会带来市场价格下降、总产量增加的结果，但究竟是选择哪一个作为补贴对象会带来更高的效率呢？我们可以比较以上两种情况下价格对 e、c 导数的大小，导数越大，则意味着价格下降越多，市场总产量增加越多。

$$\begin{aligned}\frac{dP}{dc}-\frac{dP}{de}&=\frac{1}{b+d}-\frac{1}{(b+d)[f(b+d)+2]}-\frac{1}{f(b+d)+2}\\&=\frac{(f-1)(b+d)+1}{(b+d)[f(b+d)+2]}\end{aligned}\tag{4}$$

如果 $f>1-\frac{1}{b+d}$，则导数之差大于零，补贴小企业更有利；

如果 $f<1-\frac{1}{b+d}$，则导数之差小于零，补贴寡头企业更有利；

如果 $f=1-\frac{1}{b+d}$，则导数之差等于零，补贴大企业或寡头企业没有差别。而 f、b、d 则分别反映了寡头企业的效率、市场需求函数对价格的敏感程度和小企业群的效率。

因此得出的结论是：寡头企业效率越低（f 越大）、市场需求对价格越敏感（b 越大）及小企业群效率越高（d 越大），则补贴小企业更有利；寡头企业效率越高（f 越小）、市场需求对价格越不敏感（b 越小）及小企业群效率越低（d 越小），则补贴寡头企业更有利。如果市场需求函数是给定的，那么补贴对象的选择就完全依赖于两类企业的效率比较，这和我们的日常判断是一致的。当然，根据式（4）也可以发现，关键之处在于寡头企业的效率，如果 f 较大即寡头企业效率较低，即使小企业群效率同样极低，也应该补贴小企业群。表 2 显示了企业效率与补贴选择的不同组合。

表 2　　企业效率与补贴选择

寡头企业效率	小企业群效率	补贴对象
较高	较高	不确定
较低	较高	小企业群
较低	较低	小企业群
较高	较低	寡头企业

（三）核心技术部门的补贴模式

如果一个最终产品由核心设备与外围设备构成，则前者的生产技术称为核心技术部门，后者称为外围技术部门。核心设备生产的困难程度较大，外围设备生产较为简单，但无论是从事核心技术设备的生产还是外围技术设备的生产都可以获得同样的补贴，企业会如何选择？典型例子如飞机或汽车的发动机是核心技术，其他设备可以算是外围技术。容易发现，如果市场需求都可以满足供给，那么企业一定会选择生产外围设备。

假设无论是外围技术还是核心技术均面临同样的需求函数：$P = a - bQ$，则边际收益函数为：$MR = a - 2bQ$。

设平均成本函数为：$AC = c + eQ$，则边际成本函数为：$MC = c + 2eQ$。

均衡时产量为：$Q = \frac{a-c}{2(b+e)}$，价格为 $P = a - \frac{b(a-c)}{2(b+e)}$。

计算得到利润为（过程略）：

$$\pi = \frac{(a-c)^2}{4(b+e)} \tag{5}$$

根据式（5）可以发现，利润量与 c 和 e 成反比，即 c 和 e 越大，利润越小；c 和 e 越小，利润越大。对于核心技术部门来讲，生产的平均成本较高，也就是 c 和 e 相对越大，在同等条件下利润较低。于是，如果让企业面对同样的补贴额，企业一定会选择生产较为容易、利润相对较高的外围技术部门。这意味着，如果我们希望企业选择核心技术部门，那么一定要在产业政策方面进行倾斜，即给予核心技术部门更多的补贴。问题是究竟如何补贴呢？

我们可以将平均成本函数进一步分解为常数项 c 和可变项 eQ，其中常数项 c 可以理解为原料投入成本或税收成本等，可变项部分可以理解为生产工艺成本。也就是说，即使我们已经确定要给予核心技术更多的补贴，但究竟补贴哪一项呢？是补贴其原料投入成本（及税收成本即减税）以使得平均成本平行移动，还是补贴其生产工艺成本以改变平均成本函数的斜率呢？

我们可以把政策目标分为两种，一种着眼于增加核心技术的产量（价格下降）；另一种着眼于增加核心生产部门的利润（以吸引更多企业进入该部门）。首先求产量分别对 c 和 e 的导数，比较其绝对值的大小；然后求利润分别对 c 和 e 的导数，同样比较其绝对值的大小。推导的目的在于查看两种目标是否一致。

（1）产量目标。

$$\frac{dQ}{dc}=\frac{-1}{2(b+e)}<0 \tag{6}$$

$$\frac{dQ}{de}=\frac{c-a}{2(b+e)^2}<0 \tag{7}$$

需要解释的是，常数 a 是需求函数（曲线）与纵轴的交点，而常数项 c 是平均成本函数（曲线）与纵轴的交点，一般而言前者总远大于后者。因此式（7）小于零。

比较式（6）与式（7）的绝对值，绝对值越大，则补贴效率越高。

$$\left|\frac{dQ}{dc}\right|-\left|\frac{dQ}{de}\right|=\frac{1}{2(b+e)}-\frac{a-c}{2(b+e)^2} \tag{8}$$

注意到 $Q=\frac{a-c}{2(b+e)}$，式（8）可以写为：

$$\left|\frac{dQ}{dc}\right|-\left|\frac{dQ}{de}\right|=\frac{1}{2(b+e)}-\frac{Q}{(b+e)}=\frac{1}{(b+e)}\left(\frac{1}{2}-Q\right) \tag{9}$$

显然，一般而言式（9）小于零，即对 c 进行补贴后产量增加的幅度低于对 e 进行补贴后产量增加的幅度。

（2）利润目标。

$$\frac{d\pi}{dc}=\frac{2c-2a}{4(b+e)}=\frac{c-a}{2(b+e)}<0 \tag{10}$$

$$\frac{d\pi}{de}=-\frac{(a-c)^2}{4(b+e)^2}<0 \tag{11}$$

比较式（10）与式（11）的绝对值，绝对值越大，则补贴效率越高。

$$\left|\frac{d\pi}{dc}\right|-\left|\frac{d\pi}{de}\right|=\frac{a-c}{2(b+e)}-\frac{(a-c)^2}{4(b+e)^2} \tag{12}$$

同样，注意到 Q 的表达式，式（12）写为：

$$\left|\frac{d\pi}{dc}\right|-\left|\frac{d\pi}{de}\right|=\frac{a-c}{2(b+e)}\left(1-\frac{a-c}{2(b+e)}\right)=Q(1-Q) \tag{13}$$

显然，一般而言式（13）小于零，即对 c 进行补贴后利润增加的幅度低于对 e 进行补贴后利润增加的幅度，即产量目标与利润目标是一致的。

（四）小结

通过以上论证可以总结出以下几点内容。

(1) 如果产业政策不能相对精确地估算出市场容量，也不能预测出市场容量边界的变化，就有可能带来供给相对过剩的结果，如果政府收购过剩产品则会导致社会福利减少从而减弱产业政策的效果。

(2) 虽然在现实中大企业获得补贴的概率较大，但并不一定符合效率。如果补贴的目的在于降低市场价格或增加产量，那么在大企业效率较低的前提下，补贴重点应该向小企业群倾斜。

(3) 在补贴选择上，第一，产业政策要向核心技术部门倾斜；第二，补贴的目标应该定位在核心技术部门平均成本的可变项，即生产工艺成本，在现实中就是通过补贴提高核心技术部门攻克技术难关、工艺难关的效率。

四、相关建议

我们认为，促进战略性新兴产业的健康发展，需要做好以下几个方面。

（一）科学制定产业政策，减少负面影响

应该认识到，产业政策本身就会增加市场供给波动的幅度。在自由市场模式下，供给也会出现周期性波动，例如某个新兴行业的利润率较高，则供给增加，利润率下降后供给减少。这种供给波动一方面相对平滑，另一方面供给波动带来的损失由市场主体承担，与政府关系不大。而在产业政策模式下，补贴会降低进入门槛，高利润率吸引的企业数量要大于自由市场模式（甚至有些企业根本动机就是为补贴而来），当利润率下降、产业政策退坡后，退出的企业数量同样较多，这无形中加剧了市场的供给波动。

以新能源汽车为例，最初的产业支持政策几乎涵盖了所有标准的电动汽车，曾经出现过补贴额大于销售额的情况。2016 年以后，补贴标准提高，一些车企利润下滑、经营困难。很明显，新能源汽车产业政策的思路是“先培育市场、再提高标准”。但在现实中呈现的是，补贴政策刺激了大批只能生产低端新能源汽车的厂商进入市场，标准提高后这些厂商随之退出市场。事实证明，新能源汽车市场的培育过程仍未结束。

我们应该思考：在制定新能源汽车产业政策时，是否能够准确估计市场的

真正需求？是否一开始就应该制定不同层次的补贴政策（例如低端低补、高端高补）？改革开放40年，我们还在不断地交“学费”，谁来承担“交学费”的代价？

（二）协调各级政府与企业的目标

从经济学角度分析，在推进战略性新兴产业发展过程中，中央政府、地方政府及企业三方的目标并不完全一致。中央政府着眼于整体技术水平的提高，而地方政府一方面要完成中央或上一级政府的战略要求，另一方面又要与其他省份或城市展开省际竞争或市际竞争以获得更多的中央或省级资金投入，其工作重心可能放在经济增长方面而非技术水平提高方面。同时，企业的目标一般而言是利润最大化，我们也无法要求企业站在政府的角度考虑问题。为此，我们必须不断完善产业政策结构，尽量协调各级政府与企业的目标。

（1）产业政策的支持目标必须非常精准地落实在技术创新上，那些缺乏技术创新的产业，即使带来了经济增长，也不建议予以支持，这一点对确定战略性新兴产业的支持范围非常重要。以新一代信息技术产业为例，《“十三五”国家战略性新兴产业发展规划》规定该产业包括网络信息安全服务业，实际上为一台电脑安装一个新款的防木马软件也属于该行业，但安装本身并没有什么技术含量。

（2）各地战略性新兴产业的发展不宜制定过于具体的指标要求，虽然中央有增长率要求，但并不是硬性规定。如果硬性规定各地具体产业的产值、规模及利润等指标，很容易导致一些地方把经济目标转换为政治目标，以至于为实现政治目标而拔苗助长。

（3）在具体补贴对象的选择上不能“嫌贫爱富”“抓大放小”，要从技术、资金等方面大力支持那些创新能力旺盛的中小企业，一方面会改善市场竞争环境，另一方面也会让中小企业看到曙光。（国有）大中型企业可以作为我国经济的“骨架”，但没有千千万万个小企业作为“肌肉”的支撑，这个“骨架”无疑是难以承受重压的。

（三）产业政策转向战略性创新促进体系

在一些战略性新兴产业内存在低端技术锁定的问题，实际上这个问题在各行各业都普遍存在，为什么技术创新能力长期得不到有效提高？我们认为，与战略性新兴产业带来的经济增长相比，更为重要的是建立并完善一套行之有效的战略性创新促进体系。从当前来看，战略性新兴产业是各级政府、专家学者、企业界经营选择的结果，我们不怀疑这个选择的正确性，但这个结果仍然需要通过市场的检验。如果我们有一套完善的战略性创新促进体系，那么战略性新兴产业的出现就应该是一种经过市场选择而自然出现的结果。在竞争过程中，低端技术企业将会逐渐被淘汰，而高端技术企业将自动出现。

战略性创新促进体系应该由三个子体系组成：通用技术创新体系、一般性专用技术创新体系及核心技术创新体系。

（1）通用技术创新平台分为两类，一类是基础类创新，另一类是应用类创新，前者的公共产品属性更强，可以由政府研究机构作为创新主体，但研究成果要低成本或免费推广，后者应以企业为主体，政府提供不具倾向性的产业支持政策，通过市场竞争逐渐成为行业标准（典型的例子是移动支付）。

（2）一般性专用技术创新体系主要涵盖所述的外围技术部门，以企业为主体，政府的主要功能在于通过减税政策降低企业创新成本，同时更重要的任务是促进“产学研合作”“官产学研”机制的完善。虽然经过多年发展，但目前的合作机制仍不成熟，在法律法规建设方面也需要进一步改革。

（3）核心技术创新体系要求政府机构更多的参与，一些战略性技术突破可以由官方机构主持，充分发挥现有国家工程中心、重点实验室、协调创新中心、科技合作基地的作用，在激励机制、人才流动、成果转化、市场转化方面要减少束缚、大胆创新，而对于由企业主持的开发领域则要求产业支持政策的精细化与精准化，避免出现类似“芯片造假”等闹剧。

参考文献

[1] 郭燕青，李磊，姚远．中国新能源汽车产业创新生态系统中的补贴问题研究［J］．经济体制改革，2016（2）：29－34.

[2] 江小涓．经济转轨时期的产业政策［M］．上海：上海人民出版社，2014.

[3] 刘志彪．经济发展新常态下产业政策功能的转型［J］．南京社会科学，2015（3）：33－41.

[4] 聂辉华．产业政策有效边界和微观基础［J］．学习与探索，2017（8）：110－117.

[5] 曲永军，毕新华．战略性新兴产业发展中的实践误区及对策［J］．经济纵横，2014（5）：77－79.

[6] 盛朝迅．战略性新兴产业政策转型方向和重点［J］．经济纵横，2018（3）：58－66.

[7] 孙国民．警惕战略性新兴产业发展的误区［J］．中国经济问题，2013

(3)：45－50.

［8］王钦，等．“十三五”战略性新兴产业发展的政策选择——能力导向与机制创新［J］. 北京师范大学学报（社会科学版），2017（2）：140－148.

［9］王雯．新经济背景下产业政策的演进：能力导向［J］. 学习与探索，2017（4）：18－25.

［10］郁建兴，王茵．光伏产业财政补贴政策的作用机制——基于两家光伏企业的案例研究［J］. 经济社会体制比较，2017（4）：127－138.

［11］张宪昌．我国新能源产业发展政策研究［M］. 北京：经济科学出版社，2018.

标准化对中国物流产业发展影响的实证研究

张彦霞　陈洪超　马夏夏*

摘　要：针对已有的研究成果仅使用单个指标衡量物流业不够全面发展的问题，本文采用三个指标作为因变量分别为，交通运输、仓储和邮政业增加值，货运量，货物周转量，标准数量作为自变量，以期全面、科学、系统和深入地研究标准化水平对中国物流产业发展的影响程度。首先，对标准数量、交通运输、仓储和邮政业增加值、货物运输量与货物周转量四个变量进行描述性统计分析，描述各个变量的数据特征；其次，通过分别绘制标准数量—交通运输、仓储和邮政业增加值散点图、标准数量—货物运输量散点图、标准数量—货物周转量散点图，发现因变量与自变量之间存在着相关关系；再次，通过相关性分析，获得自变量与各个因变量的相关系数，进一步明确了自变量与因变量的相关关系；最后，结合 2010～2017 年的时间序列数据，通过回归分析计算，实证标准化对中国物流产业发展的影响作用。研究结果显示，中国物流产业的标准数量极大地促进了中国物流产业的发展。其中，中国物流行业的标准数量对货物运输量的影响最大，交通运输、仓储和邮政业增加值次之，货物周转量最小。

关键词：标准化；物流产业；实证研究

一、引言

随着经济全球化以及互联网的快速发展，物流业在中国经济发展中的地位日益凸显，而作为现代企业提高效率、增强企业管理水平的标准和标准化

* 作者简介：张彦霞（1990～　），女，广东理工学院经济管理学院任课教师，管理学硕士。
陈洪超，广东理工学院思想政治教学部任课教师，法学硕士。
马夏夏，北京交通大学经济管理学院博士研究生。

建设在中国物流业发展过程及物流企业管理活动中发挥着越来越重要的作用。“得标准者得天下”更是生动形象地诠释出标准在中国国民经济发展中的重要地位。2014 年 9 月，国务院印发《物流业发展中长期规划（2014～2020 年）》，重点指出加强物流标准化建设的任务。2016 年 12 月，商务部印发《国内贸易流通标准化建设“十三五”规划（2016～2020 年）》（简称《规划》）。该《规划》确定了在农产品流通、商贸物流、电子商务、重要产品追溯体系等五个重点领域，突出解决相关领域的标准化短板。两个《规划》的颁布及实施，从国家意志层面充分肯定了标准化对物流产业发展的重要作用。

中国物流业的标准化建设始于 2001 年 4 月《中华人民共和国国家标准物流术语》（GB/T 18345—2001）的颁布，该标准于 2006 年修订，标准名称更改为《中华人民共和国国家标准物流术语》（GB/T 18354—2006）。目前，我国在物流业方面已经制定了诸多标准。据中国物流与采购联合会标准工作部、全国物流标准化技术委员会秘书处整理编制的《物流标准目录手册》可知，已颁布的物流国家标准、行业标准和地方标准共计 1 093 项，比上一年度新增 90 条标准。其中，基础类标准 39 项，导则 7 项，图形符号与标志 14 项，综合类标准 37 项，标准化工作指导性标准 41 项，物流设施设备、物流技术、物流服务及管理、物流信息以及其他标准共计 955 项目。总体而言，物流标准不仅涉及技术标准，而且涵盖工作标准及管理标准等类别。目前，虽然中国制定了诸多物流业标准，但是物流标准化还存在着许多问题。比如，对物流相关设备、物流工具以及技术性设施等物流基础设施的标准化建设较为薄弱；对物流术语、管理规则、相关作业流程等物流管理标准不够全面及规范；在物流信息采集、物流标识等方面略显欠缺。从本质上来看，以上问题可归纳为有效物流标准不足、物流部分环节标准存在缺口、物流业中管理标准相对较少。与此同时，物流标准在企业实施应用时亦存在困境，如部分企业对标准化的认识不够，标准化知识欠缺无法有效进行标准化建设。

综上所述，本研究以物流业标准数量及发展状况的相关数据为样本，定量研究标准化水平对中国物流业发展的影响，以期提高政府、物流企业、社会大众对物流标准化建设的重视程度，同时为我国物流标准化战略的实施提供有力的依据。

二、文献综述

目前，国内外学者对标准化促进产业发展方面做出了较多的研究。从国外研究来看，查尔斯·金德尔伯格（Charles P. Kindleberger，1983）表明标准的制定与实施可降低交易成本，促进产业内部的贸易进行。保罗·大卫和汉恩·格林斯坦（Paul David & Shane Greenstein，1990）则认为应该较少差异化标准。迈克尔·维尔（Michael Veall，1995）认为标准既可促进不同企业间的良性竞争也可促进市场的正向发展，从而达到促进产业快速发展的目的。彼得·斯万、保罗·坦普尔和马克·苏莫（Peter Swann & Paul Temple & Mark Shurmer，1996）通过实证定量分析了标准化对国家宏观经济的影响，最终得出标准化能促进贸易发展及增强国家竞争力的结论。乔治·泰奇（Gregory Tassey，2000）认为标准在产业发展的过程中起到了可靠性、信息、协同和减少多样化四方面的作用。此外，德国、英国、澳大利亚、加拿大、法国等发达国家的标准协会先后定量分析了标准化对经济增长的影响。其中，2000 年德国标准化协会定量分析了技术标准、资本、劳动力和专利四个因素对德国经济增长的不同影响，实证表明技术标准能增强德国的国际竞争力，其对德国经济的提升作用明显。英国贸易工业部利用 1948～2002 年标准化及经济增长相关数据进行研究，获得“标准化可促进国内生产总值（Gross Domestic Product，GDP）的增长”的结论。澳大利亚标准局利用 1962～2003 年标准化及经济增长相关数据进行研究，认为标准化对澳大利亚 GDP 增长的贡献率为 0.8%；加拿大标准协会利用 1981～2004 年标准化及经济增长相关数据进行研究，分析结果显示，标准化对加拿大 GDP 增长的贡献率为 0.2%；法国标准化协会利用 1950～2007 年标准化及经济增长相关数据进行研究，研究结果表明，标准化对法国 GDP 增长的贡献率为 0.8%。米歇尔·伊根（Michelle Egan，2002）认为企业主动参与标准的制定可以获得一定的竞争优势，从而促进贸易的进行。从国内研究来看，目前学术界更多地关注标准化对产业经济增长的定量分析。侯俊军和刘倩华（2012）利用 1989～2010 年相关数据，对标准化与湖南省对外贸易的协同发展状况进行了实证检验。研究发现，企业标准、参与制（修）订的国家标准和专利存量指标的增长能显著带动湖南省对外贸易额的增长。侯俊军、袁强和白杨（2015）采用 2000～2011 年十大行业的面板数据，实证分析了技术标准化对产业国际竞争力的作用。研究结果表明，行业标准化水平、标准对外开放水平以及外资参与标准化水平对产业国际竞争力的提升存在显著的正向影响，同时，标准对外开放水平的作用存在一定的时滞效应。

标准化对物流业的发展也具有显著促进作用。早期学者在此方面的研究主要集中在理论层面。兰洪杰和王耀球（2004）指出，标准化及规范化工作滞后制约了中国物流业的发展。王增樑（2008）从实施ISO9000质量标准是物流企业融入国际贸易市场的需要，建立并实施ISO9000标准是物流企业进入国际物流市场的通行证以及建立并实施ISO9000标准是物流企业进入国际物流市场需要的三个方面，分析探讨了物流企业实施ISO9000标准的必要性。他认为，对于物流企业来说，只有贯彻ISO9000标准，规范物流管理，降低采购成本，企业才能有新的生机和活力。李传荣（2006）在对托盘标准在国际贸易中的经济价值分析的基础上，分析了托盘标准修订中“正方形”还是“长方形”托盘方案的争议，他认为宁可推迟修订标准出台时间，也要组织有关专家在科学性、前瞻性，符合我国国情的原则指导下，对“正方形”“长方形”托盘方案分别从多方面进行进一步深入定量的研究，应该为托盘标准规格选择决策提供切实可靠的数据。王忠文（2009）认为，加快中国物流产业标准化建设是推进中国物流产业信息化的基础。越来越多的科研工作者，利用时间面板数据定量探讨标准化对物流业发展所起到的作用。张宝友和朱卫平（2013）采用“标准数量、标准委员会、标准研究经费和专利数量”衡量标准化水平，实证得出“中国物流标准化工作对中国物流产业的发展具有显著的促进作用”的结论。毕红毅和胡娜（2015）选择标准存量、专利存量、引进国外专利技术以及专利存量四个研究指标，利用1995～2012年山东省的宏观统计数据，证实了标准化可以促进山东省电子通信产业技术的进步。叶萌和祝合良（2018）以交通运输、仓储和邮政业近似代替中国物流业经济增长数据，采用主成分分析法实证分析标准化对中国物流业经济增长的作用。研究发现，标准化对中国物流业经济增长具有相当显著的正向促进作用。

上述科研成果分别从定性和定量的角度出发，对标准化与物流业发展这一热点问题进行了深入研究，同时，部分科研成果关注到标准化水平衡量指标的丰富性和多样性。但本文认为已有文章仅用交通运输、仓储和邮政业增加值或货运量单个指标代表物流行业发展情况略显欠缺，因此，本文以交通运输、仓储和邮政业增加值，货运量，货物周转量三个指标衡量中国物流产业的发展状况，以中国物流行业的标准数量代表中国物流标准化水平，结合2010～2017年四个指标的数据，实证中国物流产业标准化水平对中国物流产业发展的影响程度。

三、实证研究

（一）变量选择

本文选取中国物流行业的标准数量（简称，“标准数量”，单位为“个”）代表中国物流标准化水平，以交通运输、仓储和邮政业增加值（单位为“亿元”）、货运量（单位为“万吨”）、货物周转量（单位为“亿吨千米”）三个指标衡量中国物流产业的发展状况。

本文的“标准数量”指的是，中国物流行业内所有已经公开的国家标准、行业标准、地方标准、企业标准、团体标准等的加和数量。从不同的性质划分物流标准，物流标准分为物流基础设施的标准（主要包括物流相关设备、物流工具以及技术性设施等）；物流管理标准（物流术语、管理规则、相关作业流程等）；物流信息系统标准（物流信息采集、物流标识等）。

国家统计局没有单独核算物流业增加值，因此，本文采用“交通运输、仓储和邮政业增加值”这一变量近似代替物流业增加值。在《国民经济行业分类》（GB/T 4754－2002）中，交通运输、仓储和邮政业包括了铁路运输业、道路运输业、城市公共交通业、水上运输业、航空运输业、管道运输业、装卸搬运和其他运输服务业、仓储业、邮政业九个类别。

“货运量”反映的是运输业为国民经济服务的数量指标，国家统计局给出的解释是，货运量是在一定时期各种运输工具实际运送的货物重量。

“货物周转量”反映的是运输业生产的总成果。国家统计局给出的解释是，货物周转量指在一定时期内由各种运输工具运送的货物数量与其相应运输距离的乘积之和。

（二）模型建立

本文分别以交通运输、仓储和邮政业增加值，货物运输量，货物周转量三个指标作为因变量，标准数量作为自变量，分别构建标准数量—交通运输、仓储和邮政业增加值、标准数量—货物运输量、标准数量—货物周转量三个回归模型。回归模型如下所示：

$$TSP_t = m \times SQ_t + C_1 + \sigma_t \tag{1}$$

$$FTV_t = n \times SQ_t + C_2 + \sigma_t \tag{2}$$

$$CT_t = g \times SQ_t + C_3 + \sigma_t \tag{3}$$

式（1）~式（3）中，TSP_t 是第 t 年中国交通运输、仓储和邮政业增加值，m 为变量（交通运输、仓储和邮政业增加值）的系数，C_1 为第一个回归模型的截距项；FTV_t 是第 t 年中国货物运输量，n 为变量（货物运输量）的系数，C_2 为第二个回归模型的截距项；CT_t 是第 t 年中国货物周转量，g 为变量（货物周转量）的系数，C_3 为第三个回归模型的截距项；SQ_t 是第 t 年中国物流行业的标准数量，σ_t 为误差项。

（三）数据来源

本文实证研究所涉及的交通运输、仓储和邮政业增加值，货物运输量，货物周转量 3 个指标 2010~2016 年的时间序列数据来自国家统计局年度数据模块；3 个指标 2017 年数据来自《中华人民共和国 2017 年国民经济和社会发展统计公报》；物流业标准数量来自中国物流与采购联合会、全国物流标准化技术委员会发布的《物流标准目录手册》（2011~2018 年）。

从图 1 可知，国家高度重视物流业标准化的发展。目前，物流行业标准的数量由 2010 年的 601 项增加到 2017 年的 1 093 项，增长率高达 81.86%，且呈现逐年上升的趋势。从图 2 和图 3 可知，2010~2017 年，中国国内生产总值、货物运输量与货物周转量与交通运输、仓储和邮政业增加值均呈现逐年提升的趋势，其中，国内生产总值与交通运输、仓储和邮政业增加值两个指标与年份呈现近乎线性的关系。

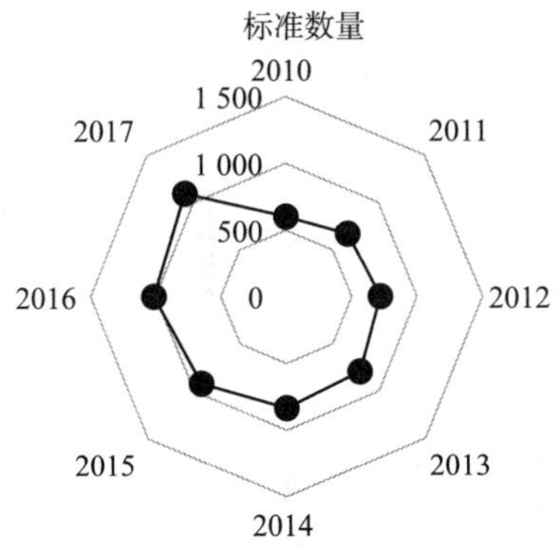

图 1　2010~2017 年物流行业标准数量

资料来源：作者绘制。

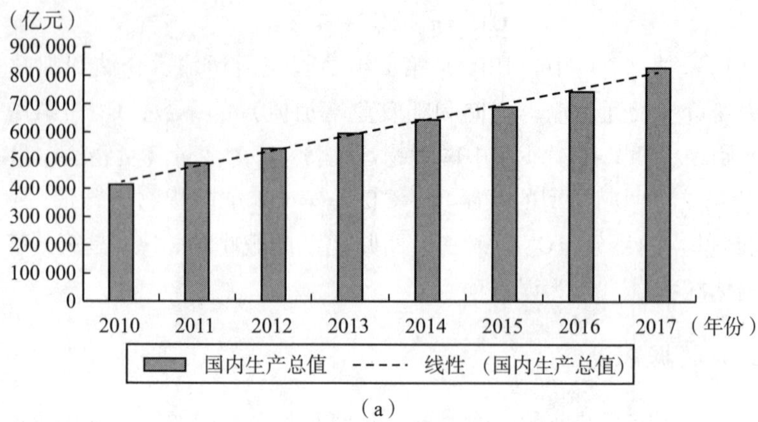

（a）

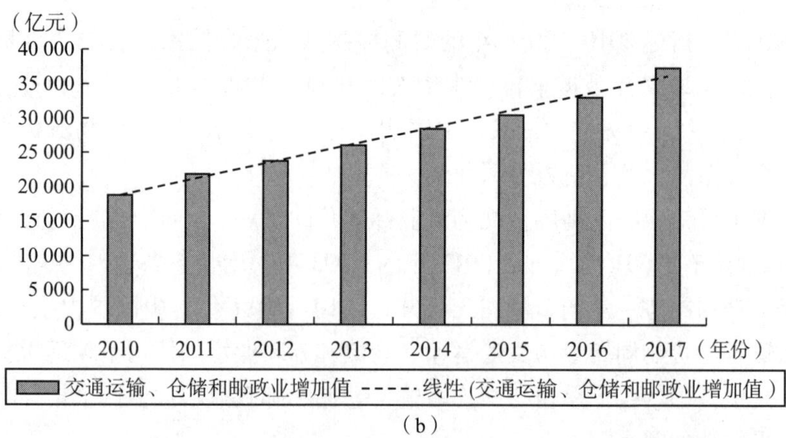

（b）

图 2　2010～2017 年国内生产总值与交通运输、仓储和邮政业增加值

资料来源：2010～2016 年指标数据来自国家统计局年度数据模块；2017 年数据来自《中华人民共和国 2017 年国民经济和社会发展统计公报》。

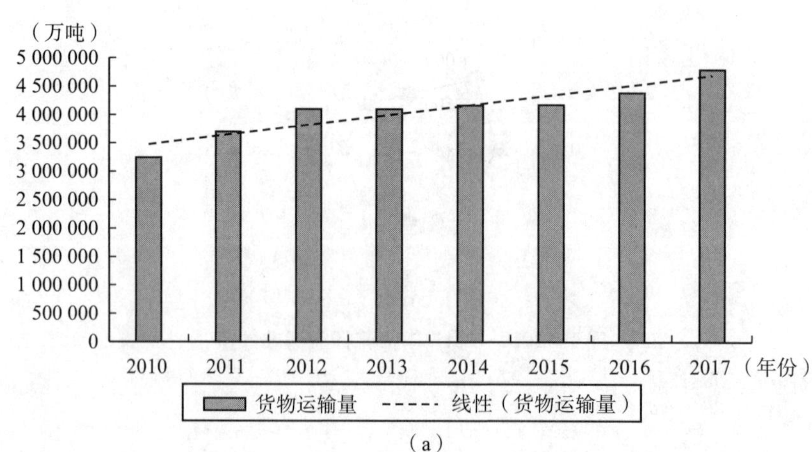

（a）

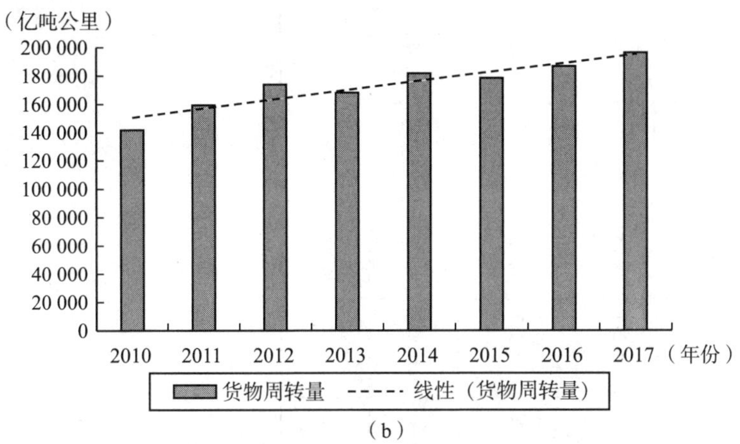

（b）

图3　2010～2017年货物运输量与货物周转量

资料来源：2010～2016年指标数据来自国家统计局年度数据模块；2017年数据来自《中华人民共和国2017年国民经济和社会发展统计公报》。

（四）结果与讨论

1. 描述性统计

本文分别对标准数量、交通运输、仓储和邮政业增加值、货物运输量与货物周转量四个指标进行了描述性统计分析。经过分析可知，四个指标的标准差及方差较大，表明每年中国标准数量、交通运输、仓储和邮政业增加值、货物运输量与货物周转量均有较大程度的上升，其中，货物运输量年增长最快，货物周转量次之，交通运输、仓储和邮政业增加值排在第三位。具体结果如表1所示。

2. 散点图分析

本研究的自变量是标准数量，因变量为交通运输、仓储和邮政业增加值、货物运输量与货物周转量。为了清晰地了解自变量与每个因变量的关系，分别绘制标准数量—交通运输、仓储和邮政业增加值散点图（见图4）、标准数量—货物运输量散点图（见图5）、标准数量—货物周转量散点图（见图6）。从图4～图6可知，交通运输、仓储和邮政业增加值、货物运输量与货物周转量三个因变量均伴随自变量的增加而增加，显示出正相关关系。其中，交通运输、仓储和邮政业增加值和货物运输量与标准数量在三个关系中表现出更强的正相关性，标准数量—货物运输量的正相关性次之，标准数量—货物周转量的正相关性最弱。

表 1　　描述性统计

指标名称	最小值统计	最大值统计	平均值		标准差统计	方差统计	偏度		峰度	
			统计	标准误差			统计	标准误差	统计	标准误差
标准数量（项）	601	1 093	830. 50	60. 263	170. 448	29 052. 571	0. 271	0. 752	-1. 015	1. 481
交通运输、仓储和邮政业增加值（亿元）	18 783. 6	37 346. 9	27 478. 238	2 162. 4335	6 116. 2856	37 408 949. 76	0. 227	0. 752	-0. 623	1. 481
货物运输量（万吨）	3 241 807	4 794 000	4 082 756. 13	162 057. 899	458 368. 957	210 102 100 800	-0. 520	0. 752	1. 211	1. 481
货物周转量（亿吨千米）	141 837. 4	196 130. 4	173 220. 395	5 987. 8898	16 936. 3099	286 838 593. 3	-0. 728	0. 752	0. 607	1. 481

资料来源：作者利用 SPSS 软件计算得出。

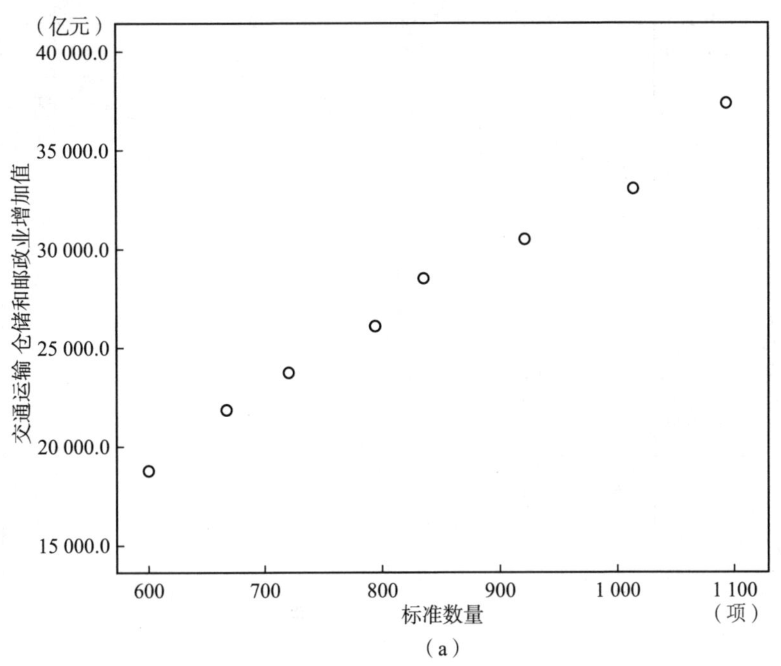

（a）

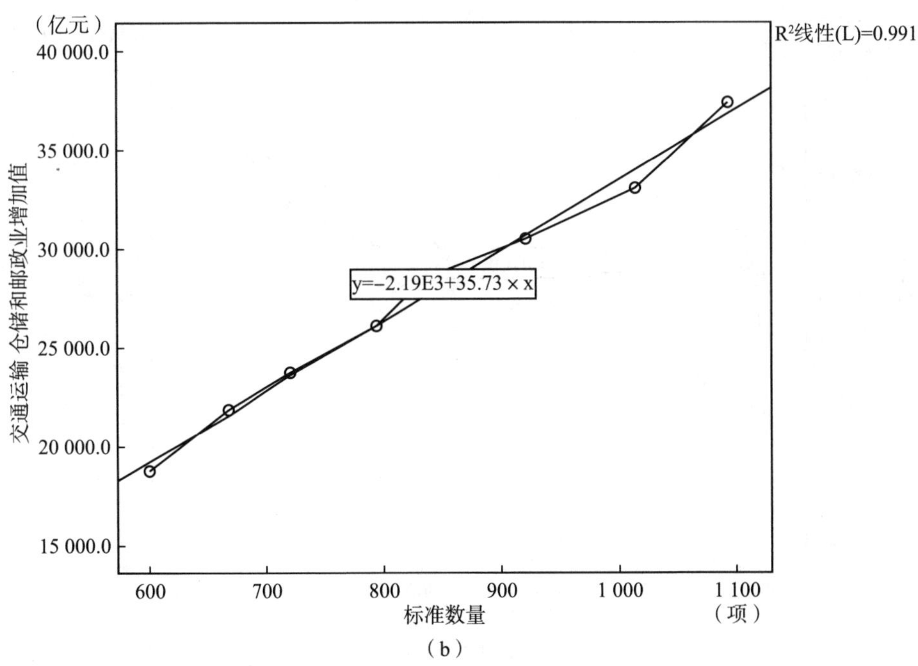

（b）

图 4　标准数量——交通运输、仓储和邮政业增加值散点图

资料来源：作者利用 SPSS 软件计算得出。

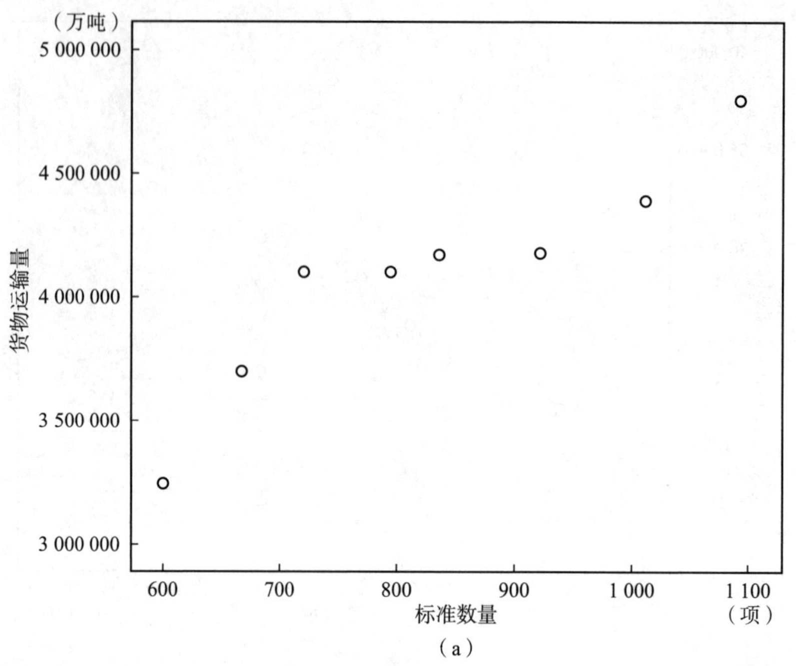

（a）

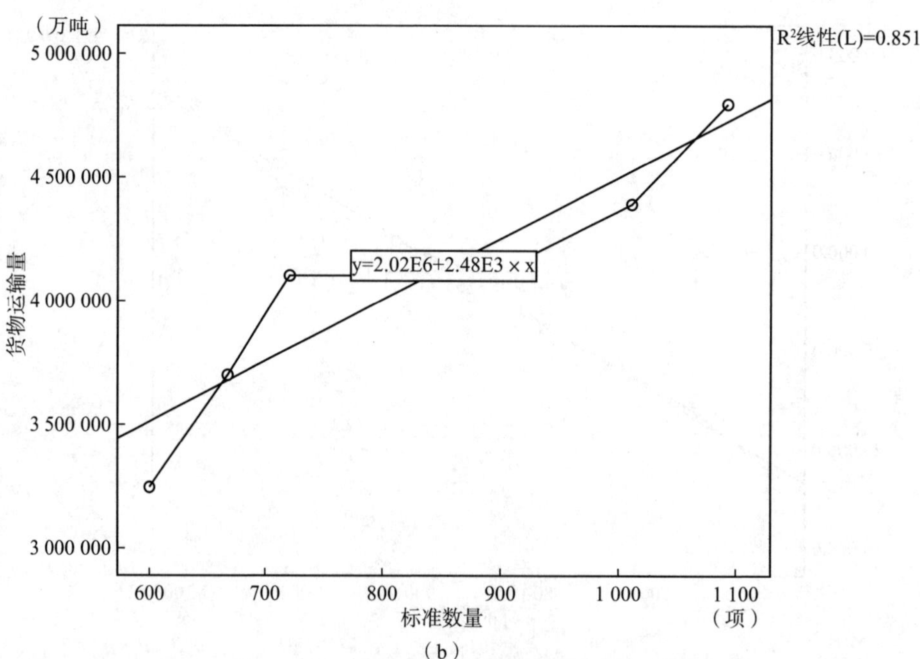

（b）

图 5　标准数量——货物运输量散点图

资料来源：作者利用 SPSS 软件计算得出。

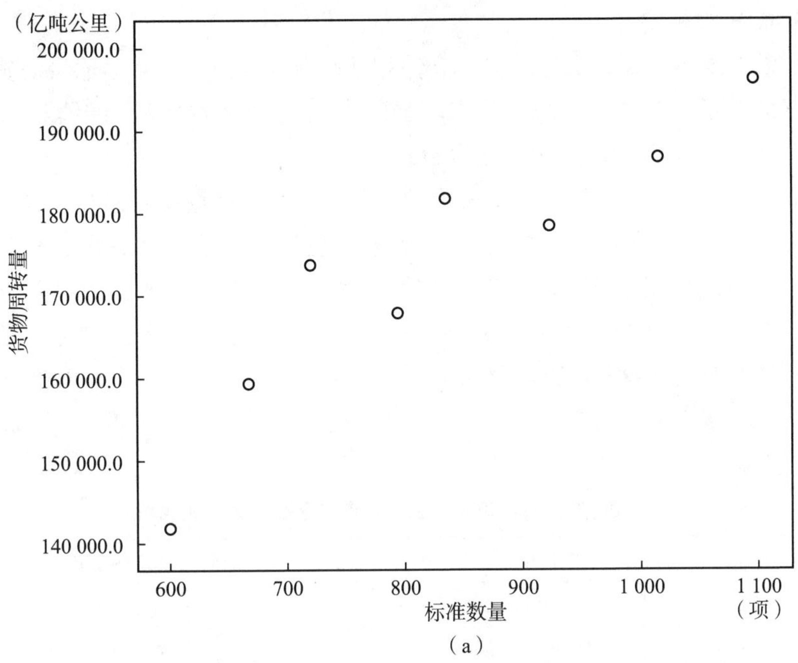

（a）

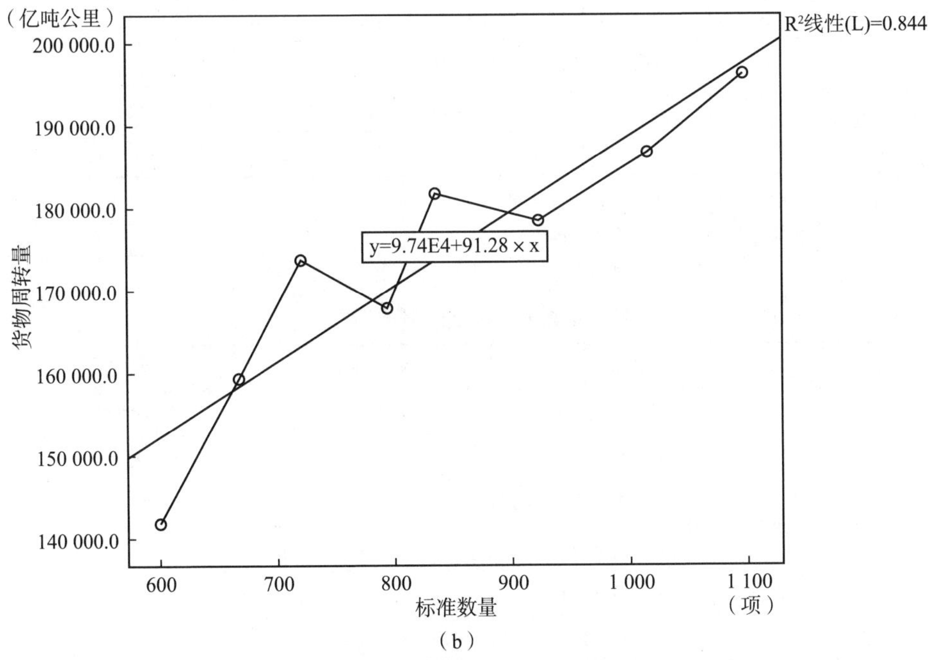

（b）

图 6　标准数量——货物周转量散点图

资料来源：作者利用 SPSS 软件计算得出。

3. 相关性检验

从以上内容可知，交通运输、仓储和邮政业增加值、货物运输量与货物周转量三个因变量与自变量均表现出较强的正相关关系。接着，继续利用 SPSS 24 进行因变量与自变量的相关性检验。

从表 2 可知，中国物流业的标准数量与中国交通运输、仓储和邮政业增加值的相关系数为 0.996，P 值 0.000 <0.05，呈现出显著的相关性；从表 3 可知，中国物流业的标准数量与中国货物运输量的相关系数为 0.923，P 值 0.001 <0.05，呈现出显著的相关性；从表 4 可知，中国物流业的标准数量与中国货物周转量的相关系数为 0.919，P 值 0.001 <0.05，呈现出显著的相关性。

表 2　　交通运输、仓储和邮政业增加值与标准数量的相关性

指标	变量相关性	标准数量	交通运输、仓储和邮政业增加值
标准数量	皮尔逊相关性	1	0.996**
	显著性（双尾）	—	0.000
	个案数	8	8
交通运输、仓储和邮政业增加值	皮尔逊相关性	0.996**	1
	显著性（双尾）	0.000	—
	个案数	8	8

注：** 在 0.01 级别（双尾），相关性显著。
资料来源：作者利用 SPSS 软件计算得出。

表 3　　货物运输量与标准数量的相关性

指标	变量相关性	标准数量	货物运输量
标准数量	皮尔逊相关性	1	0.923**
	显著性（双尾）	—	0.001
	个案数	8	8
货物运输量	皮尔逊相关性	0.923**	1
	显著性（双尾）	0.001	—
	个案数	8	8

注：** 在 0.01 级别（双尾），相关性显著。
资料来源：作者利用 SPSS 软件计算得出。

表4　　货物周转量与标准数量的相关性

指标	变量相关性	标准数量	货物周转量
标准数量	皮尔逊相关性	1	0.919 **
	显著性（双尾）	—	0.001
	个案数	8	8
货物周转量	皮尔逊相关性	0.919 **	1
	显著性（双尾）	0.001	—
	个案数	8	8

注：** 在0.01级别（双尾），相关性显著。
资料来源：作者利用SPSS软件计算得出。

4. 回归分析

交通运输、仓储和邮政业增加值、货物运输量、货物周转量与标准数量的相关性显著，为了分析三个因变量与自变量具体的函数关系，进行线性回归分析。

表5为交通运输、仓储和邮政业增加值与标准数量回归分析的方差分析表，从表中可知，回归的均方为259 587 564.700，剩余的均方为379 180.600，F检验统计量的观察值为684.601，相应的概率P值 $0.000<0.005$，研究认为交通运输、仓储和邮政业增加值与标准数量之间存在线性关系。表6为交通运输、仓储和邮政业增加值与标准数量回归分析的系数表，表中给出了该回归方程的参数和常数项的估计值，其中，常数项为-2 193.315，回归系数为35.727，回归系数的标准误差为1.365，标准化回归系数为0.996，回归系数T检验的t值为26.165，相应的概率P值 $0.000<0.005$，由此可知，该项回归系数具有显著意义，线性回归方程为：

$$TSP = 35.727SQ - 2\ 193.315 \tag{4}$$

表5　　方差分析表

模型	平方和	自由度	均方	F	显著性
回归	259 587 564.700	1	259 587 564.700	684.601	0.000^{b}
残差	2 275 083.602	6	379 180.600	—	—
总计	261 862 648.300	7	—	—	—

注：①因变量：交通运输、仓储和邮政业增加值（亿元）。
②预测变量：（常量），标准数量。
资料来源：作者利用SPSS软件计算得出。

表 6 系数表

模型		未标准化系数		标准化系数	t	显著性
		B	标准误差	Beta		
1	（常量）	-2 193.315	1 154.731	—	-1.899	0.106
	标准数量	35.727	1.365	0.996	26.165	0.000

注：因变量：交通运输、仓储和邮政业增加值（亿元）。
资料来源：作者利用 SPSS 软件计算得出。

同理，由表 7 和表 8 分析可知，货物运输量与标准数量之间亦存在线性关系，回归分析得到的常数项为 2 022 416.727，回归系数为 2 480.842，标准化回归系数为 0.923，回归系数 T 检验的 t 值为 5.855，相应的概率 P 值 0.001 < 0.005，回归系数具有显著意义，线性回归方程为：

$$FTV = 2\ 480.842SQ + 2\ 022\ 416.727 \quad (5)$$

表 7 方差分析表

模型	平方和	自由度	均方	F	显著性
回归	1 251 644 163 000.000	1	1 251 644 163 000.000	34.281	0.000^b
残差	219 070 542 500.000	6	36 511 757 080.000	—	—
总计	1 470 714 706 000.000	7	—	—	—

注：①因变量：货物运输量（亿吨）。
②预测变量：（常量），标准数量。
资料来源：作者利用 SPSS 软件计算得出。

表 8 系数表

模型		未标准化系数		标准化系数	t	显著性
		B	标准误差	Beta		
1	（常量）	2 022 416.727	358 322.442	—	5.644	0.001
	标准数量	2 480.842	423.716	0.923	5.855	0.001

注：因变量：货物运输量（亿吨）。
资料来源：作者利用 SPSS 软件计算得出。

对于货物周转量与标准数量，也可通过同理分析获得两个变量存在线性关系以及回归系数具有显著意义的结论。通过对表 9 和表 10 中货物周转量与标准数量进行回归分析，获得常数项为97 410.681，回归系数为91.282，标准化回归系数为0.919，回归系数T检验的t值为5.696，相应的概率P值0.001 < 0.005，回归系数具有显著意义，线性回归方程为：

$$CT = 91.282SQ + 97\,410.681 \tag{6}$$

表9 **方差分析表**

模型	平方和	自由度	均方	F	显著性
回归	1 694 544 843.000	1	1 694 544 843.000	32.450	0.001[b]
残差	313 325 310.100	6	52 220 885.010	—	—
总计	2 007 870 153.000	7	—	—	—

注：①因变量：货物周转量（亿吨千米）。
②预测变量：（常量），标准数量。
资料来源：作者利用SPSS软件计算得出。

表10 **系数表**

模型		未标准化系数		标准化系数	t	显著性
		B	标准误差	Beta		
1	（常量）	97 410.681	13 551.262	—	7.188	0.000
	标准数量	91.282	16.024	0.919	5.696	0.001

注：因变量：货物周转量（亿吨千米）。
资料来源：作者利用SPSS软件计算得出。

四、研究结论与政策建议

（一）研究结论

本文选取交通运输、仓储和邮政业增加值，货运量，货物周转量三个指标衡量中国物流产业的发展状况，并作为因变量；以中国物流行业的标准数量代表中国物流标准化水平，并作为自变量。运用线性回归模型分别分析中国物流标准化水平对交通运输、仓储和邮政业增加值、货运量、货物周转量三个指标的影响程度。研究结果显示，中国物流产业的标准数量与交通运输、仓储和邮政业增加值、货物运输量与货物周转量三个指标均呈现显著的相关关系，表明中国物流产业的标准数量均极大地促进了中国物流产业的发展。具体而言，中国物流行业的标准数量对货物运输量的影响最大，交通运输、仓储和邮政业增加值次之，货物周转量最小。

（二）政策建议

以上研究表明，标准化对中国物流业的发展具有显著的正向影响。因此，可将提高标准化水平作为手段，加快中国物流产业的发展。

（1）充分发挥物流企业的主体作用，鼓励企业对物流装备设施、载具器具、包装、信息系统、作业流程、物流包装等进行标准化管理，支持仓储、加工、分拣、配送等流程服务标准化，促进物流供应链各个节点标准的协调统一，带动供应链普及应用标准托盘、实施带托盘运输，促进标准化在物流过程中的应用实施，提高中国物流行业整体标准水平。

（2）进一步推动物流标准化体系建设，优化物流标准结构，切实推进物流标准化建设。一方面，国家政府层面应顾全大局，充分发挥国家标准和行业标准对物流标准发展的通用性作用；另一方面，地方政府及社会组织或产业技术联盟层面应根据本地物流行业及相关行业的发展现状，结合地域特色，增加地方标准、企业标准及团体标准的编制及实施，构建符合本地发展的物流标准化体系。

（3）加大物流产业标准化培训，提高物流企业全员对物流标准化的认识；积极引导企业进行人才培育，加强物流标准化人才队伍建设；鼓励企业制定高于国家标准、行业标准、地方标准及其他已有标准的企业标准，倡导物流行业的龙头企业组织制订高水平的团体标准，以标准作为抓手，不断提升物流发展的质量。

参考文献

［1］毕红毅，胡娜．标准化对山东省电子通信产业技术进步的影响研究［J］．经济与管理评论，2015，31（6）：149－154.

［2］陈悦，阮思阳．中国—东盟跨境物流标准构建研究［J］．中国市场，2018（23）：1－3.

［3］侯俊军，刘倩华．标准化对湖南省对外贸易影响的实证研究［J］．经济地理，2012，32（1）：30－36.

［4］侯俊军，袁强，白杨．技术标准化提升产业国际竞争力的实证研究［J］．财经理论与实践，2015（1）：117－122.

［5］兰洪杰，王耀球．谈中国物流国家标准体系表的建立［J］．南京理工

大学学报（社会科学版），2004，17（2）：51－55.

［6］李传荣．托盘及我国托盘标准修订的研究现状［J］．商品储运与养护，2006（06）：46－49.

［7］王增樑．关于物流企业推行 ISO 9000 标准必要性的探讨［J］．科技信息（科学教研），2008（02）：118，139.

［8］王忠文．天津滨海新区发展现代生产型服务产业初探［J］．消费导刊，2009（18）：50，52.

［9］叶萌，祝合良．标准化对中国物流业经济增长的影响［J］．中国流通经济，2018（6）：25－36.

［10］张宝友，朱卫平．标准化对中国物流产业国际竞争力影响的实证研究［J］．上海经济研究，2013（6）：50－59.

［11］张宏，乔柱，孙锋娇．标准化对经济效益贡献率的对比分析［J］．标准科学，2014（60）：16－20.

［12］David P.，Greenstein S. The Economics Of Compatibility Standards：An Introduction to Recent Research［J］. Economics of Innovation & New Technology，1990，1（1－2）：3－41.

［13］DIN. Economic Benefits of Standardization［M］. Berlin：Beuth Verlag Publishing Company，2000.

［14］Egan M. Setting Standards：Strategic Advantages in International Trade［J］. London Business School Review，2010，13（1）：51－64.

［15］Kindleberger C. P. Standards as Public，Collective and Private Goods［J］. KYKLOS，1983（36）：377－396.

［16］Swann P.，Temple P.，Shurmer M. Standards and Trade Performance：the UK Experience［J］. Economic Journal，1996，106（438）：1297－1313.

［17］Tassey G. Standardization in Technology-based Markets［J］. Research Policy，2000，29（4）：587－602.

［18］Temple P.，Witt R.，Spencer C. Standards and Long-run Growth in The UK［J］. DTI Economics Paper，2005（12）：39－60.

［19］Veall M. On Product Standardization as Competition Policy［J］. Canadian Journal of Economics，1985，18（2）：416－425.